신라 중고기 정치사회 연구

이정숙 (李晶淑)

부산여대 역사교육과 졸업, 이화여대 대학원 석사·박사과정 수료(문학박사), 이화여대 인문학연구원, 한국문화연구원 전임연구원, 일본 동양문고 방문학자, 동경도립대학교 객원연구원, 현 부경대학교 강사

저술로는 『전염병의 문화사』(혜안, 2010)를 비롯한 2권의 공저가 있으며, 「고려시대 전염병과 치병의례」(2007), 「중고기 신라의 중앙정치체제와 권력구조」(2005), 「진평왕대 왕권강화와 제석신앙」(1999) 등의 논문이 있다.

신라 중고기 정치사회 연구

이 정 숙 지음

2012년 9월 28일 초판 1쇄 발행

펴 낸 이 | 오일주
펴 낸 곳 | 도서출판 혜안

등록번호 | 제22-471호
등록일자 | 1993년 7월 30일

㉾ 121-836 서울시 마포구 서교동 326-26번지 102호
전화 | 3141-3711~2 / 팩시밀리 | 3141-3710
E-Mail hyeanpub@hanmail.net

ISBN 978-89-8494-454-1 93910

값 26,000 원

신라 중고기 정치사회 연구

이정숙 지음

혜안

책 머리에

신라사를 공부한 지 어언 20여 년이 지났다. 처음부터 한국고대사를 공부하려던 건 아니었으나 주변 여건으로 인해 자연스럽게 정해졌다. 학부 4년간 8학기 모두 김한규 선생님께 동양고대사를 중심으로 배웠다. 그리고 진성규 선생님은 방과 후 일년 반에 걸쳐서 삼국사기와 고려사 식화지 강독을 지도하셨다. 워낙 둔재인지라 두 분 선생님께 혼도 많이 났지만 오히려 행복하기까지 했다.

학부 4학년이 될 무렵 신형식 선생님의 『삼국사기연구』가 출간되었다. 책제목에 이끌려 줄긋고 메모하면서 졸업논문에 한껏 활용(?)하였다. 여름방학이 지난 후, 불현듯 저자를 만나 책에 관한 이야기가 듣고 싶어졌다. 학기 중이라 연구실에 계시려니 생각하고 이화여대로 찾아갔으나 신형식 선생님을 뵙지 못했다. 졸업 후 이대여대 대학원에 진학하면서 결국 지도교수로 모시게 되었는데, 이 이야기는 지금껏 누구에게도 말하지 않았다.

박사과정 마지막 학기를 이수하면서 고민이 깊어졌다. 매일같이 만나던 강성원, 김영미 선생님과 떨어져 부산에서 나 홀로 어떻게 공부해 나가야 할지 난감했다. 그러던 중 우연히 부산대학 박사과정의 커리큘럼을 접하였 는데, 정중환 선생님의 일본서기 강독이 들어 있었다. 기쁜 마음에 무작정 달려가 청강을 허락받았다. 주중에는 이화여대, 주말에는 부산대학에서 공부하느라 무척 힘들었으나 서울생활을 접어야 한다는 절박한 심정으로 매달렸다. 수업이 종료된 후에도 정선생님의 노포동 사저에서 일본서기 강독은 계속되었고 3년에 걸쳐 완독하였다. 그 결과물로 진평왕대의 대외교섭에 관한 글을 발표하였다. 정선생님은 부산사학계 뿐만 아니라 한국사학계의 거목이자 산 증인으로 부산지역 대학의 사학과 설립 과정은 물론 역사 연구자들의 뒷이야기를 많이 기억하고 계셔서 또 다른 재미가 있었다. 이제 선생님은 영면하셨다. 건강이 호전되면 삼국유사를 읽자고 하셨는데, 부산에서 일본서기와 삼국유사를 강의할 수 있는 몇 안되는 분이셨는데, 내가 마지막 수강 학생이 되고 말았다.

　그리고 나의 어머니를 말하지 않을 수 없다. 맨 마지막의 보론으로 담은 두 편의 신화이야기는 일제시대를 사셨던 어머니의 회고담과 그 시대의 교과서를 해독하는데 많은 도움이 되었다. 일본을 비롯해 조선과 만주국, 대만의 국어, 역사, 수신 교과서가 식민지 초기의 것은 카타카나로 되어 있어 읽기 불편하였고 어렵기까지 했다. 심지어 촉음이 들어간 단어 가운데에는 발음을 달리하는 것도 있어 사전을 뒤적이는 것으로는 해결이 되지 않아 어머니를 내집에 모실(?) 수밖에 없었다. 어머니는 일제 말에 최연소의 나이로 기간제 교사를 하셨기에 가능한 일이었다.

　마지막으로 일제시대의 교과서 이야기를 하지 않을 수 없다. 일본과 식민지 대만, 만주국, 식민지 조선 등의 역사, 국어, 수신 교과서를 손닿는 대로 수집, 복사했는데 4개국의 교과서 내용은 물론 삽화까지도 거의 같아서 실망하였다. 생각해 보면 일제 관변학자들이 편찬한 국정교과서인 지라 일본을 비롯한 식민지 3개국의 교과서 내용이 대동소이한 것은 정해진 이치일 것이다. 臺灣의 中央研究院 臺灣史研究所에서 힘들게 복사한 것을 생각하면 아직도 허탈하기만 하다.

　책이 나오기까지 감사드릴 분이 많다. 지도교수이신 신형식 선생님은 대상의 본질을 꿰뚫는 탁월한 예지력으로 현실적인 제안을 많이 하셨고 매사에 합리적이셨다. 이배용 선생님은 언제나 따뜻한 마음으로 지방에 사는 제자를 많이 배려해 주셨다. 이기동 선생님은 대학원 수업뿐만 아니라 석·박사학위논문 심사과정에서 미세한 부분까지도 일일이 지도해 주셨고, 필자에게 절대적인 영향을 끼쳤다. 김두진 선생님은 고대사상에 관한 조언을 아끼지 않으셨다. 김정배 선생님은 박사학위논문 심사위원장을 기꺼이 맡아주셨다. 유럽지성사 연구의 독보적 존재인 이광주 선생님과 민족문화추진회 長을 역임하신 정태현 선생님의 學恩과 인품은 말로서 감당이 안 된다. 은사들께서 오래도록 건재하시기를 기원드린다.

8

최소자, 정용숙 두 분 선생님께 감사드린다. 선생님의 작은 칭찬이 나를 여기까지 이르게 했다. 동경도립대학교(현 수도대학 도쿄) 연구원 시절 기무라 마코토(木村誠) 선생님은 인문학부 서고 열쇠를 건네주셨고, 그 덕분에 편하게 공부할 수 있었다.

끝으로 필자를 한없이 감싸주신 강성원, 김영미 두 분 선생님께는 고마운 마음을 표현할 길이 없다. 살아가는 동안 함께하면서 평생토록 갚을 일이다.

어려운 현실에도 연구성과물을 기획, 출판해 온 오일주 사장님을 비롯하여, 책 모양을 갖추는 데 힘써주신 혜안 편집진에게 감사드린다.

이 책을 나의 어머니 권정림 님에게 바친다. 남편 하세봉과는 두 아들에 이어 또 하나의 새로운 탄생을 공유하고자 한다.

2012년 7월 25일
저자 李晶淑

목 차

I. 서 론

　『三國史記』와『三國遺事』는 제각기 新羅史를 세 시기로 구분하였다. 史記가 태종무열왕의 즉위 이전까지를 上代로 하였고, 遺事는 上代를 上古와 中古의 두 시기로 세분하여 그 분기선을 지증왕과 법흥왕의 사이에 두었다. 그런데 지증왕과 법흥왕은 부자간이다. 이처럼 혈연에 얽매이지 않는『三國遺事』紀異篇의 집필 태도는 짐작하건대『삼국유사』가 私撰의 기록물이기 때문일 것이다. 그러나 한편으로는 지증왕대에 中古 律令시대의 실마리를 열어 두었고, 계보상으로도 지증왕은 법흥왕과 父子간이므로 중고 왕실과 직결된다 하겠다.

　법흥왕대에 중국 율령에 의한 정치 혁신과 불교 공인으로 인한 사상의 전환, 가야지역으로의 진출과 병합, 그리고 마립간에서 중국식 왕호인 大王號의 사용은 신라 국가의 한 차원 높은 도약을 의미한다. 법흥왕대 후반인 530년대 이후부터 진흥왕대에 이르는 어느 시기에 신라의 정치문화가 인문화, 탈주변화 함으로써 중심주의가 확립되고 정체성이 확보되었다. 이 단계에서 국왕과 왕권을 중심으로 한 율령적 지배체제가 강화되면서 새로운 복속민을 포함해 신라 영역에 거주하는 주민 모두가 대등한 율령적인 민(公民)으로 인식되고 있었다. 대가야국 우륵 일행의 망명도 이 무렵의

14

일이다. 그리하여 왕도에 위치한 明活山城과 南山新城을 축조하면서 일시에 전국적인 力役 動員이 가능해진 것이다.

　이 책에서 주로 다루려고 하는 내용은 신라 중고기 정치 사회의 전개과정과 정치세력의 동향, 隋·唐과의 교섭, 유교 확산과 儒·佛의 접합, 7세기 동아시아 삼국의 여왕 등장과 그 배경에 관한 것들이다. 이러한 내용은 결국 신라 중고사회의 발전 동력 및 삼국통일의 귀결에 대한 모색인 셈이다.

　법흥왕에서 진덕왕에 이르는 중고기(514~654) 140년은 中代 전단계의 시대다. 이 시기에 신라는 국가체제를 완성하고 삼국통일의 교두보를 마련했으며, 중대의 전제적 왕권 확립을 위한 기반을 착실히 다져 나갔다. 그런 까닭에 중고시대는 고대사 연구자의 이목을 끌었고, 때마침 1970년대 후반과 1980년대 후반에 각각 금석문이 연이어 발견되었다. 6세기는 신라사에서 가히 금석문시대라 일컬어도 좋을 만큼 다수가 전한다. 영일냉수리신라비(503), 울진봉평신라비(524), 울주천전리서석 원명(525)과 추명(539), 영천청제비 병진명(536), 단양신라적성비(550), 명활산성비(551), 4기의 진흥왕순수비(560년대), 대구무술오작비(578), 임신서기석(552 내지 612), 남산신성비(591) 등이 그것으로, 碑銘이 말해 주듯이 신라 전역에 걸쳐 제작되었음을 알 수 있다. 이 같은 사실은 금석문이 거의 보이지 않는 5세기대와 비교해 볼 때, 6세기에 들어와 신라 사회가 여러 방면으로 확연히 달라져 가고 있음을 말해 주는 것이다. 그리고 내용상으로도 율령 시행과 밀접히 관련된 포고문류가 많다는 사실은 당시 구체적으로 나타나기 시작한 중앙집권적 귀족국가라는 시대상을 그대로 보여준다 하겠다.[1] 1980년대 후반에 금석문의 연이은 발견으로 인해 중고 사회

---

1) 주보돈, 『금석문과 신라사』, 지식산업사, 2002.

연구가 1990년대에 이르러 활황을 맞이하였고, 많은 의문들이 하나씩 풀려 나가기 시작했다.

중고 사회는 지증왕을 포함해 140년 남짓 지속되었다. 이 시기에 한자가 사용되면서 碑文을 세우기 시작했고, 조정에서 『國史』를 편찬했다. 『국사』 는 현실의 中古 王統의 정통성을 천명하고, 나아가 유교정치의 이상에 입각하여 王者의 위엄을 과시하려는 역사서2)로 추정되고 있다. 이 무렵 진흥왕은 대가야의 우륵과 그 음악을 받아들임으로써 문맹으로 추정되는 대다수의 일반민을 선도해 나가기 시작하였다. 그것은 다름 아닌 노래를 매개로 한 지역 방언의 통일이었고, 한걸음 나아가 예악으로까지 발전한 것이다. 진흥왕은 사방으로 영토 확장의 여세에 힘입어 안으로 국왕 중심의 전제적 왕권을 확립하려고 했다.

그런데 진흥왕이 죽은 후 政局은 급변한다. 舍輪(진지왕)이 진흥왕의 嫡孫이자 동륜태자의 長子인 白淨(진평왕)을 배제하고 즉위한 것이다. 여기에는 거칠부가 모종의 역할을 한 듯하다. 거칠부는 진지왕의 즉위와 함께 상대등직에 補任되어 군국사무를 관장하였다. 당대 최고 실력자이던 거칠부가 지증왕계 직계비속에 의한 권력독점이란 현실에 제동을 걸은 것이다. 거칠부가 바라는 이상 정치는 예전과 같은 범내물왕계 귀족연합체 제로의 복귀였다.

진지왕을 내세운 거칠부의 야망은 뜻대로 되지 않았다. 진지왕대에 일시적으로 노정된 왕권의 약화는 銅輪系의 백정이 즉위함으로써 극복되 었다. 진평왕 백정은 진흥왕이 추구한 대내외 정책을 계승해 추진함으로써 왕가의 위상을 높이는 한편 귀족세력을 압도해 가기 위한 일련의 조처를 취하기 시작하였다. 대내적으로는 왕권 중심의 중앙집권체제를 구축하기

---

2) 이기동, 「고대국가의 역사인식」, 『한국사론』 6, 1979.

위한 관제 정비를 단행하였고, 왕권 전제화를 향해 석가불신앙을 借用함과 동시에 유교 이념을 강화하였다. 그리고 동륜의 직계에 한정해 협의의 왕가를 설정한 후, 정치적 종교적으로 최고의 권위, 이른바 聖骨觀念을 부여함으로써 왕가 위상의 극대화를 꾀하였다. 진평왕 즉위 원년에 천사가 궁전의 뜰에 내려와 전해 주었다는 天賜玉帶 설화는 당시 진평왕의 位相을 가늠할 수 있는 명백한 表象임에 틀림없다.[3] 이 외에도 진평왕의 신장이 11척의 長身인 데에다 巨軀여서 內帝釋宮에 행차하여 섬돌을 밟으니 돌 세 개가 한꺼번에 부러졌다는 이야기는 현실 사회에서 진평왕의 힘을 암시한다 하겠다.

內政이 안정되면서 진평왕은 바야흐로 外治에도 힘을 기울이기 시작하였다. 고구려와 백제의 잦은 침략에 맞서 진평왕은 몸소 군사를 이끌고 가서 막기도 하고, 고구려를 치려고 승려 원광에게 수 제국을 향해 乞師表를 청하는 모순을 범하기도 했다. 그리고 잇달아 수·당 제국과 교섭하기 시작하면서 외교 부서를 정비해 나갔다. 중국과 교섭 이후 신라 사회에는 유교경전의 구절이 자주 인용되고 유교사상을 이해하는 사람들이 나오기 시작하면서 后稷, 庾信 등 중국 성현의 이름을 그대로 따온 자들이 생겨나기도 했다. 반면에 이 무렵 동아시아에서는 일본을 필두로 여왕이 등장하기 시작하였고, 이러한 추세는 신라와 중국까지 이어졌다. 신라에는 선덕·진덕 두 명의 여성 왕이 탄생하였고, 보다 늦은 7세기 후반에 무측천이 당의 황제가 되었다.

다음으로 각 장에서 다루고자 한 내용을 소개하기로 한다.

---

3) 李晶淑, 「진평왕대 왕권강화와 帝釋信仰」, 『신라문화』 16, 동국대 신라문화연구소, 1999 참고.

Ⅱ장「진흥왕 즉위에 대한 몇 가지 문제」에서는 진흥왕의 즉위 연령, 즉위 초 섭정 문제, 정국운영의 주도 세력을 연계해서 살피고자 하였다.

진흥왕의 즉위 연령은『삼국사기』의 7세 즉위설과『삼국유사』의 15세 즉위설이 전하며, 선행 연구의 대다수가 진흥왕 7세 즉위설을 수용하고 있다. 해당 사료에 나타난 幼少·幼年이란 용어 때문이다. 그런데『삼국사기』 열전에는 15·16세 가량의 연령을 幼少·幼年이라 칭한 사례가 다수 보인다. 또 입종갈문왕의 사망연도(537)를 기준으로 그의 세 자녀인 진흥왕, 숙흘종, 만호부인의 生年을 추정해 보면 진흥왕 7세 즉위설은 다소 무리한 면이 있다. 한국사학계에서는 대체로『삼국사기』本紀보다『삼국유사』王曆이 사실에 근접한 것으로 여기는 경향이 있다. 진흥왕의 즉위 연령이 7세든 15세든 간에 섭정기를 거쳐야 함은 정해진 이치다. 그러므로 신라 조정에서 섭정에 대한 공론이 야기되었을 법하다. 당시 섭정으로 거론할 만한 인물로는 왕실의 至親인 태후와 왕태후를 꼽을 수 있으며, 병부령을 역임한 이사부, 5세기 중반에 정치적 군사적으로 맹활약한 거칠부 등을 지목할 수 있다.

Ⅲ장「진흥왕대 우륵 망명의 사회 정치적 의미」에서는 대가야인 우륵의 망명을 통하여 6세기 중엽 신라 사회의 변모를 읽고자 하였다. 신라 사회는 왕권 강화와 귀족사회의 형성으로 인해 사회가 변천하고 율령적 지배체제가 강화되면서 일반민에 대한 인식을 새로이 하기 시작한다. 그리하여 전국적인 力役動員이 가능해지고 포고문 형식의 금석문이 유행했다. 그런데 교화의 직접적 대상이 되는 일반민의 대다수는 문맹이어서 국가 차원에서 율령을 실행하려면 보다 특별한 매체가 필요했을 것이다. 그것은 다름 아닌 음악(노래)이었다. 노래는 가장 손쉽게 동조를 끌어낼 수 있는 잠재력을 지니면서 정서적 파급력이 만만치 않아, 일반민을 선도하기에 매우 효율적일 수 있다. 정복군주 진흥왕이 신료들의 반대를

무릅쓰고 우륵과 그의 음악을 받아들인 이유를 짐작할 수 있다. 아울러 6세기 중후반 이래 대중교섭이 본격화 하면서 그에 수반되는 儀典을 위해서도 음악의 필요성은 절실하지 않았을까 한다.

Ⅳ장 「진평왕의 즉위 배경과 政局推移」에서는 진평왕이 진흥왕의 嫡孫이자 銅輪太子의 長子로 왕위 계승상 最適의 혈통을 타고났음에도 불구하고 즉위하기까지 우여곡절을 겪게 된 사정을 살피고자 하였다.

문제의 발단은 동륜태자의 요절이었고, 그에 대한 결과는 방계인 사륜의 왕위계승이었다. 그런데 오래지 않아 진지왕의 소행이 논란거리가 된다. 국왕이 '政亂荒嬌'하다는 것이다. 이러한 폐위 명분은 매우 추상적인 것이어서 액면 그대로 받아들이기 어렵다. 다른 한편으로는 진지왕이 거칠부의 무력을 배경으로 왕위에 올랐다는 주장도 있다. 그런데 기왕의 연구는 왕위계승을 둘러싼 왕실내부의 직계·방계간 대결과 이에 얽힌 귀족간 권력다툼에 치우친 경향이 있었다. 그런 만큼 정국의 흐름을 읽는 데에는 소홀한 면이 있었다. 중고기에 들어와 가장 강력하고 안정된 왕권을 구사하던 진흥왕대에도 통념과는 달리, 집권 말기에는 범내물왕계의 연합을 추구하는 귀족의 반발이 일면서 장자 위주의 왕위계승 원칙과 어긋나는 모습이 감지되기 때문이다. 동륜태자의 사망 이후부터 진평왕의 즉위까지 10년이 채 안되는 이 기간은 중고기 어느 시기보다도 국왕과 왕권을 중심으로 정치적 이해관계를 둘러싼 귀족들의 존재 양태가 가장 적나라하게 드러난다.

Ⅴ장 「진평왕대의 대중교섭」에서는 隋·唐 통일제국의 등장으로 인한 동아시아 국제정세의 변화와 그 영향을 다각도로 살피고자 하였다. 진평왕대는 전왕대의 영토확장에 힘입어 대중교통로를 비롯한 인적·물적 자원을 확보함으로써 삼국간 경쟁력 강화와 대중교섭을 추진할 수 있는 역량을

두루 갖춘 시기이다. 진평왕은 집권 초반에 행정 관서를 정비한 데 이어서
船府署, 禮部, 領客府(典) 등 일련의 외교업무와 연계된 부서를 창설했다.
또 현지에서 외교 업무를 원활히 수행하기 위해 正使·副使를 임명하고
구법승을 동승하기도 했다. 구법승은 외교 업무를 수행하기에 최적의
능력과 학식을 갖춘 選良으로 선진문물의 수입에 첨병 역할을 했다. 신라는
40회 이상의 견수사와 견당사를 파견하였다. 그리하여 그간의 열세를
딛고 중국의 선진문물을 직수입함으로써 국가발전은 물론, 국제 정세를
자국에 유리한 방향으로 끌고 나갔다. 그리고 다른 한편으로는 대중교역을
통해 신라 산업의 발전 양상을 살필 수 있었다. 고구려가 수·당 제국과
긴장 관계를 반복하는 동안, 그리고 백제가 고구려와 중국의 틈새에서
양면책을 쓰는 동안, 신라는 親수·당 정책을 지속해 나감으로써 후대의
통일 외교로까지 이어갈 수 있었다. 이러한 외교적 면모는 신라 사회의
내적 성장을 가늠할 수 있는 바로미터이다.

VI장 「중고기 신라 유교의 확산과 儒·佛의 접합」에서는 법흥왕을 비롯하
여 진흥왕, 진평왕 시기를 주목하였다. 그 무렵 신라 조정에서는 불교와
더불어 국가중심, 군주중심의 성향이 강한 유교를 수용하기 위해 심혈을
기울이던 때이다. 그리하여 梁으로부터 『孝經』을 수입한 후, 孝를 내세워
국가와 군주에 대한 忠을 유도해 나가려 했다. 법흥왕대 梁과의 교류는
지증왕대 한화정책에 이어서 율령반포와 백관의 공복제정, 建元이라는
중국식 연호사용의 배경이 되었다. 儒·佛의 수용에 있어 법흥왕대는 매우
주목할 만한 시기임을 알 수 있다.

진흥왕대에 이르러 영토와 인민이 전례없이 늘어나자, 초부족적 통치이
념을 표방하는 새로운 王者像으로 王道思想이 등장한다. 「眞興王巡狩碑」에
는 신라 중심의 세계관과 함께 왕도정치의 이념이 강하게 드러나는데,

그 배경에는 중앙집권적 통치체제에 따른 왕권 강화와 남북조 교섭이라는 신라의 국제적 위상이 자리하고 있었다. 법흥왕·진흥왕대 이후 신라 관제의 태반이 확립된 진평왕대에 이르러 유교 통치이념에 대한 이해가 확대되고 庾信·后稷 같은 중국 先賢의 인명을 표방하는 사람들이 나오기 시작했음은 이 점과 관련하여 시사하는 바 크다.

Ⅶ장 「진평왕 말기의 정국과 선덕왕의 즉위」에서는 신라 初有의 여성왕 등장을 중심으로 일본, 중국 등 동아시아 주변국의 정치 환경과 비교·고찰해 보고자 하였다. 선행 연구 가운데 일부는 선덕왕이 國人에 의해 옹립된 한계를 지닌 왕으로 간주했다. 그러므로 선덕왕대에는 政治運用의 妙가 없었고, 정치는 진골귀족에 의해 좌우된 것으로 파악하였다. 그러나 당시의 政況으로 미루어 볼 때 선덕왕의 왕위계승은 합법적이었던 반면, 人口에 膾炙되던 김춘추의 왕위계승은 비상수단을 동원한 것으로 보인다. 즉 선덕왕은 진평왕의 장녀로서 왕위를 계승했으므로 장자상속의 범주에 들어갈 수 있다. 이는 진평왕대 체제정비에 따른 왕권 강화가 뒷받침되었기에 가능한 일이었다. 그러므로 선덕왕도 父王대에 확립된 왕권 강화의 연장선상에서 국왕의 권위를 가지고 국정을 수행해 나갔으리라 여겨진다.

선덕왕의 즉위 문제를 검토하는 일은 전왕대에 이어 정치가 나름대로 특성을 유지하며 원활히 운영되었는지, 아니면 국정의 태반이 귀족에 의해 좌우되었는지, 선덕왕대 정국 운영의 특질과 성격을 가늠하게 한다.

II. 진흥왕 즉위에 대한 몇 가지 문제

1. 머리말

　진흥왕은 통일기 이전 신라 최고의 정복군주였다. 그래서 진흥왕과 그 치세에 관한 연구는 자연히 여기에 초점이 맞추어졌다. 그러나 『삼국사기』 기록에 의하면 진흥왕 재위 9년부터 본격적인 군사활동이 이루어졌고, 그 이전까지는 주로 정치에 관한 내용으로 점철되고 있음을 볼 수 있다. 이러한 기록은 진흥왕이 어린 나이에 즉위한 사실과 무관하지 않을 것이다. 즉위초에 진흥왕의 섭정(인)은 무엇보다 정국을 안정시키는 일이 시급했을 것이며, 이에 치중한 결과 나타난 현상으로 생각되기 때문이다. 따라서 진흥왕 때 이루어진 왕성한 정복활동은 진흥왕의 親政이 시작된 이후로 보아야 할 것이다.

　고구려·백제와의 관계에서 신라는 진흥왕 11년을 기해 守勢에서 벗어나 攻勢로 전환하였다. 이 전쟁에서 고구려 道薩城과 백제 金峴城을 취함으로써 자신감을 얻은 신라는 진흥왕 12년에 연호를 開國이라 정하고 정복사업에 더욱 박차를 가하였다. 그런데 선행 연구의 대부분이 사료에 보이는 '幼少' '幼年'이란 용어에 매여 『삼국사기』의 진흥왕 7세 즉위설을 전적으로 수용하였다. 그리고 진흥왕 12년에 단행된 改元을 진흥왕의 親政이 시작된 의미로 해석하였다. 이것은 진흥왕 초기의 통치 내용이나 복잡 미묘한 국제정세를 전반적으로 파악하지 못한 채 용어에만 매달린 결과 빚어진 현상이 아닌가 한다. 따라서 본고에서는 이러한 문제들을 해결하기 위하여 진흥왕의 즉위 연령을 비롯한 즉위초의 섭정 문제, 政局 흐름 등을 상세히 검토해 보기로 한다.

2. 즉위 연령에 대한 검토

진흥왕이 즉위한 연령은 『삼국사기』는 7세, 『삼국유사』는 15세로 되어 있어 기록상 차이를 보인다. 그 내용을 소개하면 다음과 같다.

> A-1. 眞興王이 즉위하니 諱는 彡麥宗[或作深麥夫], 그때 나이는 7세, 법흥왕의 아우인 葛文王 立宗의 아들이다. 母夫人은 金氏, 법흥왕의 딸이요, 妃는 朴氏 思道夫人이다. 왕이 **幼少**하므로 王太后가 攝政하였다.[1]
> 2. 제24대 진흥왕은 왕위에 올랐을 때, 나이 15세이므로 태후가 섭정했다. 태후는 법흥왕의 딸로서 立宗 葛文王의 妃였다.[2]

사료 A-1에 의하면 진흥왕은 7세에 즉위했으며, 왕이 幼少하여 왕태후가 섭정한 것으로 되어 있다. 이 두 가지 사실을 연계하여 학계에서는 일반적으로 『삼국사기』의 7세 즉위설을 지지해 왔다. 그리고 방증자료로 『삼국사기』 진흥왕 37년조의 "王**幼年**即位一心奉佛"이란 구절의 幼年과, 「昌寧

---

1) 『삼국사기』 권4.
2) 『삼국유사』 권1, 紀異1, 진흥왕.

眞興王拓境碑」 제1행의 "寡人幼年承基"에 보이는 幼年이라는 용어를 제시하였다. 이처럼 진흥왕이 7세에 즉위한 것으로 가정할 경우 진흥왕 12년에 開國으로 改元한 것은 왕이 18세가 되면서 親政을 시작한 의미로 해석할 수 있다는 것이다.[3)]

그러나 필자는 다음과 같은 이유에서 『삼국유사』의 15세 즉위설을 취하고자 한다. 첫째 진흥왕이 15세에 즉위한 것으로 가정할 경우 가장 큰 걸림돌이 '幼少' '幼年'이라는 용어다.[4)] 『삼국사기』 진흥왕본기와 금석문에 나타난 이 용어를 이제까지 연구자들은 진흥왕 7세 즉위설을 뒷받침하는 유력한 근거로 제시해 왔다. 그러나 『삼국사기』 열전에는 15·16세의 유소년에게도 이 같은 용어를 사용한 예가 다수여서 幼少·幼年에 대한 기존 해석은 재고의 여지가 있다. 말하자면 이 용어를 사전적 의미로만 해석할 것이 아니라 當代 신라인들이 실제 사용한 의미로 접근해야 함을 뜻한다. 이와 관련하여 『삼국사기』 열전에 나타난 해당 사료를 인용해 보기로 한다.

> B-1. 眞興王이 伊湌 異斯夫를 명하여 加羅[一作加倻]國을 습격하였다. 이 때 斯多含의 나이 15·16이었는데 從軍하기를 청하였다. 왕이 幼少하다 하여 허락하지 아니하였더니, 청하기를 열심히 하고 뜻이 굳으므로, 드디어 명하여 貴幢裨將을 삼았는데, 그 徒從으로서 따르는 자가 역시 많았다. ……[5)]

---

3) 이병도, 「진흥대왕의 위업」, 『한국고대사연구』, 박영사, 1976, 669쪽.
4) 삼국시대의 賦役동원 연령이 15세부터이므로 15세를 성인으로 간주할 수 있다는 견해가 있다(정효운, 「신라 중고시대의 왕권과 改元에 관한 연구」, 『考古歷史學志』 제2집, 동아대학교 박물관, 1986, 10쪽).
5) 『삼국사기』 권44, 열전4, 斯多含.

2. 官昌[一云官狀]은 新羅 將軍 品日의 아들이다. 외양이 都雅하여 젊어서 花郞이 되었는데, 남과 사귀기를 잘하였다. 16세에 말을 타고 활쏘기를 잘하니 大監 某가 太宗大王에게 천거하였다. 唐 顯慶 五年 庚申에 王이 군사를 내어 唐將軍과 함께 百濟를 침공하였을 때 官昌으로 副將을 삼았다. 黃山 들에 이르기를 "네가 비록 幼年이지 만 志氣가 있다. 오늘은 功名을 세워 富貴를 취할 때니 어찌 용맹을 내지 않겠느냐" 하였다.6)

3. 眞德王 元年 丁未에 百濟가 大兵을 이끌고 茂山·甘勿·桐岑 등의 城을 공격하니, 庾信이 步·騎兵 일만 명을 거느리고 막는데, 百濟兵이 매우 정예하여 고전하며 이기지 못하니 士氣가 꺾이고 힘이 지쳤다. 庾信은 丕寧子가 힘을 다하여 깊이 쳐들어가 싸울 뜻이 있음을 알고 불러서 말하기를 ……, 丕寧子가 再拜하고 말하기를 ……라 하고, 나와서 종 合節에게 말하기를 '내가 오늘 위로는 國家를 위하고 아래로는 知己를 위하여 죽겠다. 내 아들 擧眞이 비록 幼年이나 壯志할 뜻이 있으니 반드시 함께 죽으려 할 것이다. ……7)

4. 金仁問은 字는 仁壽요, 太宗大王의 第二子이었다. 幼而就學하여 儒家書를 많이 읽고, 겸하여 莊子·老子·浮屠의 說도 섭렵하였다. 또 隸書와 射·御·鄕樂을 잘하였는데, 技藝가 익숙하고 식견·도량이 넓어 세상 사람들이 추앙하였다. 永徽 2年, 仁問의 나이 23세에 王命을 받아 唐에 들어가 宿衛하였다. ……8)

5. 薛氏 女人은 栗里 民家의 여자였다. …… 眞平王 때에 그 아버지가

---

6)『삼국사기』권47, 열전7, 官昌.
7)『삼국사기』권47, 열전7, 丕寧子.
8)『삼국사기』권44, 열전4, 金仁問.

나이 늙도록 正谷에서 防秋하는 番을 들게 되었는데, 딸은 아버지가
노쇠하고 병들었으므로 차마 멀리 떠나보낼 수 없고, 또 여자의
몸이라 대신해 갈 수도 없어, 한갓 극심하게 번민하기만 하였다.
이때 沙梁部의 소년 嘉實이 …… 薛氏에게 가서 …… 嚴君의 일을
대신하기를 원한다고 하였다. …… 아버지가 인견하고 말하기를,
"그대가 이 노인을 대신하여 가려한다 하니 기쁘고 송구스러운
마음 금할 수가 없다. 무엇으로 갚을까 생각하는데, 만일 그대가
나의 어린 딸(幼女子)을 어리석고 누추하다 하여 버리지 않는다면
아내로 삼아 그대를 받들게 하고 싶다." ……9)

사료 B-1의 내용은 이사부가 가야국을 정벌할 때 사다함이 從軍하기를
청하니 진흥왕이 어리다 하여 허락하지 않았다는 것이다. 여기서 15·16세
연령이 幼少로 간주되고 있음을 알 수 있다.

사료 B-2는 화랑 관창의 이야기이다. 관창은 말을 타고 활쏘기를 잘하여
나이 16세 되던 해에 천거되었다. 그리하여 660년에 對百濟戰에 출전하였
는데, 황산 들에서 아버지 品日이 관창에게 이르는 말 중에 '爾雖幼年有志氣'
라는 대목이 있어 주목된다. 16세 소년을 幼年으로 표기한 것이다.

사료 B-3은 진덕왕 원년에 치룬 백제와의 전쟁에서 신라군이 苦戰을
면치 못하자 비녕자가 김유신의 부름을 받고 목숨을 다해 싸울 것을
맹세한 내용이다. 이때 비녕자는 아들 擧眞이 나이는 어리지만 장렬한
뜻이 있으므로 자기가 죽으면 반드시 그 아들도 함께 죽으려 할 것이
틀림없다고 염려하였다. 사료 B-1, 2에서와 같이 구체적인 연령 표기는
없으나 '吾子擧眞雖幼年有志氣 必欲與之俱死'라는 내용은, 앞의 두 기록에
서 말한 幼少·幼年의 뜻을 충분히 반영한 것으로 볼 수 있다.

---

9) 『삼국사기』 권48, 열전8, 薛氏.

그리고 사료 B-4는 김인문이 어릴 때부터 공부를 하여 儒家書를 많이 읽고 겸하여 莊子·老子·浮屠(佛敎)의 說마저 섭렵한 뒤 23세에 왕명을 받아 入唐宿衛했다는 내용이다. 23세 이전에 儒家書를 비롯하여 노장사상 과 불경까지 두루 섭렵하였다면 그 시기는 당연히 10대 유소년기로 보아야 할 것이다. 역시 幼年이란 용어가 몇 세에 해당하는지 방증하는 자료라고 하겠다.

사료 B-5는, 사료 B-1~4와 다소 거리감이 있는 듯하나, 혼인 가능한 연령의 딸을[10] 그 아버지가 幼女子라고 칭한 것은 이 문제와 관련하여 주목된다.

끝으로 「창녕 진흥왕순수비」에 새겨진 '寡人幼年承基 正委輔弼'은 진흥 왕이 전략적 요충지인 昌寧에 중앙정계의 유력 귀족들을 會集시킨 가운데 비를 건립하여 敎事한 내용의 첫마디이다. 이것은 진흥왕이 영토 확인뿐만 아니라, 토지와 관련한 율령, 관련 업무의 分掌, 율령 위배시 처벌 권한의 계통을 수립하는 敎를 선포[11]하기에 앞서 잠시 과거를 회상하는 대목이다. 따라서 기억력으로 따진다면 7세의 어린 진흥왕보다는 15세의 소년 진흥 왕이 유년기를 회상하는 것으로 보는 것이 훨씬 더 설득력 있게 다가온다.

이상에서 살펴본 결과 15·16세에 해당하는 연령을 신라 사회에서 幼少 내지 幼年이라 통칭했음을 알 수 있다. 따라서 '幼年'이란 字句에 너무 얽매일 필요는 없다고 본다.

---

10) 嘉實이 薛氏女의 아버지를 만난 후 물러나와 혼인을 기약했다는 점에서 그렇게 생각할 수 있으며, 이에 설씨녀가 혼인은 인간의 큰 윤리이므로 창졸간에 이루어질 수 없다면서 가실이 防戍에 나갔다가 교대하여 돌아온 후에('삼년 후'라고 하였다) 成禮할 것을 요구한 내용으로 미루어 당시 설씨녀의 나이를 15·16세 가량으로 볼 수 있지 않을까 한다.

11) 노용필, 「昌寧 眞興王巡狩碑 建立의 정치적 배경과 그 목적」, 『한국사연구』 70, 1990, 42~49쪽.

둘째,「蔚州 川前里書石 追銘」에 의하면 입종갈문왕은 법흥왕 24년(537)
에 사망한[12] 것으로 추정된다. 그렇다면 입종의 세 자녀인 진흥왕, 숙흘종,
만호부인은 537년 이전에 모두 태어나야만 한다. 따라서 진흥왕이 즉위한
540년을 왕의 나이 15세로 본다면 입종갈문왕이 사망한 537년에 진흥왕은
12세가 되므로 아우인 숙흘종과 만호부인의 출생은 아무런 문제가 없다.
그러나 7세 즉위설을 취할 경우 537년은 진흥왕의 나이 겨우 4세에 불과하
므로, 설혹 만호부인을 유복녀로 감안하더라도 무리가 따른다.

셋째,『海東高僧傳』卷1, 流通1, 法雲의 진흥왕 7세 즉위설은 얼핏 보면
『삼국사기』에 대한 사료의 신빙성을 더해 주는 것 같으나, 꼭 그렇게 볼
수만 없다.『삼국사기』는 고려 인종 23년(1145),『해동고승전』은 고종 2년
(1215), 그리고『삼국유사』는 충렬왕 원년~7년(1275~1281)에 걸쳐 각각
편찬되었다. 이와 같은 점을 고려한다면『해동고승전』은 저술 과정에서
그보다 앞서 편찬된『삼국사기』는 마땅히 참고하였을 것이고 따라서『삼국
사기』진흥왕 본기처럼 7세 즉위설을 그대로 따랐을 것이다. 그러나 뒤늦게
편찬된『삼국유사』를 참고할 수는 없었다.

이상의 몇몇 근거로 미루어 볼 때 진흥왕의 즉위 연령은 7세설보다
15세설이 설득력을 가진다 하겠다.

---

12) 이희관,「신라상대 지증왕계의 왕위 계승과 박씨왕비족」,『東亞硏究』20집, 1990,
89쪽. 천전리서석 추명에 보이는 己未年(539년)의 행차는 입종비가 이미 故人이
된 입종갈문왕을 추모하는 행차였으므로 입종갈문왕은 539년에서 그다지 멀지
않은 시기에 사망했을 가능성이 크다.

28

3. 즉위초의 섭정 문제

진흥왕 초기의 섭정 문제를 살펴보면『삼국사기』는 왕태후가 섭정한 것으로,『삼국유사』는 태후가 섭정한 것으로 기재되어 있고, 덧붙여서 태후는 법흥왕의 딸이라고 하였다.13) 이와 같은 사실에 비추어 볼 때 태후가 진흥왕의 母라면 왕태후는 법흥왕비가 되는 것이 순리적이다.14) 그렇다면 태후와 왕태후 중에서 누가 섭정을 했는지 살펴볼 필요가 있다. 문제의 해결을 위하여『삼국유사』의 기록을 인용해 보기로 한다.

C 처음 役事를 일으켰던 乙卯年에 왕비도 또 永興寺를 세우고 史氏(毛祿의 누이동생)의 유풍을 사모하여 왕[법흥왕]과 같이 머리를 깎고 여승이 되어 法名을 妙法이라 하고는 또한 영흥사에 살더니 몇 해 만에 세상을 떠났다.15)

인용문에서 말하는 을묘년은 법흥왕 22년(535)에 해당한다. 사료 C의 내용으로 보아 법흥왕비는 법흥왕 말년에 왕과 더불어 이미 출가했음을 알 수 있다. 더욱이 법흥왕비는 출가한 지 몇 해 만에 세상을 떠났으므로16)

---

13) 사료A 참고.
14) 李丙燾 譯註『삼국사기』에도 왕태후를 법흥왕비로 보고 있다.
15)『삼국유사』권3, 興法3, 原宗興法 厭髑滅身, "初興役之乙卯歲 王妃亦創永興寺 慕史氏 之遺風 同王落彩爲尼 名妙法 亦住永興寺 有年而終".
16) 본문의 인용문 뒤에는 "國史에서는 建福 31年 永興寺의 塑像이 저절로 무너지더니 얼마 안 가서 진흥왕비 비구니가 세상을 떠났다"는 내용이 이어지면서 一然 자신의 견해를 소개하고 있다. 즉 영흥사를 짓고 불상을 세운 주인은 법흥왕비이므로 眞字는 마땅히 法字로 고쳐야 한다는 것이다. 그러나 일연의 말대로 건복 31년(진평왕 36년, 614)에 죽은 사람을 법흥왕비로 본다면 법흥왕비는 최소한 1백세 이상을 산 셈이다. 따라서『삼국사기』의 기록대로 건복 31년에 죽은 사람은 진흥왕비로 보는 것이 옳다.

진흥왕 초기에 섭정으로 국정에 영향을 미쳤다고 생각되지 않는다. 이같은 사실로 미루어 본다면 어린 진흥왕을 대신한 섭정은 바로 진흥왕의 母后 지소부인이었을 것이다.[17]

　다음으로 진흥왕의 즉위 연령을 15세로 설정할 경우, 섭정이 가능했을지의 문제가 제기될 수 있다. 『삼국사기』 신라본기에 나타난 섭정 기사는 기록 자체가 일관성이 없어 섭정 대상이 되는 왕의 기준 연령 책정을 불가능하게 만들고 있는 것이다.[18] 그러나 비록 후대의 경우이긴 하지만 조선왕조에서 섭정기를 거친 역대 왕들 즉 단종·성종·명종·순조·고종의 즉위 연령과 대비하여 본다면[19] 진흥왕의 15세 즉위와 그에 따른 태후의 섭정은 크게 문제될 것은 없다고 생각한다.

　게다가 진흥왕이 법흥왕으로부터 사실상 대권을 물려받은 해를 540년보다 한두 해 앞선 시기로 볼 수도 있어[20] 섭정 가능성은 한층 더 높아진다고

---

17) 김용선, 「蔚州 川前里書石 銘文의 硏究」, 『역사학보』 81집, 1979, 16~17쪽.
18) 『삼국사기』 신라본기에 보이는 섭정 기사는 7세에 즉위한 진흥왕, 8세에 즉위한 혜공왕, 13세에 즉위한 애장왕 등 세 사례가 있다. 그러나 이들과 마찬가지로 13세에 즉위한 것으로 추정되는 진평왕과 6세에 즉위한 효소왕, 15세 이전에 즉위한 것으로 보여지는 성덕왕의 경우는 섭정 기록이 나오지 않는다.
19) 6대 임금 단종은 12세에 즉위하여 황보인, 김종서 등이 보필하였고, 9대 임금 성종은 13세에 즉위하여 정희왕후가 7년간 섭정하였다. 13대 명종은 12세에 즉위하여 문정왕후가 8년간 섭정하였고, 23대 순조는 11세에 즉위하여 정순왕후가 4년간 섭정했다. 그리고 26대 고종은 12세에 즉위하여 대원군이 10년간 섭정하였다.
20) 『삼국사기』 권4에 나오는 법흥왕대의 기록 가운데에는 다른 기록과 대조할 때 1년씩 오차가 나는 것이 많다(末松保和, 「新羅佛敎傳來傳說考」, 『新羅史の諸問題』, 1954, 212~216쪽). 異次頓의 殉敎와 兵部의 설치, 沙伐州軍主 설치 기사 등은 다른 기록에 비해서 그 연대가 1년씩 뒤진다. 이에 시사받은 김용선은 법흥왕의 사망연도에 대한 『삼국사기』의 기록에 1년의 오차가 있다고 간주하면서 진흥왕의 즉위년을 1년 앞당겨 539년으로 보았다(김용선, 앞 논문, 1979, 22쪽 주33). 그러나 김용선의 견해대로 한다면 539년 7월 3일에 입종갈문왕비 일행이

말할 수 있다. 『삼국사기』 법흥왕대의 기록을 보면 왕 23년(536)에 연호를 建元이라 칭한 이후 540년 7월에 돌아갈 때까지 이렇다 할 정치활동은 나타나지 않는다. 또 법흥왕이 無子로 추정됨에도 불구하고[21] 진흥왕의 왕위 계승 사연은 기록의 어디에도 보이지 않는다.[22] 이러한 사실을 종합해 볼 때 법흥왕 23년은 진흥왕이 11세로 추정되는 해이고 建元이란 연호는 진흥왕을 법흥왕의 후계자로 지명한 것과 관련있는 것이 아닌가 한다.

이와 같은 생각을 뒷받침하는 내용이 『삼국유사』와 『해동고승전』에 수록되어 있어 주목된다. 내용을 소개하면 다음과 같다.

D-1. 법흥왕은 이미 폐지된 불법을 일으켜 절을 세워 절이 이룩되자

천전리 서석곡으로 행차하였고, 또 같은 달에 법흥왕이 사망한 것이 되므로 논지 전개상 무리가 따른다 하겠다. 따라서 필자는 법흥왕 말기의 정황으로 비추어 법흥왕은 사망하기 한두 해 전에 미리 양위하였던 것 같고, 단지 기록상으로는 법흥왕이 사망한 해에 진흥왕이 즉위한 것으로 기재되었다고 생각한다. 그리고 이와 비슷한 경우가 지증왕의 왕위 계승 과정에도 나타나고 있어 참고된다. 『삼국사기』에 의하면 지증왕은 500년에 즉위하였으나, 503년에 건립된 것으로 추정되는 「迎日冷水里新羅碑」에는 지증왕을 至都盧葛文王이라 칭하고 있다. 이것은 지증왕이 500년에 소지왕을 권좌에서 밀어내고 실권을 장악하였으나 소지왕이 아직 생존해 있었기에 정식으로 즉위하지 못하다가, 지증왕 4년 10월에 이르러 國號와 王號의 개칭을 신호로 비로소 왕이 되었다는 견해가 있다(정구복, 「迎日冷水里新羅碑의 금석학적 고찰」, 『한국고대사연구』 3, 1990, 40~43쪽).

21) 이차돈이 순교할 당시(법흥왕 14년 내지 15년)의 직함이 東宮近侍職이었던 것으로 보아 법흥왕에게는 태자가 있었다고 여겨지나 이때의 태자는 누구였는지 알 수 없으며, 그 태자가 법흥왕의 아들이든 제3의 인물이든 간에 나중에 죽었을 가능성을 배제할 수 없다. 참고로 진흥왕은 법흥왕 13년에 태어났으므로 이차돈이 순교할 무렵 2, 3세에 지나지 않아 태자 책봉을 받기는 어려웠을 것으로 보인다.

22) 직계에 의한 승계가 이루어지지 아니할 경우 『삼국사기』는 대개 왕위를 계승하게 된 연유를 설명해 두고 있다.

冕旒를 벗고 가사를 입으며 궁에 있는 왕의 친척을 내놓아 절 종으로
삼고 그 절에 살면서 몸소 불교를 널리 폈다.[23]

2. (법흥왕) 21년에 天鏡林의 나무를 베고 그곳에 精舍를 세우려고
터를 닦다가 住礎와 石龕과 섬돌들을 발견하여 얻으니, 이것들은
과연 옛날 招提의 터에서 나온 것이다. 대들보 감으로 쓸 재목은
다 이 숲에서 나왔다. 공사를 마치고는 왕위를 사양하고 중이 되어
이름을 法空이라 고치고, 三衣를 입고 瓦鉢를 들고서 뜻을 원대하게
갖고, 행함을 고매하게 하여 일체 중생에게 慈悲를 베풀 것을 생각하
였다. 그리고 그 절 이름을 大王法輪寺라 하였으니 이는 대왕이
머물러 있는 곳이기 때문이었다.[24]

3. 贊하여 말한다. …… 세상 사람이 법흥왕을 梁나라 武帝에게 비유함은
잘못이다. 무제는 임금의 몸으로 大同寺의 寺奴가 되어 帝業을 땅에
떨어뜨렸지만, 法空은 이미 왕위를 사양하여 그 後嗣를 튼튼히 해
놓고 스스로 沙門이 되었으니, 어찌 우리 법흥왕과 비교할 수 있겠는
가.[25]

사료 D-1·2는 법흥왕이 절을 창건한 후 왕위를 사양하고 승려가 되어
몸소 불교를 널리 펴며 法名을 法空이라 했다는 내용이고, D-3은 법흥왕이
왕위를 사양했을 뿐만 아니라 後嗣까지 정해 놓은 뒤에 승려가 되었다는

---

23) 『삼국유사』 권3, 興法3, 原宗興法 厭髑滅身, "法興王旣擧廢立寺 寺成 謝冕旒 披方袍施
宮戚爲隷 主住其寺 躬任弘化".

24) 『海東高僧傳』 권1, 流通1, 釋 法空, "二十一年伐木天鏡林 欲立精舍 掃地得柱礎·石龕·
及階坒 果是往昔招提舊基 樑棟之用 皆出此林 工旣告畢 王遜位爲僧 改名法空 念三衣
瓦鉢 志行高遠 慈悲一切 因名其寺 曰大王興輪寺 以大王所住故也".

25) "贊曰 …… 以梁武比之 非也 彼以人主 爲大同寺奴 帝業墜地 法空旣遜讓 以固其嗣
自引爲沙門 何有於我哉".

내용이다.

이상에서 살펴본 바와 같이 법흥왕이 죽기 몇 해 전에 讓位한 것이라면 진흥왕은 십대 초반에 대권을 물려받은 셈이 되므로, 태후의 섭정을 기정 사실로 받아들일 수 있을 것이다.

4. 즉위초의 정국 운영과 주도세력

진흥왕 즉위초의 정국 운영은 왕 2년 3월 異斯夫가 兵部令에 임명된 사실과, 왕 5년 2월 신라 최초의 사찰인 法輪寺가 竣成된 데 이어 3월에는 國人에게 出家하여 奉佛을 허락한 외에 특기할 만한 사항은 보이지 않는다.26) 물론 진흥왕 재위 3·4년분의 기록이 유실된 점을 감안해야 하겠으나, 이러한 즉위초의 사정은 진흥왕의 왕위 계승이 대체로 무난하게 이루어졌음을 말해 준다고 하겠다.27)

진흥왕은 재위 6년에 국사를 편찬하도록 명하였다.『삼국사기』진흥왕 본기에 의하면 伊湌 異斯夫의 上奏로 진흥왕의 裁可를 얻은 후, 大阿湌 居柒夫 등이 중심이 되어 널리 文士를 모아 편찬에 착수했다고 한다.28)

---

26) 즉위 원년에 죄인을 大赦하고 文武官에게 爵一級씩 더해 준 것은 신왕 즉위와 동시에 이루어지는 의례적인 일이다. 또 진흥왕 2년에 백제가 '遣使請和'하자 이를 허락한 것은 백제본기 성왕 19년 기사에는 보이지 않을 뿐더러 진흥왕 즉위를 전후한 삼국간의 관계를 보더라도 그다지 특기할 만한 사항은 아니라고 본다.

27) 직계에 의한 승계가 이루어지지 아니할 경우『삼국사기』는 대개 왕위를 계승하게 된 연유를 설명해 두고 있으나, 진흥왕의 왕위 계승 사연은 어디에도 보이지 않는다는 점에서 그와 같이 생각해 볼 여지가 있다.

28)『삼국사기』권4, 진흥왕 6년 7월, "伊湌異斯夫奏曰 國史者 記君臣之善惡 示褒貶於萬代 不有修撰 後代何觀 王深然之 命大阿湌居柒夫等 廣集文士 俾之修撰".

이처럼 국사편찬에 관련된 주요 인물이 내물왕계 후예이고,[29] 나아가 당시 왕족의 혈연의식이 유례없이 고양되고 있었으며,[30] 또한 국사가 군신의 선악을 기록하는 것이라는 이사부의 上奏文 등을 통해서 볼 때 진흥왕 때의 國史는 王統의 정통성을 천명하고, 유교 정치이상에 입각하여 王者의 존엄을 과시하는 성격의 사서가 아니었을까 한다.[31] 따라서 이러한 취지와 성격을 지닌 국사편찬은 재위 6년을 기해서 20세가 된 진흥왕의 親政體制에 걸맞는 것으로, 이를 기념하는 의미도 다분히 들어 있었을 것이다.[32]

다음으로 진흥왕 즉위초에 정국을 주도한 세력에 대해 살펴보기로 한다. 먼저 섭정인 진흥왕의 母后 只召夫人을 들 수 있을 것이다. 지소부인은 법흥왕의 딸이자 입종갈문왕의 妃라는 신분으로 인해 왕실내 최고실력자 중 한 사람이었을 것이며, 따라서 진흥왕의 왕위 계승 과정에 어떤 형태로든 관여하지 않았을까 한다.

또한 왕실 어른으로 법흥왕비가 있었으나 법흥왕 말년에 왕과 더불어 이미 출가하였고, 오래지 않아 세상을 떠난 사실로 미루어[33] 당시 정국에

---

29) 『삼국사기』 권44에 수록된 그들의 전기에는 이사부는 내물왕의 4세손으로, 거칠부 는 내물왕의 5세손으로 되어 있다.

30) 이기동, 「신라 내물왕계의 혈연의식」, 『역사학보』 53·54합집, 1972, 23~29쪽.

31) 이기동, 「고대국가의 역사인식」, 『韓國史論』 6, 국사편찬위원회, 1981, 9쪽.

32) 앞서 살펴본 바와 같이 조선왕조에서도 왕의 연령이 20세에 이를 때까지 섭정이 정무를 대행했음을 확인하였다. 즉 성종은 13세에 즉위하여 7년의 섭정기를 가졌으며, 명종 역시 12세에 즉위하여 8년이란 섭정기를 거쳤다. 다만 야심많은 대원군의 경우에 한하여 아들 고종이 20세가 넘도록 집권하였다. 한편 순조는 11세에 즉위했으나 섭정기간은 4년에 불과하였다. 이는 정순왕후의 건강상태와 사망(순조 6년, 1805)에 따른 결과일 것으로 추측되는 만큼 대세에는 무리가 없을 것이다.

33) 『삼국유사』 권3, 興法3, 原宗興法 厭髑滅身.

그리 큰 영향력을 행사했다고 믿어지지 않는다. 다만 법흥왕 말기에 왕위 계승자로 지목된 진흥왕이 순조로이 왕위를 계승하는 데에는 일조하였을 것이다.[34]

한편 왕실에는 법흥왕의 아우인 立宗과 眞宗도 있었다. 법흥왕은 無子였으므로 자연히 이들은 다음 대의 왕위 계승자로 거론되었을 법한데, 입종은 이미 537년에 사망했으므로[35] 진종을 주목하지 않을 수 없다. 그러나 사료상으로는 진종의 활약상이 나타나지 않을 뿐더러 그의 生沒年조차 알 수 없는 실정이다.[36] 다만 한 가지 추측할 수 있는 것은 진흥왕이 왕위를 계승함에 있어 어쩌면 진종이 걸림돌로 작용했을지도 모른다는 사실이다.

이 밖에 진흥왕 초기에 兵部令을 역임한 異斯夫와 진흥왕 6년부터 본격적으로

---

34) 이희관은 입종갈문왕비가 아들인 深昧夫知(진흥왕)를 데리고 법흥왕비와 함께 川前里 書石谷에 행차한 시기를 법흥왕이 죽던 해 같은 달로 파악하였다. 그리하여 법흥왕의 죽음을 눈앞에 둔 시점에서 이루어진 그 행차를 법흥왕 사후의 왕위 계승 문제와 관련지어 해석하였다. 즉 당시 어린 深昧夫知의 왕위 계승에 위협적인 존재였던, 법흥왕의 아우이자 深昧夫知의 叔父이기도 한 眞宗을 배제시키고 深昧夫知로 하여금 왕위를 계승하게 하는 데에는 법흥왕비가 결정적인 역할을 했다는 것이다(앞 논문, 1990, 79~93쪽). 그러나 『삼국사기』의 기록을 일 년 앞당겨 입종갈문왕비 일행의 書石谷 행차 시기를 법흥왕이 죽던 해 같은 달인 539년 7월로 파악한 것은 자신의 논지를 위해 지나치게 자의적으로 해석한 감이 없지 않다. 법흥왕의 죽음을 눈앞에 둔 시점에서 왕의 측근들이 서석곡으로 행차한 사실도 그러하거니와, 문헌자료에서 확인하였듯이 법흥왕 말~진흥왕 초의 정황으로 판단해 볼 때 법흥왕비가 그처럼 큰 영향력을 발휘했다고는 믿어지지 않기 때문이다(주12) 참조).

35) 주12) 참조.

36) 진종에 관한 유일한 기록은 조선 순조 14년(1814) 5월에 건립된 新羅敬順王殿碑이다. 비문에 의하면, 경순왕이 元聖王의 九世孫으로 되어 있는 까닭에, 원성왕 이전의 계보를 비교적 자세히 표기하였다. 즉 지증왕에서 시작하여 一世 眞宗, 二世 欽連, 三世 摩次, 四世 法宣, 五世 義寬, 六世 魏文, 七世 孝讓, 八世 元聖王이다. 여기서 진종이 지증왕의 아들임을 확인할 수 있다(『朝鮮金石總覽』下, 1265쪽).

활동하기 시작한 居柒夫가 있었다. 이사부는 내물왕의 4세손으로 지증왕 6년 (505)에 悉直州의 초대 軍主가 되었고, 同王 3년(512)에는 何瑟羅州의 군주가 되어 于山國을 병합하는 戰功을 세웠다. 그럼에도 『삼국사기』에는 법흥왕대 이사부의 활동에 대한 기록이 전혀 나오지 않는다.[37] 『日本書紀』에서 그와 관련된 편린을 찾아 볼 수 있을 뿐이다. 즉 上臣 伊叱夫禮智干岐(이사부)가 법흥왕 16년 무렵 낙동강구에 있는 가야의 4村을 약탈했다는 내용이 그것으로,[38] 이러한 사정으로 미루어 법흥왕 19년(532) 금관가야의 정복[39]도 이사부와 연결해 볼 수 있지 않을까 한다. 이러한 추정은 이사부가 진흥왕 2년(541)에 兵部令이 되어 兵馬事를 장악했다는 『삼국사기』의 내용과도 부합한다고 하겠다. 병부령이 됨으로써 이사부가 정계의 최고 실력자로 부상한 셈이지만, 上大等 哲夫의 사망(법흥왕 21년) 이후 오랫동안 상대등 임명 기사가 없었던 사실을 보면 당시 병부령의 정치적 비중을 짐작할 수 있을 것이다.[40]

　그리고 居柒夫는 내물왕의 5세손으로 少時에 승려가 되어 사방으로

---

37) 『삼국사기』 권28, 직관지 上에 의하면 법흥왕 3년에 兵部令 1인을 始置했다 한다. 신형식은 신라 최초의 병부령으로 지증왕대 軍主로 활약한 이사부를 지목했다. 지증왕 6년에 悉直州軍主로 임명된 이사부는 그 이름이 표기되어 있으나 그보다 상급직인 최초의 병부령에 대한 기록이 없음은 의문이며, 지증왕 13년에 何瑟羅州 軍主로 임명된 이사부가 于山國 정벌을 단행한 점 등으로 미루어 그렇게 생각할 수 있다 하였다(「신라의 국가적 성장과 兵部令」, 『한국고대사의 신연구』, 일조각, 1984, 153쪽).

38) 『日本書紀』 권17, 繼體天皇 23년. 계체천황 23년은 법흥왕 16년(529)에 해당한다.

39) 『삼국사기』 권4, 법흥왕 19년조에는 金官國主 金仇亥가 자진해서 來降한 것처럼 되어 있으나, 『삼국유사』 권2, 駕洛國記에 의하면 신라가 무력으로 점령했음을 알 수 있다.

40) 신라 중고기 병부령을 역임한 인물들의 활동을 관찰해 보면 진흥왕대 異斯夫는 國史편찬을 上奏하였고, 진평왕대 金后稷은 왕의 빈번한 수렵을 諫하였으며, 선덕왕대 金龍春은 황룡사 구층탑 축조의 책임을 맡았다. 이 같은 사실은 병부령이 단순한 兵馬權의 집행자가 아니라, 실지로 宰相이 될 수 있는 근거로 볼 수 있을 것이다(신형식, 「신라의 통치구조」, 『新羅史』, 이화여대 출판부, 1985, 144쪽).

두루 돌아다녔다. 그 후 거칠부는 벼슬길에 종사하여 관직이 大阿湌에 이르렀고, 진흥왕 6년에 이찬 이사부가 國史修撰을 건의한 후 왕명을 받고 이를 편찬하여 波珍湌 벼슬을 더하였다.

　이상에서 이사부와 거칠부 두 사람은 중고 전반기에 왕실에서 매우 유력한 존재였음을 알 수 있다. 이들은 진흥왕이 즉위하면서 섭정을 한 왕의 母后 只召夫人과 함께 진흥왕 초기에 정국을 주도해 나갔다고 믿어진다. 이 같은 사실은 그들이 누린 영예로운 일평생을 통해서도 뒷받침 된다고 하겠다.

5. 맺음말

　이상에서 진흥왕의 즉위에 대해 검토해 보았다. 논의한 바를 정리하면 다음과 같다.

　첫째, 진흥왕의 즉위 연령은 7세와 15세 두 가지 설이 있으나 기왕의 연구는 대체로 7세 즉위설을 취하였다. 사료에 나타나는 幼少·幼年이란 용어에 매였기 때문이다. 그러나 『삼국사기』 열전에는 15·16세의 유소년을 幼少·幼年이라 칭한 사례가 다수 보이고, 입종갈문왕의 사망 연도(537)를 기준으로 그의 세 자녀인 진흥왕과 숙흘종, 만호부인의 생년을 추정한 결과 아무래도 7세 즉위설은 무리가 따른다. 또 『해동고승전』에 보이는 진흥왕의 7세 즉위설은 『삼국사기』 자료의 신빙성을 더해 주는 것 같으나, 『삼국사기』는 그보다 앞서 편찬되었고 『삼국유사』는 그보다 뒤늦게 편찬된 사실을 감안해야 한다. 이러한 여러 정황으로 미루어 볼 때 진흥왕은 15세에 즉위했음이 온당하다고 보았다.

둘째, 진흥왕이 15세에 즉위한 것이 사실이라면 이 같은 연령대에서 과연 섭정이 가능했는지, 만약 섭정을 했다면 그 인물은 누구인지 등의 문제를 제기하였다. 먼저 섭정 인물로는 기록에 의하면 태후 내지 왕태후임을 알 수 있다. 태후는 법흥왕의 딸이자 입종갈문왕비인 동시에 진흥왕의 모후 지소부인이고, 왕태후는 법흥왕비이다. 그런데『삼국유사』흥법편의 「원종흥법 염촉멸신」에 의하면 법흥왕비는 법흥왕 말년에 왕과 더불어 출가하였고, 출가한 지 몇 해 만에 세상을 떠난 것으로 되어 있어 진흥왕 집권 초기의 섭정은 진흥왕의 모후인 지소부인으로 추정해 보았다. 그리고 섭정 대상이 되는 왕의 연령 문제에 대해서는『삼국사기』에 나타난 섭정 기사만으로는, 기록 자체에 일관성이 결여됨으로써 그 책정이 불가능하였다. 그러나 조선왕조에서 섭정기를 거친 왕의 즉위 연령과 대비해 보면, 진흥왕의 15세 즉위와 그에 따른 태후의 섭정은 크게 무리가 없음을 확인하였다.

끝으로 진흥왕 즉위초의 정국 운영은 진흥왕이 왕위를 순조로이 계승한 것으로 추정되므로 특기할 만한 사항은 보이지 않는다. 다만 왕 6년에 이르러 국사편찬을 명한 것은 20세가 된 진흥왕의 친정을 기념하는 의미로 해석하였다. 그것은 '국사가 군신의 선악을 기록하는 것'이라는 이사부의 上奏文 등을 고려할 때 진흥왕 때의 國史는 中古 왕통의 정통성을 천명하고, 유교 정치사상에 입각하여 王者의 존엄을 과시하는 성격의 史書로 여겨지기 때문이다. 그리고 진흥왕 즉위초에 정국을 주도한 세력으로는 섭정을 한 진흥왕의 모후 지소부인과 진흥왕의 왕위 계승에 조력한 법흥왕비, 그리고 정치적 성향이 다른 진종이 있었다. 진종은 법흥왕의 아우로 어린 진흥왕에게 위협적인 존재일지도 모르며, 법흥왕비는 행적으로 보아 국정 운영에 그다지 영향력을 미쳤다고 생각되지 않는다. 따라서 왕실인물 가운데 부각되는 자는 지소부인일 것이다. 이 밖에 진흥왕 초기에 병부령을 역임한 이사부와 왕 6년부터 본격적으로 활동하기 시작한 거칠부가 있었다. 이 두 사람은 그간의 경력으로 보아 중고 전반기의 왕실 내에서 대단히 유력한 존재로 생각되는 만큼, 지소부인과 더불어 진흥왕 집권 초반에 정국을 주도해 나갔으리라 추정된다.

III. 진흥왕대 우륵 망명의 사회 정치적 의미

1. 머리말

삼국기 신라 음악은 일반적으로 6세기 이전과 이후로 나뉘어 이해되고 있다. 진한의 상고사회로부터 전승되었을 지방 음악이 발전되어 오면서 신라 음악은 처음에는 향토색이 짙은 민속악의 형태를 띠었으나,[1] 왕권 강화와 귀족사회 형성에 따른 사회제도의 변천과 함께 차츰 새로운 양상의 음악 문화로 분리된 것으로 보인다. 그 결정적 계기가 된 것이 우륵의 망명이었다.[2]

법흥왕대 후반인 530년대 이후 진흥왕대에 이르는 어느 시기에 신라의 정치·문화가 인문화 탈주변화함으로써 중심주의가 확립되고 정체성이 확보되었다. 이 단계에는 왕권 중심의 율령적 지배체제가 강화되면서

---

1) 『삼국사기』 권32 樂志에는 6세기 이전의 신라 지방사회 – 경산·울주·영천 등 경상남북도 각 지역에 흩어져 살던 일반민이 즐겼다는 향토음악에 대한 기록이 비교적 상세히 전한다.

2) 한흥섭, 『악기로 본 삼국시대 음악 문화』, 책세상문고 003, 2000, 33~35쪽 ; 최종민, 「신라(통일신라 포함)의 音樂文化」, 『한국사상사대계』 권2, 한국정신문화연구원, 1991, 782쪽.

새로운 복속민을 포함해 신라영역에 거주하는 주민 모두가 대등한 율령적인 민(公民)으로 인식되고 있었다. 그리하여 왕도에 위치한 明活山城과 南山新城을 축조하면서 일시에 전국적인 力役動員이 가능해졌던 것이다.3)

이와 관련하여 주목되는 것이 6세기대의 금석문이다. 6세기는 신라사에서 과히 금석문시대라 일컬어도 좋을 만큼 다수가 전한다. 영일냉수리신라비(503), 울진봉평신라비(524), 울주천전리서석 원명(525)과 추명(539), 영천청제비 병진명(536), 단양신라적성비(550), 명활산성비(551), 4기의 진흥왕순수비(560년대), 대구무술오작비(578), 임신서기석(552 내지 612), 남산신성비(591) 등이 그것으로, 碑銘이 말해 주듯이 신라 전역에 걸쳐 제작되었음을 알 수 있다. 이 같은 사실은 금석문이 거의 보이지 않는 5세기대와 비교해 볼 때, 6세기에 들어와 신라 사회가 모든 면에서 확연히 달라졌음을 반영하는 것이다. 그리고 내용상으로도 율령의 시행과 밀접히 관련되는 포고문류가 많다는 사실은 당시 구체적으로 나타나기 시작한 중앙집권적 귀족국가의 시대상 일면을 그대로 보여준다 하겠다.4)

빈번한 금석문의 작성은 그것을 읽고 이해할 수 있는 사람도 광범하게 존재했음을 의미한다는5) 견해가 있다. 그러나 고대사회는 문자 그 자체가 권위의 상징이었던 만큼, 아무나 읽고 쓸 수 있는 시대가 아니었다. 조선시대에조차 한문을 읽고 쓸 수 있는 사람은 제한되었음을 상기한다면, 다수의 금석문이 조성된 사실을 가지고 읽는 능력(리터러시 : literacy)을 가진 자의 확대로 과잉 해석할 필요는 없다고 생각한다. 문자보다는

---

3) 주보돈, 「신라 국호의 확정과 民意識의 성장」, 『九谷 黃鍾東敎授 정년기념사학논총』, 1994 ; 『신라 지방통치체제의 정비과정과 촌락』, 신서원, 1998, 330~339쪽.
4) 주보돈, 「신라의 漢文字 정착과정과 불교수용」, 『금석문과 신라사』, 지식산업사, 2002, 412쪽.
5) 주보돈, 위 책, 412쪽.

교화의 직접적 대상이 되는 '읽고 이해하지 못하는' 대다수 일반민에게 국왕에 대한 충성을 맹세하게 하거나 國策의 강력한 실행의지를 전달하는 데에는 어떤 특별한 수단이 필요하였다. 그렇게 하여야 비문을 쓴 사람의 의도와 동시대에 그것을 읽은 사람들에게 있어서의 의미−이 양자 사이의 간격을 좁히거나 해소할 수 있을 것이다. 중앙집권화 과정에서 일반민 통치의 효율성 제고를 위한 강력한 수단, 그것은 다름 아닌 음악(노래)이었다. 아울러 6세기 중후반 이래 중국과 교섭이 본격화하면서[6] 뒤따르는 의례 문제를 해결하기 위해서도 음악의 필요성은 절실하지 않았을까 한다.[7]

이 글은 6세기 신라의 중앙집권화 과정에서 새롭게 인식되기 시작한 일반민을 염두에 두고 출발하였다. 율령적 지배체제가 강화되면서 문자해독 능력이 거의 없는 대다수 일반민에게 왕 또는 국가차원의 정책에 대한 강력한 실행의지를 전달하려면 어떻게 했을까 하는 것이다. 그것은 바로 음악(노래)이었다. 현대사회에서도 우리가 일상적으로 가장 많이 접하는 것이 음악일진대, 하물며 효율적인 대중매체가 전혀 없었던 고대사회는 두말 할 필요가 없을 것이다. 이때 음악은 일반민을 선도하는 데 대단히 효율적인 수단이 될 수 있었을 것이다.

---

6) 신라가 중국과 통교를 재개한 것은 564년(진흥왕 25)이었고(『삼국사기』 권4 및 『北齊書』 7 帝紀 武成帝 河淸 3年), 진흥왕 26년(565)에 북제로부터 책봉을 받은 후 중국에 連年朝貢하기 시작했다. 특히 통일왕조 隋가 등장하면서 신라는 더욱 적극적인 자세로 사절을 파견하였다.

7) 일반민을 대상으로 하는 음악과 국빈에 대한 의례용 음악은 성격이 달랐을 것이다.

2. 우륵 망명을 통해서 본 6세기 중엽의 국제사회와 신라의 대응

신라에는 가야금이 유입된 6세기 이전에 이미 고유의 신라고가 존재하였고, 또 고유한 음악문화를 지녔던 사실이 문헌에서 확인된다.[8] 고유한 신라 음악은 5세기 경에 집중된 신라 토우를 통해서도 재차 확인할 수 있는데, 신라 토우에 출현하는 12점의 琴이 바로 그것이다.[9] 이러한 신라 음악은 6세기 중반 대가야국 악사 우륵의 망명을 받아들임으로써 그 방향이 크게 전환된 것으로 보인다.

그 후 신라 음악은 신라 사회의 발전과 그에 따른 체제정비에 순응하면서 차츰 정치색을 띠었을 것으로 생각된다. 말하자면 王道政治를 지향하는 진흥왕의 통치 구상에 맞추어 신라의 음악정책도 禮樂思想을 추구하는 방향으로 나아갔다고 보는 것이다. 여기에 우륵이 일정한 역할을 담당했을 것이며, 이는 사료를 통해서도 감지되는 바이다. 이해의 편의를 위해 우륵 망명과 진흥왕대의 음악에 관한 전모를 열거해 보기로 한다.

    A. 加耶琴 …… 新羅古記에는 이렇게 말하였다. 加耶(大加耶)國 嘉實王이
       唐나라 악기를 보고 만들었는데, 왕이 여러 나라의 方言이 각기 다르니,
       聲音을 어찌 일정하게 할 것이냐 하며, 省熱縣人인 樂師 于勒에게

---

8) BC. 1세기~AD. 3세기경에 신라의 모체가 되는 辰韓社會에 瑟이라는 현악기가 있었고(『後漢書』 및 『晉書』 東夷傳), 3세기 초 奈勿王 때 사람인 勿稽子는 琴을 연주했으며(『삼국사기』 권48 열전8), 5세기 말 소지왕 때에는 궁 안에 琴을 넣어 두는 악기집인 琴匣이 있었다(『삼국유사』 권1, 紀異2 射琴匣).

9) 신라 토우에 출현하는 琴은 현재까지 모두 12점으로 확인된다(김성혜, 「新羅土偶의 音樂史學的 照明 – 신라고를 중심으로 – 」, 전통예술원(편), 『한국고대음악의 전개 양상』, 민속원, 2001, 49쪽의 주41) 및 68~70쪽 참고 ; 『한국학보』 91·92합집, 1998).

명하여 十二曲을 짓게 하였다. 그 후 于勒이 그 나라(加耶國)가 어지럽게
되므로, 樂器(加耶琴)를 가지고 신라 진흥왕에게 귀화하니, 왕이 받아들
여 國原(지금의 忠州)에 편안히 거처하게 하고, 大奈麻 注[法]知·階古와
大舍 萬德을 보내어 그 業을 傳受하게 하였다. 三人이 이미 十一曲을
전해 받고 이르기를 "이것(11곡)은 繁多하고 음란하니, 우아하고 바른
것이라고 할 수 없다" 하고, (그것을) 요약하여 五曲을 만들었다. 우륵이
듣고 처음에는 怒하다가 그 다섯 가지의 音調를 듣고는 눈물을 흘리며
탄식하기를 "즐겁고도 방탕하지 않으며, 애절하면서도 슬프지 않으니
바르다(正)고 할 만하다. 네가 왕의 앞에서 연주하라" 하였다. 왕이
듣고 크게 즐거워하였는데, 諫臣이 의논하여 아뢰기를 "망한 加耶國의
음률은 취할 것이 못 됩니다" 하였다. 왕이 이르기를 "가야왕이 음란하
여 스스로 멸망하였는데 음악이 무슨 죄가 되겠느냐? 대개 聖人이
음악을 제정하는 것은 人情으로 연유하여 조절하게 한 것이니, 나라가
다스려지고 어지러워짐은 음악 곡조로 말미암은 것이 아니다" 하고,
드디어 행하게 하여 大樂이 되었다. 가야금에는 두 音調가 있는데,
하나는 河臨調요 二는 嫩竹調이며, 모두 一百八十曲이었다.
　于勒이 지은 十二曲은, 一은 下加羅都, 二는 上加羅都, 三은 寶伎,
四는 達已, 五는 思勿, 六은 勿慧(미상), 七은 下奇物(미상), 八은 獅子伎,
九는 居烈, 十은 沙八兮(미상), 十一은 爾款(미상), 十二는 上奇物(미상)이
라 한다. 泥文이 지은 三曲은, 一은 烏, 二는 鼠, 三은 鶉이다.[10]

B. (眞興王) 12년 정월에 年號를 고쳐 開國이라 하였다. 3월에 왕이 (국내를)
巡狩하여 娘城(淸州)에 이르러 于勒과 그 弟子 泥文이 음악을 잘한다는
말을 듣고 특히 불렀다. 왕이 河臨宮에 머물러 그들로 樂을 연주케
할새, 二人이 각각 새 歌曲을 만들어 아뢰었다. 이에 앞서 加耶國
嘉實王이 十二月의 律呂를 象하여 十二弦琴을 만들어 우륵으로 하여금

---

10) 『삼국사기』 권32, 雜志1, 樂.

樂曲을 製作케 하였더니, 그 나라가 衰亂함에 미쳐 우륵이 악기를 가지고 우리나라로 들어왔다. 그 악기의 이름은 즉 加耶琴이다. 왕이 거칠부 등에게 명하여 고구려를 침략하여 이김에 따라 10개 郡을 탈취하였다.

13년에 왕이 階古·法知·萬德 세 사람으로 하여금 우륵에게 음악을 배우게 하였다. 우륵은 그들의 기능을 헤아려 階古에게는 琴을 가르치고 法知에게는 노래를 가르치고 萬德에게는 춤을 가르쳤다. 業을 마치매, 왕이 이들에게 명하여 樂을 연주케 하고 (듣고) 가로되 前日 娘城에서 듣던 음악과 다름이 없다 하고 賞을 후히 주었다.[11]

사료 A, B를 종합하면, 다음의 몇 가지 사실로 정리될 수 있을 것이다.

1) 12금곡의 제작 이유

6세기 대가야의 嘉實王은 중국 악기 箏을 본떠서 가야금을 만든 후, 樂師 우륵으로 하여금 12곡을 짓게 했다. 현재 그 악곡명만 남아 전하는데, 절반 가량이 가야국 당시의 지명이고, 특이하게는 獅子伎와 같은 놀이명도 있다. 그런데 12곡 모두 우륵이 작곡한 것은 아니다. 이전부터 내려오던 가야 각 지역의 음악을 우륵이 가야금 곡조로 재정리한 것으로, 요즘 말로 하자면 편곡을 한 셈이다. 이처럼 가실왕이 낙동강 주변에 산재하던 지방 음악을 정리하게 한 데에는 중대한 이유가 있었다. 그것은 '가야 각 지역의 언어 문제(방언)로 파생되는 어려움을 음악을 통해서 소통해 보려'는 의도였다.[12]

---

11) 『삼국사기』 권4, 진흥왕.
12) 김상현도 일찍이 이와 같은 문제를 지적한 바 있다. 즉 대가야국 가실왕이 "여러 나라의 方言이 각기 다르니, 聲音을 어찌 일정하게 할 것이냐 하며, 악사 우륵을

2) 우륵의 망명 시점

우륵이 활동하던 6세기 중엽 가야 주변의 정세는 대단히 급박하게 전개되고 있었다. 신라·백제 양대 강국의 압박으로 고령 지역연맹체가 분열되기 시작하자 우륵은 가야금을 가지고 신라로 망명하였다. 우륵이 망명한 시기는 정확히 알 수 없으나, 진흥왕 12년(551) 3월에 진흥왕이 가야국 망명인들을 만난 사실로 미루어 그 이전의 멀지 않은 시기에 신라에 들어왔으리라 짐작된다.

3) 진흥왕대의 망명 지식인
―우륵과 혜량, 그 정치적 의미와 역할

우륵의 신라 망명에 대해서는, 그보다 조금 늦은 고구려승 惠亮의 망명과정을 통해서 사료에는 보이지 않는 몇 가지 사실을 유추해 낼 수 있다. 『삼국사기』 권44, 거칠부 열전에 의하면, 혜량은 고구려 정탐을 위해 위장 잠입한 거칠부를 단번에 알아본 비범한 인물이며, 도성이 아니라 국경지대―竹嶺 이북 高峴 이내의 10郡― 근방에서 활동했음을 알 수 있다. 신라승을 놓아두고 적국 고구려의 망명승을 僧統으로 삼아 백좌강회를 열고 국가의식을 크게 고취시킨 데에는 진흥왕의 정치적 계산이 있었던 게 아닌가 한다. 혜량법사가 고구려 地境에 들어온 거칠부에게 '장래에 장수가 되어 군사를 거느리고 오거든 나에게 해를 끼치지 말라'고 당부한 점이라든지, 진흥왕 12년(551)에 고구려 10개 郡이 점령될 무렵 혜량이

명하여 12곡을 짓게 했다"는 사실은 음악으로 언어를 통일하려는 노력이 일찍부터 있었음을 알게 해 주기 때문이라 했다(「萬波息笛說話의 형성과 의의」, 『한국사연구』 34, 1981, 22쪽).

무리를 이끌고 와서 '政亂으로 인해 고구려의 멸망이 멀지 않으니,[13] 신라로 데려가 줄 것'을 거칠부에게 부탁한 사실은, 망명에 관해 신라 조정과 사전에 협의하였음을 암시해 주기 때문이다. 이처럼 신라 정부가 혜량의 망명을 기정사실화한 것은 새로운 점령지 주민에 대한 전시효과는 물론 민심수습의 차원에서 취한 조치였을 것이다. 혜량은 비범할 뿐만 아니라 竹嶺 이북 高峴 이내의 10郡 혹은 그 인근에서 활동한 것으로 보이는데, 이러한 사실은 신라 정부를 충족시킬 만한 요건이 되었다.

  이상의 사실은 우륵의 경우에도 그대로 적용된다. 신라는 우륵의 망명을 받아들이면서 우륵과 그의 음악이 가진 정치적 의미를 적극 활용한 것으로 보인다. 예컨대, 당시 삼국이 대치하던 최전방 國原城(忠州)에 우륵을 '편안히' 거처하게 한다든가, 한강 유역 전투를 앞두고 진흥왕이 우륵과 그 제자를 '특별히' 불러 연주하게 한 점, 관인 세 사람을 보내어 우륵에게 음악을 배우게 한 점 등은 정부차원에서 우륵의 능력을 배려하고 우대한 조처였다. 혜량이 점령지 주민들을 위무했다면,[14] 우륵은 음악을 통해서 지역마다 차이나는 方言과 지방민의 정서를 하나로 묶어 내는 역할을 했을 것이다. 지방민의 협조없이 전쟁을 치르는 것은 매우 힘겨운 일이다.

---

13) 『日本書紀』 권19, 欽明紀 7年(546)에도 고구려 내분의 심화를 전하고 있다.
14) 선진국 고구려에서 혜량이 망명한 시점은, 신라가 본격적인 구법승 시대를 맞이하여 중국으로부터 선진문물을 수입하기 이전의 일이다. 흔히 지적하듯이 삼국기의 승려는 단순히 종교인만은 아니었다. 그들은 西學하면서 중국으로부터 선진문물을 수입하는 창구 역할을 담당하였고, 정치·외교·교육·군사뿐만 아니라 문화에 이르기까지 거의 전 분야를 망라하는 당대 제일의 지식층이었다. 이 모든 점을 감안할 때, 혜량의 신라 망명 의미는 상상보다 훨씬 더 커질 수 있다. 삼국기 승려의 역할에 대해서는 이기백, 「삼국시대 불교 수용과 그 사회적 의의」, 『신라사 상사연구』, 일조각, 1986, 42~45쪽 ; 이수훈, 「新羅僧官制의 성립과 기능」, 『釜大史學』 14, 1990, 23~36쪽 ; 김복순, 「신라 불교계의 인재양성과 선발」, 『신라문화제 학술회의발표논문집』 19, 1998, 158쪽 ; 주보돈, 앞 책, 2002, 402~411쪽 참고.

진흥왕이 정복사업을 성공리에 수행할 수 있었던 이유는 다름 아닌 지방민에 대한 배려였다. 진흥왕 때 점령지 주민에 대한 奴人意識의 극복은[15] 이러한 배경과 연장선상에 있다.

그런데 우륵의 신라 망명은 단지 개인적 차원의 사건으로 끝날 일이 아니었다. 거기에는 신라와 대가야 양국 간에 대단히 중요하고도 상징적인 정치적 의미가 들어있기 때문이다. 『三國志』東夷傳 高句麗 기록에 보이는 "鼓吹(樂器)와 技人(樂人)의 賜與[漢時賜鼓吹技人]"가 고구려와 漢皇帝 사이에 행해진 복속의례의 상징적인 표현이라면,[16] 대가야국 음악을 통째로 들어서 망명한 악사 우륵의 경우도 같은 맥락에서 생각해 볼 수 있지 않을까 한다. 우륵은 왕실과 국가를 위해 음악활동을 한 대표적 인물이기 때문에, 우륵의 신라 망명은 의미심장한 정치적 메시지를 담고 있다고 하겠다.

4) 문화 전파의 거점이 된 도시 國原(忠州)

진흥왕은 대가야국 망명자들을 國原(충주)에 안치한 다음, 551년에 巡幸하는 길에 娘城(청원군 낭성면)에 묵었다. 왕의 부름을 받은 우륵과 제자 尼文은 각각 새로운 곡을 지어 河臨宮에서 가야금을 연주하였다. 가야금의 河臨調는 낭성의 하림궁과 밀접한 관계가 있다.[17]

충주지역은 남한강 본류와 달천이 합류하며 죽령·계립령·이화령 등

---

15) 주보돈, 앞 책, 1998, 330~339쪽 참고.
16) 李成市, 「加耶의 國際環境과 外交 -신라관계를 중심으로-」, 『가야의 대외교섭』, 김해시 주최 제5회 가야사 학술회의발표문, 1999, 76~78쪽.
17) 宋芳松, 「淸州와 忠州지역의 音樂史的 照明」, 『韓國音樂史論叢』, 민속원, 1999, 93~96쪽.

嶺路가 모여드는 요지로,[18] 이 지역의 대부분을 신라가 점유할 때까지 삼국이 서로 차지하려고 치열하게 각축을 벌인 곳이었다. 본래 고구려의 國原城이었으나,[19] 고구려군이 소백산맥 북쪽으로 퇴각함으로써 6세기 초에 비로소 고구려와 신라의 국경이 확정되었다. 진흥왕 18년(557)에 이르러 國原(忠州)에 小京을 설치한 신라 정부는 행정 및 군사 거점지로 운영할 목적으로 이듬해인 558년에 중앙의 貴戚子弟와 六部의 富豪를 이주시켰다.[20] 고구려가 이 지역을 장악했을 당시 國原城이라 명명하고 中原高句麗碑를 건립해 南進의 전진기지로 삼았듯이, 신라도 이곳을 중시 하여 소경을 설치함으로써 北進을 위한 전진기지로 삼았다. 이와 같은 식민정책에 의하여 신라 문화는 빠른 속도로 전국 각지에 전파되었는데, 그 과정에서 일찌감치 신라 귀족들이 이주하여 정착한 지방중심도시들은 문화를 전파하는 거점 역할을 하였다.[21]

小京 설치에 관한 기왕의 연구는 대체로 지방 행정에 대한 의욕을 나타내는 것으로 설명해 왔는데,[22] 앞서 살펴본 바와 같이 국원 소경은 경계도시로서 지역주민의 정체성 문제를 비롯해 이와 맞물린 지역적

---

18) 崔永俊, 『嶺南大路－韓國古道路의 역사지리적 연구－』, 고려대 민족문화연구소, 1990, 79~81쪽.
19) 『삼국사기』 권35, 雜志4 地理2.
20) 『삼국사기』 권4, 진흥왕.
21) 최영준, 앞 책, 1990, 89~90쪽.
22) 藤田亮策은 지방관료에 대한 견제를 손쉽게 하면서 수도의 편재에서 오는 통치의 불편을 해소하기 위한 것이라 하였고(「新羅九州五京攷」, 『朝鮮學報』 5, 1953, 104~108쪽), 한우근은 豪民들을 그들의 생활기반에서 유리시킴으로써 왕권 강화를 꾀한 것으로 보았다(「古代國家成長過程에 있어서의 對服屬民施策(上)－其人制 기원설에 대한 검토에 붙여서－」, 『역사학보』 12, 1960, 104~105쪽). 이에 더해 이종욱은 인구분산책의 일환으로 보았다(『新羅上代王位繼承研究』, 영남대 민족 문화연구소, 1980, 209쪽).

다중성의 극복이라는 과제를 안고 있었다 하겠다. 여기에 우륵과 혜량의 역할이 있었던 것이고, 신라 정부가 과제 해결의 실마리로 내놓은 게 바로 신라 문화의 전파 및 이식이었을 것이다.

3. 신라 음악의 전개과정

1) 토속적인 음악에서 유가의 雅正한 음악에 이르기까지

앞의 두 사료를 조합해 보면 진흥왕대 신라 음악이 변화·발전되어 나가는 일련의 과정을 읽을 수 있는데, 우륵 망명 직후의 향토색이 짙은 음악과, 우륵의 음악이 전수되는 과정에서 우여곡절을 거친 후 예악사상으로 정착되는 2단계 과정으로 그려볼 수 있다.

먼저 우륵이 망명하면서 신라 사회에 들여온 '토속적인 대가야 음악'은 이후의 낭성 음악 단계에서도 그다지 달라진 것이 없는 듯 보인다. 진흥왕이 그들의 음악에 특별한 관심을 나타냈고, 이에 우륵과 이문 두 사람이 각각 '새 가곡을 만들어 연주했다는 낭성 음악'은 그 뒤 전개과정으로 볼 때, 사료상으로 어떤 자그마한 변화도 감지하기 어렵기 때문이다. 우륵의 음악은 왕명에 따라 전수되었지만 그 과정에서 신라 관인들로부터 거센 저항을 받았다. '낭성 음악'이 대가야국 음악과 마찬가지로 여전히 향토색을 짙게 드리우고 있음을 짐작케 하는 대목이다.

그 후, 진흥왕은 법지·계고·만덕 세 사람을 보내어 우륵에게 음악을 전수받게 하였다. 이들은 신라 17관등 중 각각 10위와 12위에 해당하는 大奈麻와 大舍였는데, (大)奈麻는 諸部(府)署의 중간 관인층 및 전문지식인 혹은 전문기술직을 대변하는 관등이었다.[23] 이러한 성격의 관등 소유자로서 음악적 재능을 보인 법지 등이 선별되어 우륵에게 맡겨졌던 게 아닐까 한다.

그런데 세 명의 신라 관인들은 가야국에서 작곡한 우륵의 음악을 "번다 하고 음란하니, 우아하고 바르지 못하다"라고 비난하였다. 역으로 말한다 면, 그들의 음악관은 바로 雅正인 셈이다. 이는 전형적인 유가의 음악사상 으로,[24] 당시 신라의 관인층에서는 이미 음악을 비롯해 유가의 사상적 세례를 받고 있었던 것으로 보인다.[25] 우륵으로부터 직접 전수 받았음에도 도리어 그 악곡을 비난한 이유는 여기에 있었다.

수련을 마친 후 법지 등이 진흥왕 앞에서 음악을 연주했을 때에도 諫臣들은 망한 가야국의 음악은 취할 게 못 된다며 배격하였다. 그러나 진흥왕은 가야왕이 음란하여 스스로 멸망한 것이지 그 음악을 탓할 바는 아니며, 나라의 治亂은 음악과 무관하다면서 일축하였다. 오히려 진흥왕은 연주를 듣고 크게 즐거워했을 뿐만 아니라, 지난 날 낭성에서 듣던 음악과 다름이 없다며 상을 내리기까지 하였다. 이처럼 국왕이 호의를 보였지만 가야금곡이 신라로 수용되는 과정에서 상당한 진통이 따랐다는 사실은 예사롭지가 않다. 특히 진흥왕의 신료들이 가야금곡과 가라국의 멸망을 직결시키고 있는 점은 주목을 요한다.

외래 음악의 수용을 둘러싸고 군신 간에 뚜렷한 입장 차이를 보인

---

23) 권덕영, 「신라 관등 阿湌·奈麻에 대한 고찰」, 『국사관논총』 21, 국사편찬위원회, 1991, 56~62쪽.

24) 顏回가 일국을 다스리는 방법을 물었을 때, 공자가 나라에서 장려해야 할 음악은 '韶(순임금의 악)'와 '舞(무왕의 악)'이고 鄭나라의 음악과 같은 음란한 것은 금해야 한다(『논어』 衛靈公)는 말에 비유하여, 한흥섭은 신라 관인들은 가야국의 음악을 정나라의 음악과 같이 음란한 음악으로 간주해 개작한 것이라 하였다(앞 책, 2000, 57~58쪽).

25) 李晶淑, 「중고기 신라유교의 성격」, 『백산학보』 58, 2001, 15~36쪽 참고.

것은 무엇 때문일까? 가야금곡을 연주했던 당시의 상황으로 되돌아가기로 한다. 우선, 망명 직후 우륵이 연주한 낭성 음악과 樂生들의 어전에서의 연주 사이에는 무려 10년 이상의 시차가 있다. 『삼국사기』에는 각각 진흥왕 12년과 13년의 일로 기록되어 있으나, "망한 가야국의 음률"(사료 A)이라든지 "業을 마치매" "前日 낭성에서 듣던 음악"(이상 사료 B)이라는 표현 등으로 미루어 불과 일 년여 사이에 일어난 일이 아님을 짐작할 수 있다. 왕의 마음을 사로잡을 정도의 빼어난 연주 실력은 단기간에 이루어질 수 없으며, 業을 마쳤다는 것은 오랜 시간에 걸쳐 연마했다는 뜻으로 이 둘은 문맥상 상보관계에 있다고 하겠다. 또 대가야가 멸망한 것은 562년의 일이므로, 우륵이 진흥왕을 최초로 알현한 시점(551년)에서 적어도 10년 이상의 세월이 흘렀음을 알 수 있다.

이상의 사실을 종합해 본다면, 신라는 대가야 음악의 수용 이래 우륵 등이 새 가곡을 만들어 발표한 낭성 음악 단계까지는 토속적인 基調를 그대로 유지하였다. 그 후 왕명에 의한 전수 과정에서 우륵의 음악은 '繁且淫'한 것에서 '樂而不流 哀而不悲'라는 한 단계 높은 수준으로 발전하였다. 우륵이 한 이 말은 『論語』 第3, 八佾20에 나오는 "樂而不淫 哀而不傷"이란 문구와 매우 흡사하여 이를 참고했음을 알 수 있는데, 6세기 신라 사회에는 이미 유교적 가치기준이 마련되어 있었고, 그것이 국가 차원의 음악에까지 영향을 미쳤던 것으로 보인다. 그러나 한 차례 해프닝을 겪었던 음악도 신료들의 불만을 눅일 만한 경지까지 이르지는 못하였다. 그렇다면 전후 사정으로 짐작컨대, 우륵의 음악은 일종의 리메이크하는 선에서 신라에 전수되었던 게 아닐까 한다.

2) 진흥왕대 예악사상의 전개와 우륵

'樂師' 우륵의 망명은 진흥왕대 예악사상의 전개에서 매우 중요한 의미를 가진다. 고려시대의 경우 教坊樂이 수입된 이후 唐樂이 문란하게 되었는데, 그 이유는 악기와 음악만 유입되었을 뿐 음악을 가르칠 教坊樂師들이 없었기 때문이다. 이처럼 악사의 派送은 반드시 그 음악의 전수와 함수관계에 놓여 있음을 볼 수 있는데, 우륵의 망명은 진흥왕대 치국의 일환으로서 음악정책과 맞닿아 있는 것이다.

궁중악사인 우륵의 음악관은 과연 어떠했을까? 사료상에 보이는 그의 음악 교습 장면은 이를 이해할 수 있는 중요한 단서가 된다. 우륵은 자신의 음악을 제자들이 함부로 개작한 데 대해서 분노하였으나, 이내 눈물을 흘리며 탄식하기를 "즐겁고도 방탕하지 않으며, 애절하면서도 슬프지 않으니 바르다고 할 만하다[樂而不流 哀而不悲]"면서 인정해 주었다. 우륵의 음악관이 서서히 바뀌고 있음을 보여주는 대목이다. 이를 거꾸로 유추해 본다면, 원래 우륵이 가지고 들어온 향토음악은 "꾸밈없는 원색적인 것, 슬픔이 절절하여 비통하기 그지없는", 말하자면 날것 그대로의 표현을 담고 있는 것으로 보아도 좋을 것이다. 여기에 예악사상이 유입되면서 감정이 절제된 '절도 있는' 음악 − '중용의 원칙선상에 있는' 음악으로 변모한 것이다. 그것은 다름 아닌 공자(유가)의 음악이었다. 중국과의 교류가 그다지 활발하지 않았을 한반도 소국의 우륵에게까지 공자의 음악이 영향을 미쳤다고는 생각되지 않는다.26) 앞서 살펴본 바와

---

26) 5세기 후반에 脫高句麗化한 신라가 백제·가야와 함께 고구려에 대한 공동전선을 취함으로써 가야를 둘러싼 국제환경은 큰 변모를 겪게 되었고, 이러한 국제적 호조건은 가야가 중국과 직접 교섭하는 계기를 가져다 주었다(이성시, 앞의 발표문, 1999, 68~72쪽 참고). 『南齊書』列傳 권39, 東南夷, "建元 元年(479)에 국왕 荷知가 (南齊에) 사신을 보내와 공물을 바쳤다"는 기록은 이러한 배경에서

같이, 법지 등이 우륵으로부터 전수받은 음악을 개작·발표한 것은 우륵 망명 이후 10년 이상의 시간이 소요된 뒤였다. 따라서 유가의 예악사상이 유입된 중용의 음악은 중국의 영향이라기보다는 우륵 자신이 신라 사회의 유교적 분위기에 편승한 결과로 보아야 할 것이다. 지식인이었던 우륵에게 10여 년의 세월은 새로운 思潮를 흡입하기에 충분한 시간이었다. 우륵은 망명한 뒤에도 음악 교육은 물론이고 계속해서 창작활동을 펼쳐 나갔던 것이다.[27]

한편 진흥왕은 신료들의 반대를 무릅쓰면서까지 가야 음악을 수용하는 데 적극적이었다. 같은 음악을 듣고 군신 간의 반응이 이처럼 달랐던 것은, 우륵이 정리한 가야지역 음악의 성격에 있었던 듯하다. 정복 군주였던 진흥왕의 경우 새로운 영역 편입으로 인한 방언의 차이를[28] 극복할 필요가 있었고, 이러한 언어 문제를 해결하기 위해 음악의 기능은 주목될 수 있었다.[29] 식자율이 너무도 낮았던 고대 사회에서 일반민을 선도할 수 있는 매체로서 쉽게 생각할 수 있는 것은, 그들 사이에 널리 퍼진 노래였다. 노래는 가장 손쉽게 동조를 이끌어 낼 수 있는 잠재력을 지니면서 그 정서적 파급력이 만만치 않다는[30] 사실을 진흥왕은 간과하지 않았다.[31]

설명되어야 할 것이다. '가실왕이 唐나라 악기를 보고 가야금을 만들었다'는 기록에서 唐은 일반적으로 중국을 지칭하는 관념적 표현에 지나지 않으며, 이때의 중국(唐)은 南齊가 되어야 마땅하다.

27) 우륵은 망명자인 만큼 자신의 위상 정립을 위해 위정자의 의도에 충실히 부합하는 음악을 만들 필요가 있었다고 본다. 그의 음악관의 변모는 신라 사회의 유가적 분위기에 어느 정도 경도되었을 것이나, 지식인이었던 그가 신라에서 살아남기 위해서는 철저한 신라인이 되어야만 했을 것이다.

28) 삼국은 친족관계에 있기는 했으나 서로 다른 언어를 말하였다(이기문, 「언어자료로서 본 삼국사기」, 『진단학보』 38, 1974, 215쪽).

29) 주10) 참고.

30) 박애경, 『가요, 어떻게 읽을 것인가』, 책세상문고 026, 2000, 13~14쪽.

후대의 일이긴 하나 문무왕 때 車得公이 일반민을 대상으로 포교활동을
하는 과정에서 노래를 이용한 사실이 주목된다.[32]

　진흥왕은 후에 우륵의 음악을 大樂으로 삼기까지 했다. 그러면서도
자신의 의도대로 음악정책을 유도해 나간 것으로 보이는데, 목표의 지향점
은 예악이었다. 법지 등 3인의 연주 이후 신라 음악은 예전처럼 일상의
사연을 노래하는 民歌로서의 '風'이 아니었다. 선왕의 덕을 드러내고 세상
을 경계하는 '雅·頌'으로 전환하게 된 것이다. 때마침 이 무렵에 왕도정치를
표방하는 진흥왕 마운령순수비와 황초령순수비가 건립됨으로써 음악은
예악사상과 함께 진흥왕대 정치철학의 한 축을 이루었다.[33] 신라 사회

---

31) 중국 周나라 때도 '采風(풍속 채집)'이라는 民歌 수집 제도가 있었는데, 그 목적은
　民歌를 통해 인민의 반응과 통치자에 대한 정서를 관찰함으로써 통치도구로
　이용하려는 것으로(『禮記』「王制」, "天子五年一巡狩 命大師陳詩以觀民風" ; 『漢
　書』「藝文志」, "古有采詩之官 王者所以觀風俗 知得失 自考正也"), 말하자면 통치계
　급의 이익을 위한 것이었다(양 인리우 지음, 이창숙 옮김, 『중국고대음악사』,
　솔, 1999, 85~86쪽 참고).
　공자의 음악사상 역시 통치계급의 이익에서 출발했으며, 후세 유가의 음악사상에
　중대한 영향을 끼쳤다. 공자는 음악이 정치에 매우 크게 작용하므로, 음악정책은
　최고 통치자가 제정해야 한다 했고, 또 음악의 등급을 매우 완강한 태도로 구분하였
　다(같은 책, 155~156쪽 참고).
32) 문무왕(재위 661~680)의 배다른 아우인 車得公이 시정을 살피기 위해 승복을
　입고 비파를 들고 居士 차림을 하고 서울을 떠났다는 기록에서(『삼국유사』 권2,
　文虎王法民) 당시의 거사들이 비파를 연주하면서 거사소리, 즉 불교의 교리를
　민중에게 전파하는 포교활동을 한 사실이 확인된다. 일반민에게 불교를 널리
　전파하기 위한 和請이 우리말로 된 가사를 민요 같은 곡조에 얹어 부르는 불교가요
　인 점을 생각하면, 거사소리도 비슷한 노래로 이해될 수 있다(남상숙, 「『삼국사기』
　및 『삼국유사』의 音樂記事 점검」, 전통예술원 편, 『한국고대 음악의 전개 양상』,
　민속원, 2001, 105쪽 ; 『한국음악사학보』 제2집, 1989).
33) 진흥왕 당시에 이미 『論語』『孝經』 등의 유교경전이 전래되어 국가적으로 수용되었
　고 또 거기에 담겨 있는 유교이념이 정치적으로 실용화되는 단계에까지 이르렀다
　(노용필, 「신라시대 『孝經』의 수용과 그 사회적 의의」, 『李基白先生古稀紀念韓國史
　學論叢』 上, 일조각, 1994, 179~196쪽 참고). 그 이후 음악 자체가 하나의 통치행위

내부의 이러한 움직임은 주변국에까지 전해졌다. 1979년에 중국에서 출간된 辭書『辭海』의 「가야금」 조목에 "전하는 바에 의하면 6세기 때에 조선 신라 남쪽의 가야국에서 유전되었다. 箏과 형태가 비슷하다. 원래 아악에서 사용하는 것과 민속악에서 사용하는 두 가지가 있었다"라고[34] 적혀 있다. 가야금에 대한 조목만 있고, 가야국에 대한 독립된 조목은 없으며, '신라 남쪽'의 가야국이란 표현으로 미루어 가야국은 중국인에게 꾸준히 인식되어 오지 못했음을 알 수 있다. 이 같은 사실로 미루어 볼 때 가야금과 가야금곡은 우륵이 망명한 이후에 신라 사회에서 본격적으로 발전했던 게 아닌가 한다. 가야금 음악은 우륵의 망명을 계기로 신라에 전해지면서 크게 유행하였고, 그 후 다시 일본에도 전해져 '신라금'으로 불려지기도 한 사실은 이를 뒷받침하기에 충분하다.

진흥왕은 우륵의 음악적 재능을 최대한 이용함으로써 자신의 정치적 목적을 달성하였고, 우륵 또한 망명 이후 자신의 음악세계에 변화를 가져옴으로써 한층 더 정제된 예술의 경지에 이르렀다고 본다.

3) 진흥왕과 가실왕, 뮤지션 우륵

가야금과 가야금 음악은 가실왕으로부터 비롯되었다. 『新增東國輿地勝覽』 高靈縣 古跡의 '琴谷世傳[…… 琴谷世傳 勒率工人肄琴之地 ……]'에 의하면 가실왕이 가야금 음악에 얼마나 공을 들였는지 짐작할 수 있다.

로 받아들여졌는데, 말하자면 禮樂으로써 治國을 위한 하나의 방편으로 삼았던 것이다.

34) 『辭海』縮印本, 上海辭書出版社, 1979, 236쪽. 이 부분은 北京大 宋成有의 「魏晉南北朝時期 東北아시아 국제관계 질서와 加耶國」, 『加耶의 對外交涉』, 김해시 주최 제5회 가야사 학술회의발표문에서 재인용했음을 밝힌다. 필자가 가지고 있는 臺灣 中華書局에서 출간한 1979년판 『辭海』上에는 가야금 조목 자체가 없다.

가실왕은 악사 우륵에게 마음놓고 음악활동을 할 수 있는 공간을 제공하고 아울러 工人들까지 붙여서 가야금 연주자를 양성시켰다. 우륵이 거느린 工人은 일단 관인 신분으로 생각되며, 가야금 연주를 익히는 일뿐만 아니라 악기 제조까지도 맡았을 것으로 추측된다. 가실왕은 기실 가야금 음악을 위한 전담팀을 두고 있었던 것이다. 가실왕이 가야諸國의 이름을 소재로 음악을 만들어 연주하게 한 것은, 가야지역에 대한 대가야의 패권의식이 관념적으로 자리잡고 있었다기[35]보다는 가실왕의 문화에 대한 높은 안목과 이해, 예술에 대한 애착으로 해석함이 옳을 것이다. 12곡명 가운데 獅子伎와 같은 놀이명이 들어 있는 것은 하나의 좋은 예가 된다. 이러한 문화를 바탕으로 우륵과 같은 교양과 기량과 자의식을 두루 갖춘 뮤지션이 나올 수 있었던 것이다.

그런데 가실왕은 신라 조정으로부터 온당한 대우를 받지 못했던 것 같다. 가야금곡 수용을 둘러싼 갈등에서 "가야왕이 음란하여 스스로 멸망하였는데 음악이 무슨 죄가 되겠느냐"는 표현은 진흥왕의 이중성을 드러낸다. 가야왕이 음란하다는 것은 가실왕의 예술적 자질이 풍부했음을 뜻함과 동시에 대가야 정복의 정당성을 표명하려는 은유적 표현이다. 그러면서도 신료들에게 애꿎은 음악을 탓하지 말라면서 선을 긋고 있다. 진흥왕은 기실 가실왕의 예술인으로서의 일면을 인정하고 있었던 것이다. 가실왕이 예술가였다면 진흥왕은 왕도사상과 예악사상으로 세상을 경영하려는 정치가였다고 하겠다.

---

35) 백승충, 「于勒十二曲의 해석문제」, 『한국고대사논총』 3, 1992 ; 권주현, 「우륵과 가야 음악」, 『가야문화사 연구』, 계명대 박사학위논문, 1998. 12.

4. 맺음말

6세기대 신라 사회에서 율령적 지배체제를 강화한 것은 민에 대한 인식을 새롭게 하는 계기가 되었다. 전국적인 力役動員과 함께 포고문을 실은 금석문이 유행함에 따라 교화의 직접적 대상이 되는 거의 문맹인 일반민에게 국가정책의 강력한 실행의지를 전달하는 데에는 어떤 특별한 수단이 필요하였다. 그것은 다름 아닌 음악(노래)이었다. 노래는 가장 손쉽게 동조를 이끌어 낼 수 있는 잠재력을 지니면서 그 정서적 파급력이 만만치 않아 일반민을 선도하기에 가장 손쉬운 매체이다. 정복군주 진흥왕 이 신료들의 반대를 무릅쓰면서까지 우륵과 그의 음악을 받아들인 이유가 여기에 있었다.

신라는 대가야 음악을 수용한 이래 우륵 등이 새 가곡을 만들어 발표한 낭성 음악 단계까지는 토속적인 基調를 그대로 유지하였다. 그러다가 왕명에 의한 전수 과정에서 우륵의 음악은 유가의 雅正한 음악으로 한 단계 도약하였다. 이러한 도약은 신라 사회에서 만연되기 시작한 유교적 가치기준의 영향을 받아 이루어졌다. 그러나 아직은 신료들의 불만을 눅일 만한 데까지는 이르지 못했다. 우륵의 음악은 일종의 리메이크하는 선에서 그치고 말았다.

진흥왕은 우륵의 음악을 大樂으로 삼기까지 했으나, 자신의 의도대로 음악정책을 유도해 나갔고, 우륵이 일정한 역할을 담당하였다. 목표의 지향점은 예악이었다. 법지 등 3인의 연주 이후 한바탕 소동을 겪었던 신라 음악은 이제 더 이상 일상의 사연을 노래하는 民歌로서의 '風'이 아니었다. 선왕의 덕을 드러내고 세상을 경계하는 '雅·頌'으로 전환을 하게 된 것이다. 때마침 이 무렵에 왕도정치를 표방하는 진흥왕 마운령순수

비와 황초령순수비가 건립됨으로써 왕도정치는 예악사상과 함께 진흥왕
대 정치철학의 한 축을 이루었다.

진흥왕대의 예악사상은 통일기 경덕왕 때 왕이 琴道의 단절을 염려했을
정도로 확고히 뿌리내리게 된다. 玉寶高가 지은 秋夕曲, 春朝曲, 鴛鴦曲,
降天聲曲과 같은 악곡명은, 우륵의 가야금 곡명이 대부분 가야국의 옛
지명과 관련된 것과 대조적으로 세련된 한문식 이름이다.

IV. 진평왕의 즉위 배경과 政局推移

1. 머리말

진평왕은 진흥왕의 嫡孫이자, 銅輪太子의 長子다. 그렇지만 진평왕의 왕위 계승 과정은 우여곡절이 많았다. 그것은 父인 동륜이 왕위를 승계하지 못하고 요절함으로써 傍系인 眞智가 왕위에 올랐기 때문이다. 이와 같은 문제를 두고 종래 많은 논의가 있었는데, 진지왕이 居柒夫의 무력을 배경으로 왕위를 찬탈했다는 논리가[1] 통설화 되다시피 하면서 신라 중고기의 왕위 계승과 왕권을 둘러싼 세력 관계를 밝히려는 연구논문이 1980년대 중반 이후 쏟아져 나왔다.[2]

---

1) 신형식, 「武烈王系의 성립과 활동」, 『한국고대사의 신연구』, 일조각, 1984, 113쪽.
2) 정효운, 「신라 중고시대의 王權과 改元에 관한 연구」, 『考古歷史學志』 제2집, 동아대학교 박물관, 1986 ; 김영하, 「신라 중고기의 중국인식」, 한국사연구회 편, 『고대한중관계사의 연구』, 삼지원, 1987 ; 김영하, 「신라 중고기의 政治過程試論-中代왕권확립의 이해를 위한 전제-」, 『泰東古典硏究』 제4집, 1988 ; 김영하, 「신라 중고기 왕권의 전개과정」, 『삼국시대 왕의 통치형태 연구』, 고려대학교 대학원 박사학위논문, 1988 ; 박해현, 「신라 진평왕대 정치세력의 추이 -왕권 강화와 관련하여-」, 『전남사학』 2집, 1988 ; 김두진, 「신라 중고시대의 미륵신앙」, 『한국학논총』 9집, 1987 ; 김두진, 「신라 진평왕대의 석가불신앙」, 『한국학논총』 10집, 1988 ; 김두진, 「신라 진평왕대 초기의 정치개혁」, 『진단학보』 69집,

본고는 동륜태자가 사망한 진흥왕 33년(572)부터 진평왕의 즉위년(579)에 이르기까지 정국 동향을 면밀히 살피고자 한다. 기왕의 연구는 왕권을 둘러싼 직계·방계 간의 대결과 이에 얽힌 귀족간 권력다툼에 치중한 나머지 정국 흐름을 전반적으로 읽는 데에는 소홀한 감이 있었다. 중고기에 들어와 가장 강력하고 안정된 왕권을 구사하던 진흥왕대에도 기존 상식과는 달리, 집권 말기에 이르러서 범내물왕계의 연합을 추구하는 귀족세력의 반발이 착종됨과 동시에 장자 위주의 왕위 계승 원칙과 어긋나는 모습이 감지되기 때문이다. 동륜태자 사망 이후 진평왕 즉위까지 10년이 채 안 되는 이 기간은 중고기 어느 시기보다도 왕권과의 관련 하에 정치적 이해관계를 둘러싼 귀족들의 존재 양태가 적나라하게 드러나 있어, 이 점을 파악하는 데 도움이 될 것으로 기대한다.

2. 진흥왕 말기의 정국 동향

신라 사회는 6세기에 들어와 그 전과는 다른 새로운 모습으로 급변하기 시작했다. 이러한 변화의 이면에는 지증왕대(500~514)에 시행된 일련의 개혁과[3] 법흥왕대(514~540)의 제도정비,[4] 진흥왕의 영토확장 추진에 따른 눈부신 성과[5]가 있었다. 진흥왕 27년(566)에 시작된 王太子 제도를

1990 ; 이희관, 「신라상대 智證王系의 왕위 계승과 박씨왕비족」, 『東亞硏究』 20집, 서강대학교 동아연구소, 1990 ; 강봉룡, 「6~7세기 신라 정치체제의 재편과정과 그 한계」, 『신라문화』 제9집, 1992.

3) 국호 및 왕호의 확정, 州郡制의 실시 등으로 일원적인 국가체제 수립의 기틀을 다졌으며, 우경 실시, 농업노동력 확보를 위한 순장 금지 등의 조처로 농업생산력이 증대하였다.

4) 兵部 설치, 율령 반포, 百官의 公服 제정, 불교 공인, 상대등 설치, 금관가야 병합, 연호 사용 등으로 중앙집권적 귀족국가의 통치체제를 갖추게 되었다.

비롯해[6] 「磨雲嶺巡狩碑」에 보이는 '太祖'의 基業, '帝王建號', '朕' 등의 語句에서 이 같은 사실을 엿볼 수 있다.[7] 그 후 왕권은 꾸준히 성장하여 전제왕권의 수준으로 고양되기에 이른다.[8]

───────────

5) 이 시기 신라의 영토팽창은 실로 괄목할 만한 것이어서 553년(진흥왕 14)에 한강 유역 전부를 아우르고, 562년(진흥왕 23)에 대가야를 멸함으로써 낙동강 유역을 송두리째 차지하였다. 그 후 다시 東北으로 해안선을 따라 북상하여 안변에 比列忽州를 설치하고, 함흥평야까지 진출함으로써 568년(진흥왕 29년, 大昌 元年) 무렵에 통일기 이전 신라 역사상 최대의 판도를 이루었다.

6) 王太子 제도는 진흥왕 27년 법제화되기 이전에 이미 성립된 듯하다. 법흥왕이 지증왕의 '元子'라든지(『삼국사기』 권4, 법흥왕 즉위년), 법흥왕 14년(527)에 순교한 異次頓(『삼국유사』 권3, 흥법 3, 原宗興法 厭髑滅身)의 직분이 '東宮'近侍職이었음(이병도, 「신라불교의 침투과정과 異次頓순교문제의 신고찰」, 『한국고대사연구』, 박영사, 1976, 660쪽)을 감안해 볼 때 이와 같은 추정은 가능하다고 여겨진다. 다만 530년대 이후 왕권의 위상이 달라지면서 강력한 왕권을 상징하는 왕태자제도는 진흥왕대에 처음으로 공식화됨으로써 『삼국사기』에 기재된 것이 아닌가 한다.

7) 이기백·이기동 공저, 『韓國史講座』 古代編, 일조각, 1982, 185쪽.

8) 王權과 王號의 상관관계를 살핀다면, 왕권은 왕호의 변경을 통해 읽을 수 있을 것이다. 왕호를 하나의 기준으로 할 때 신라의 왕권은 6세기에 이르러 2단계의 과정을 거치면서 麻立干的 성격을 벗어나 초월자로 부상하게 된다. 그 첫 단계는 지증왕의 즉위와 중국식 왕호의 사용으로 시작되며, 두 번째 단계는 上大等 설치와 大王號 사용이라 하겠다. 즉 5세기까지만 하더라도 신라는 고유의 왕호를 사용해 왔으나 6세기 초 지증왕대에 체제정비의 일환으로 중국식 왕호를 처음으로 채택하였다. 그러나 『삼국사기』를 비롯한 몇몇 문헌기록과는 달리 중국식 왕호가 곧바로 상용된 것은 아니었고, 鳳坪碑(법흥왕 11년, 524)에서 보듯 寐錦王이라 하여 신라식과 혼합된 왕호가 한동안 사용되었다. 그런데 「蔚州 川前里書石 追銘」 乙卯銘(법흥왕 22년, 535) 및 己未銘(법흥왕 26년, 539), 진흥왕순수비(568) 등에는 寐錦王 대신 새로이 大(太)王이란 왕호가 등장하였다. 이렇게 볼 때 524~535년 사이에 寐錦王이란 왕호는 大王으로 바뀐 듯하며, 이후 차츰 고정되어 갔다 하겠다. 또한 시기적으로도 불교 수용, 상대등 설치 등 왕권 강화와 연계되는 일련의 흐름과도 무관하지 않다. 이상에서 정리하자면 이러한 왕호의 변경은 국왕권 자체의 변화와도 맥락을 같이하는 것으로 보인다(주보돈, 「蔚州鳳坪新羅碑와 법흥왕대 율령」, 『한국고대사연구』 2, 1989, 124~125쪽 및 「6세기초 신라왕권의 위상과 관등제의 성립」, 『역사교육논집』 13·14합집, 1990, 247~255쪽 참고).

그러나 진흥왕이 죽은 후, 上古 末의 부자상속을 이어 이미 장자상속의
원리에 준해 운영되고 있었던 중고기의 왕권은,[9] 舍輪(진지왕)이 白淨(진평
왕)을 배제시키고 비상수단을 취해 즉위함으로써 위기를 맞게 되었다.
여기에는 거칠부가 모종의 역할을 한 것으로 여겨진다.[10] 당대 최고의
실력자이던 거칠부가[11] 정통성을 결여한 사륜을 지지했던 이유는 '지증왕
계 직계비속에 의한 권력독점'이라는 현실에 제동을 걸어 왕권의 약체화를
노렸던 듯하다. 내물왕계 가계집단의 대표 자격으로 中古의 정치에 참여하
던 그로서는[12] 왕권 강화의 일로를 걷던 왕실에 대해 차츰 경계심을
가지게 되었을 것이다. 그리하여 진흥왕 死後 왕위 계승에 적극 간여함으로
써 지증왕계 국왕중심 체제가 아닌 범내물왕계 귀족연합 체제로의 복귀를
추구하려 했던 게 아닌가 한다.[13] 진지왕은 즉위 과정에서 이와 같은
한계로 말미암아 왕권 강화를 위해 어떠한 조치도 취할 수 없었을 뿐

---

9) 이종욱, 『신라상대왕위계승연구』, 영남대학교출판부, 1980, 21쪽.
10) 이에 대한 근거로서 신형식은 진지왕이 재위 4년 만에 政亂荒婬라는 이유로
   國人(和白)에 의해 폐위된 점, 진흥왕 때 활약한 거칠부가 진지왕 즉위 원년에
   상대등으로 임명된 점을 들었다. 즉 진지왕은 당대 실세인 거칠부의 助力으로
   동륜계를 견제하고 새로운 왕권을 형성하였기에 그의 짧은 재위기간은 거칠부의
   사망과 함께 운명을 같이한 듯하며, 적법하게 승계하지 아니한 진지왕을 축출하는
   과정에서 동륜계(진평왕)는 國人의 입장을 내세웠을 것으로 보인다고 했다(신형
   식, 앞 책, 1984, 113쪽).
11) 『삼국사기』 권4 및 열전 44에 의하면 거칠부는 내물왕의 5세손으로 祖父는
   仍宿 角干이고 父는 勿力 伊湌이다. 젊어서 승려가 되어 고구려에 들어가 惠亮法師
   의 說經을 듣고 귀국한 후 大阿湌이 되었다. 진흥왕 6년(545)에 國史를 修撰함으로써
   파진찬 벼슬을 더했고, 同王 12년(551)에 백제와 연합하여 고구려 10郡을 攻取했다.
   그리고 同王 29년(568) 8월에 大等으로 진흥왕의 東北境 巡狩에 隨駕하는(「磨雲嶺
   眞興王巡狩碑」) 등 매우 유력한 존재였음을 확인할 수 있다.
12) 이기동, 「신라 내물왕계의 혈연의식」, 『신라 골품제사회와 화랑도』, 한국연구원,
   1980, 79쪽 ; 일조각, 1984.
13) 김영하, 앞 논문, 1988, 10~12쪽 참고.

아니라,[14] 중고기 여타 왕들과 달리 자신의 연호조차 제정해 사용하지 못했다.[15] 그리고 재위 4년 만에 國人에 의해 폐위됨으로써[16] 왕위는 다시 직계(동륜계)인 진평왕에게로 넘어 갔다.

이상이 진흥왕 死後에 왕위 계승을 둘러싸고 일시적으로 노정된 사건의 전말이라 하겠다. 6세기 지증왕 이래로 왕권강화 일로로 나가던 추세로 볼 때 이러한 형태의 왕위 계승은 무언가 석연치 않은 느낌을 갖게 한다. 문제 해결을 위하여 진흥왕 말기의 政局으로 돌아가 보기로 한다. 특히 진흥왕 33년(577) 동륜태자가 사망한 이후의 정국은 어떠했는지 면밀히 검토해 볼 필요가 있을 것이다.

A-1. 33년 정월에 연호를 鴻濟라 고쳤다.[17]

　2. 3월에 왕태자 銅輪이 돌아갔다. 사신을 北齊에 보내어 조공하였다.[18]

　3. 10월 20일에 전사한 병졸을 위하여 外寺에 八關筵會를 열고 7일 만에 罷하였다.[19]

　4. 35년 3월에 황룡사의 장륙상을 鑄成하니, 銅의 중량이 삼만오천칠 斤, 鍍金의 중량이 일만일백구십팔 分이었다.[20]

　5. 37년에 안홍법사가 수나라에 들어가 胡僧 毗摩羅 등 두 승려로 더불어 돌아와 稜伽勝鬘經과 불사리를 바쳤다.[21]

---

14) 김영하, 위 논문, 14쪽.

15) 김영하, 앞 논문, 1987, 158쪽.

16) 『삼국유사』 권1, 기이1, 桃花女 鼻荊郎, "第二十五 舍輪王 諡眞智大王 姓金氏 妃起烏 公之女 知刀夫人 大建八年丙申卽位御國四年 政亂荒婬 國人廢之".

17) 『삼국사기』 권4, 진흥왕, "三十三年 春正月 改元鴻濟".

18) 同 "三月 王太子銅輪卒 遣使北齊朝貢".

19) 同 "冬十月二十日 爲戰死士卒 設八關筵會於外寺 七日罷".

20) "三十五年 春三月 鑄成皇龍寺丈六像 銅重三萬五千七斤 鍍金重一萬一百九十八分".

21) "三十七年 安弘法師 入隋求法 與胡僧毗摩羅等二僧廻 上稜伽勝鬘經及佛舍利".

6. 8월에 왕이 돌아가니 諡를 진흥이라 하고 哀公寺 北峯에 장사하였다. 왕이 어려서 즉위하여, 一心으로 불교를 받들어, 말년에 이르러는 머리를 깎고 중의 옷을 입고 스스로 法雲이라 號하여, 그 몸을 마치었다. 왕비도 그를 본받아 중이 되어 永興寺에 거주하더니, 돌아가매 국인이 禮로써 장사하였다.22)

(이상 『삼국사기』 권4, 진흥왕)

사료 A를 개관하면 진흥왕 33년(572) 정월에 鴻濟로 改元하였고, 같은 해 3월 동륜태자가 사망한 이후 왕이 돌아갈 때까지 불교 관련 내용으로 점철되어 있음을 볼 수 있다. 정치활동에 관한 기사는 진흥왕 33년 3월 北齊에 朝貢使 파견을 끝으로 더 이상 나오지 않는다. 진흥왕 말년에 이르러 불교 관련 기사가 자주 나타나는 이유를 살펴보기로 한다. 먼저 사료 A-3에 의하면 전사 사졸을 위해 外寺에서 八關會를 7일간 베풀었다고 하였다. 이는 진흥왕 33년 10월의 일인데, 『삼국사기』에 기재된 진흥왕대 기사 全文을 개관해 볼 때 납득이 가지 않는 대목이다. 진흥왕 23년(562) 7월과 9월에 있었던 백제 및 대가야와의 전투에서 승리한 이후 진흥왕 당대에는 전쟁기록이 더 나오지 않기 때문이다. 같은 시기의 고구려 평원왕과 백제 위덕왕대 기사를 대비해 보아도 삼국간 교전이 없음을 확인할 수 있다. 그렇다면 오랜 세월이 흐른 후 戰死士卒을 위해 팔관회를 개최한 것은 무슨 이유일까. 진흥왕이 진실로 의도했던 바가 무엇인지 궁금하지 않을 수 없다.

다음으로 진흥왕 35년에 銅 3만5천7 斤과 鍍金 1만1백9십8 分이라는 막대한 물량을 들여서 신라 三寶 중의 하나인 皇龍寺丈六像을 鑄成하였다

---

22) "秋八月 王薨 諡曰眞興 葬于哀公寺北峯 王幼年卽位 一心奉佛 至末年祝髮 被僧衣 自號法雲 以終其身 王妃亦效之爲尼 住永興寺 及其薨也 國人以禮葬之".

(사료 A-4). 장륙상을 만드는 데 사용된 銅과 金은 인도 阿育王이 배에
실어서 보낸 것이라 전한다.[23] 장륙상의 緣起說話가 인도에서 轉輪聖王의
표본으로 상징되는 아육왕과 연결된 것은 다분히 의도적일 것이다. 신라
사회에서 전륜성왕에 비견되는 진흥왕의 정치 역정이 아육왕의 그것과
합치되는 점이 많기 때문이다.

아소카(Asóka : 治世 B.C. 273~B.C. 232)는 처음 인도를 통일하여 제국을
건설한 왕이었다. 그러나 깔링가 전쟁에서 무려 10만 명이 죽고, 15만
명이 포로로 잡혀 가자 심한 가책을 받은 나머지 불교로 개종하였다.
일설에 의하면 그는 승려가 되어 불교도에게 막대한 희사를 했으며 불교성
지를 순례했다고 한다. 한편 아소카는 왕권 절대주의의 개념을 창출하였
다. 즉 王命이 모든 법 가운데 최상법임을 금석문에 명시했고 이를 통해
백성에게 군주의 뜻을 직접 전달하려 한 흔적이 보인다. 이 금석문들은
주로 고대 인도의 교통요지에 위치하는데 이를 통해 아소카의 업적과
국내외 정책, 그가 다스린 왕국의 판도를 짐작할 수 있다. 그 밖에도
아소카는 어떤 종류의 새와 짐승은 살생을 금하였고, 首都에서 동물의
도살을 완전히 금지시켰다.[24]

진흥왕 역시 아소카와 마찬가지로 통일기 이전 신라 역사상 최대의
판도를 이루었고, 활발하게 추진된 정복전쟁 과정에서 수많은 인명을
살상했다. 특히 진흥왕 15년(554)에 벌어진 管山城 전투에서 백제왕을
비롯한 4명의 佐平과 士卒 2만 9천 6백 명을 몰살시켰다. 기록에는 '말
한 필도 살아 돌아간 것이 없을(匹馬無反者)' 정도였다고 표현되어 있다.[25]

---

23) 『해동고승전』 권1, 流通1, 釋 法雲 및 『삼국유사』 권3, 搭像, 皇龍寺丈六.
24) 람샤란 샤르마 지음, 이광수 옮김, 『인도고대사』, 김영사, 1994, 188~195쪽.
25) 『삼국사기』 권4, 진흥왕 15년 및 『일본서기』 권19, 흠명기 15년.

사료 A-6에서 진흥왕이 그 말년에 이르러 머리 깎고 중 옷을 입고 스스로 法雲이라 號하였다는 것을 보면 전쟁 중 대규모 살육으로 인한 왕의 고뇌가 반영된 듯하다. 그 역시 巡狩를 하고 여러 개의 금석문을 남겼는데, 그러한 행위와 물증을 통해서 진흥왕대 왕권이 이미 전제왕권 수준으로 고양되어 갔음은 앞서 살펴본 바와 같다.

이상의 여러 정황으로 미루어볼 때, 진흥왕 스스로 자신을 인도의 아소카와 비견하려 했던 게 아닌가 한다. 그러나 적어도 장륙상을 주조할 당시에는, 인도의 阿育王이 불상 주조에 실패하여 有緣國土인 신라에 黃鐵·黃金 등 재료를 보내니 진흥왕이 이를 받아 장륙불상을 주조했다 한다. 이러한 내용으로 미루어,[26] 진흥왕은 신라를 佛國土로 합리화하고 正法(전륜성왕)의 왕인 아육왕을 신라 국토에 有緣케 함으로써 그의 치적과 같이 국토 사업을 완성하려는[27] 데에 더 많은 뜻을 두었던 듯하다.

사료 A-5는 같은 해 安弘法師가 隋에 들어가 胡僧과 더불어 돌아오면서 능가경·승만경 및 불사리를 바쳤다는 내용이고, A-6은 진흥왕의 薨去에 관한 것으로 왕의 죽음을 알린 뒤 이어서 왕이 일생 동안 奉佛하다 못해 말년에는 머리 깎고 중 옷을 입고 스스로 法雲이라 호칭한 사실을 전하고 있다.

진흥왕은 幼年卽位하여 一心奉佛하였다(A-6). 興輪寺가 竣成되자(왕 5년 2월) 國人에게 출가하여 僧尼가 되는 것을 허락하고(같은 해 3월), 梁으로부터 佛舍利를 받아들이며(왕 10년), 다시 陳으로부터 佛敎經論 1,700여 권을 도입하였다(왕 26년). 그리고 祇園·實際의 二寺와 더불어 皇龍寺를 竣成하

---

26) 『삼국유사』 권3, 搭像, 皇龍寺丈六.

27) 남도영, 「진흥왕의 정치사상과 치적」, 『통일기의 신라 사회 연구』, 동국대 신라문화 연구소, 1987, 88쪽.

고(왕 27년), 망명한 고구려 승려 惠亮을 僧統으로 삼고 百座講會와 八關의
법회를 設하는28) 등 진흥왕이 불교를 융성한 흔적은 군데군데 보인다.
진흥왕 말년에 이르러 불교 관련 기사가 갑자기 집중적으로 나타나는
이유는 왕의 奉佛 이외에도 여러 측면에서 생각해 볼 수 있다.

첫째 진흥왕은 신라 최고의 정복군주라 불리는 만큼 전쟁을 치르는
과정에서 수많은 인명을 살상했을 것이다. 그 결과 진흥왕은 불교에
귀의한 것이라 생각되며 이 점은 인도 아소카의 경우와 마찬가지가 아닌가
한다. 아울러 여기에는 동륜태자가 뜻밖에 사망한 사실도 작용하였을
것이다. 즉 태자의 죽음을 수많은 인명 살상으로 인한 진흥왕 자신의
업보로 받아들이게 되면서 불교에 귀의했을 수도 있지 않았을까 한다.

둘째 동륜태자가 사망한 후 진흥왕은 後嗣를 정하지 못한 채 薨去한
것으로 볼 수 있다. 동륜태자가 사망한 바로 그 해에 北齊에 보낸 조공을
끝으로 무려 20년간 대중교섭이 없었던 사실은 이를 방증해 준다.29)

---

28) 『삼국사기』 권44, 열전 4, 거칠부.
29) 한강 유역 지배가 확실시되는 진흥왕 25년(564)부터 신라는 北齊와 陳을 상대로
連年朝貢을 하기 시작했다. 그러나 진흥왕 34년(573) 이후, 진지왕 3년(578)의
對陳교섭 1회를 제외하고, 진평왕 15년(593)까지 중국과의 교섭은 보이지 않는다
(『삼국사기』 권4, 진흥왕). 한편 『일본서기』에는 이 무렵 신라와 왜 간에 교섭이
빈번하게 나타나고 있어 주목된다. 종래 일본학계에서는 양국 간 교섭을 '任那의
調' 문제와 연계해 다음과 같이 주장하였다. 왜가 對신라 외교에서 강경책을
추진함에 따라 신라가 '任那의 調'를 바치게 된 것이며, 이후 '임나의 조'는
신라와 왜 간의 관계를 규정짓는 중요한 요인으로 받아들였다. 이러한 시각은
당시 동아시아 정세에 따른 '신라 입장에서의 왜의 필요성'이란 관점에 무게를
두고 파악한 결과였다. 따라서 '왜 입장에서의 신라의 필요성'이란 관점은 결여되
었다. 이후 임나일본부설이 비판됨에 따라 일본 고대국가의 형성 시점도 推古朝까
지 연대를 내려서 보는 견해가 주류를 이루었으며, 이러한 견해는 『일본서기』에
대한 비판적 연구로 나타났다. 즉 일본학계는 추고조 이후의 기사에 한해 사료의
신빙성을 대체로 인정하게 된 것이다. 6~7세기 신라와 왜의 관계는 정효운,
「『日本書紀』批判序說Ⅰ-推古 8년, 30년조의 '任那의 調' 기사를 중심으로」, 『한일

즉 중국의 정치적 승인을 빙자한 집권자의 세력유지책으로서의 외교교섭
은 단순히 종주국에 대한 종속국의 관계에 그치지 않고 선진문화의 수입과
경제적 이권의 독점에 본래의 목적이 있었다. 특히 권력자의 지위 보장이라
는 측면에서 국내정치 주도세력의 변화와도 밀접한 관련을 가진다. 따라서
동륜태자가 사망한 진흥왕 33년을 기해 왕위 계승 문제를 둘러싸고 표출되
기 시작한 지배층 내부의 알력이 중국에 대한 외교부재 현상을 낳았던
게 아닌가 한다.

　이상에서 살펴본 바와 같이 진흥왕 말기의 政局은 왕위 계승 문제로
혼미했고, 국정운영이 뜻대로 되지 못하여 진흥왕은 좌절감을 느꼈을
것이다. 게다가 정복전쟁에서의 대규모 살육 또한 마음에 작용하였을
것이다. 그 결과 진흥왕은 薨去할 때까지 연속해서 불교행사를 열고 드디어
불교에 귀의하는 행태로 나아갔던 게 아닌가 한다.

3. 진평왕의 등장과 정치구도의 변화

　진평왕 즉위 문제를 다루기에 앞서 生年을 추정해 보면, 진평왕은 진흥왕
28년(567)에 태어난 것으로 보인다. 문제를 보다 명확하게 하기 위해

관계사연구』 제2집, 1994 참조.
참고로 『일본서기』에 나타난 '6세기 후반 신라와 왜의 관계' 기사는 다음과
같다. 敏達 4년(575) 新羅·任那·百濟에 사신을 보냈다. 신라가 多多羅須奈羅和陀發
鬼 4邑의 調를 바쳤다 ; 민달 8년(579) 신라가 調와 佛像을 바쳤다 ; 민달 9년(580)
신라가 調를 바쳤으나 받지 않았다 ; 민달 11년(582) 신라가 調를 바쳤으나 받지
않았다 ; 민달 13년(584) 신라에 難波吉士木蓮子를 보냈다 ; 崇峻 4년(591) 吉士金
을 신라에, 吉士木蓮子를 任那에 보냈다 ; 推古 5년(597) 吉士磐金을 신라에 파견했
다 ; 추고 6년(598) 4월, 吉士磐金이 歸朝하여 鵲을 헌상하였다 ; 8월 신라가 孔雀
1羽를 헌상하였다 ; 추고 8년(600) 신라, 임나와 싸웠다.

진흥왕의 가계와 즉위 연령을 분석해 보기로 한다.

진흥왕의 가계는 『삼국사기』 진흥왕본기와 『삼국유사』 왕력편에 나온다. 그 내용은 다음과 같다.

> B-1. 진흥왕이 즉위하니 …… 법흥왕의 아우인 葛文王 立宗의 아들이다. 母夫人은 金氏, 법흥왕의 딸이요, 妃는 朴氏, 思道夫人이다.[30]
>
> 2. 진흥왕 …… 아버지는 곧 법흥의 아우 立宗葛文王이고 어머니는 只召夫人 혹은 息道夫人朴氏이니 牟梁里 英失角干의 딸이다.[31]
>
> 3. 진지왕 …… 아버지는 진흥왕, 어머니는 英失角干의 딸이니 息途 혹은 色刀夫人이라 한다. 朴氏이다. 왕비는 知刀夫人이니, 起烏公의 딸 朴氏이다.[32]

사료 B를 검토해 보면 진흥왕의 父는 법흥왕의 弟 立宗葛文王이고, 母는 『삼국사기』는 법흥왕女 金氏로, 『삼국유사』는 모량리 영실각간의 딸 只召夫人(일명 息途夫人) 朴氏로 되어 있다. 한편 『삼국유사』 왕력편 진지왕조에는 영실각간의 딸 息途夫人(일명 色刀夫人)이 진지왕의 母로 나오고 있어 진흥왕의 母와 妃에 관한 기록에 어떤 착오가 있는 듯하다. 이를 『삼국유사』 왕력편의 기술 원칙에 맞추어 바로잡아 보면 다음과 같이 정리할 수 있을 것이다.

---

30) 『삼국사기』 권4, "眞興王立 …… 法興王弟葛文王立宗之子也 母夫人金氏 法興王之女 妃朴氏 思道夫人".

31) 『삼국유사』 권1, 왕력1, "眞興王 …… 父卽法興之弟立宗葛文王 母只召夫人 一作息道 夫人朴氏 牟梁里英失角干之女".

32) 『삼국유사』 권1, 왕력1, "眞智王 …… 父眞興 母英失角干之女息途 一作色刀夫人 朴氏 妃知刀夫人 起烏公之女 朴氏".

眞興王 ······ 父卽法興之弟立宗葛文王 母只召夫人金氏 法興王之女 妃□
□夫人一作息途夫人朴氏 牟梁里英失角干之女[33]

즉 입종갈문왕의 妃는 只召夫人이고, 진흥왕의 妃는 영실각간의 딸
息途夫人이다. 따라서 입종갈문왕비 只召夫人은『삼국사기』에서 그 이름
을 상실한 법흥왕女 김씨부인으로 간주할 수 있다.[34]
다음으로 진흥왕의 즉위 연령에 대해 검토해 보기로 한다.『삼국사기』에
의하면 진흥왕은 7세에 즉위한 것으로 되어 있으나『삼국유사』에는 15세
에 즉위한 것으로 되어 있어 두 기록은 차이를 보인다. 내용을 소개하면
다음과 같다.

C-1. 진흥왕이 즉위하니 諱는 彡麥宗[혹은 深麥夫라고도 함], 그때 나이는
7세, ······ 왕이 어리므로 王太后(법흥왕비)가 섭정하였다.[35]
2. 제24대 진흥왕 이름은 彡麥宗 혹은 深□이니 김씨이다.[36]

사료 C-1에 나타난 바와 같이 진흥왕이 7세에 즉위한 사실과 왕이
幼少하여 王太后가 섭정한 사실을 연계해 학계에서는 일반적으로『삼국사
기』의 7세 즉위설을 지지해 왔다. 그리고 방증 자료로서『삼국사기』

33)『삼국유사』왕력편에 혈연관계를 보여주는 기사는 모두 父·母·妃의 순서로 적혀
있으며, 특히 妃의 이름은 빠뜨려도 父·母의 이름은 반드시 기록하는 태도를
견지하고 있다. 그런데 유독 진흥왕의 경우에만 母가 빠지고 父·妃의 순으로
되어 있는 것은 아무래도 어색하게 느껴진다(김용선,「蔚州 川前里書石 銘文의
硏究」,『역사학보』81집, 1979, 15~17쪽 참고).
34) 김용선, 위 논문, 16~17쪽.
35)『삼국사기』권4, "眞興王立 諱彡麥宗[或作深麥夫] 時年七歲 ······ 王幼少 王太后攝
政".
36)『삼국유사』권1, 王曆1, 진흥왕, "第二十四 眞興王名彡麥宗 一作深□ 金氏".

진흥왕 37년조의 "王幼年卽位 一心奉佛"이란 구절에서의 '幼年'과 「昌寧
眞興王拓境碑」 제1행에 보이는 "寡人幼年承基"에서의 '幼年'이란 용어를
제시하였다. 이처럼 진흥왕이 7세에 즉위한 것으로 가정할 경우 진흥왕
12년의 改元(開國)은 왕의 나이 18세가 되면서 親政을 시작한 의미로 해석할
수 있다는 것이다.[37]

　그러나 필자는 다음과 같은 이유로 『삼국유사』의 15세 즉위설을 취한다.
첫째 진흥왕 초기의 섭정 문제를 살펴보면 『삼국사기』는 왕태후가 섭정한
것으로, 『삼국유사』는 태후가 섭정한 것으로 기재되어 있으며 덧붙여서
태후는 법흥왕의 딸이라고 설명하였다. 이와 같은 사실에 비추어 볼
때 태후가 진흥왕의 母가 된다면 왕태후는 법흥왕비가 되는 것이 순리적이
다.[38] 그렇다면 태후와 왕태후 중에서 섭정을 가려야 할 것이다. 문제
해결을 위하여 『삼국유사』의 기록을 인용해 보기로 한다.

　　D. 처음 役事를 일으켰던 乙卯年에 왕비도 또한 永興寺를 세우고 史氏(毛祿
　　　의 누이동생)의 유풍을 사모하여 왕[법흥왕]과 같이 머리를 깎고 여승
　　　이 되어 法名을 妙法이라 하고는 또한 영흥사에 살더니 몇 해 만에
　　　세상을 떠났다.[39]

　인용문에서 말하는 을묘년은 법흥왕 22년(535)에 해당한다. 사료 D의
내용으로 보아 법흥왕비는 법흥왕 말년에 왕과 더불어 이미 출가했음을
알 수 있다. 그러므로 법흥왕비는 진흥왕 초기에 섭정으로 국정에 영향을

---

37) 이병도, 「진흥대왕의 위업」, 『한국고대사연구』, 박영사, 1976, 669쪽.
38) 이병도 역주 『삼국사기』에도 왕태후를 법흥왕비로 보고 있다.
39) 『삼국유사』 권3, 興法3, 原宗興法 厭髑滅身, "初興役之乙卯歲 王妃亦創永興寺 慕史氏
　　之遺風 同王落彩爲尼名妙法 亦住永興寺 有年而終".

미쳤다 생각되지 않으며,[40] 출가한 지 몇 해 만에 세상을 떠난 사실로[41] 미루어 어린 진흥왕의 섭정(인)은 바로 진흥왕의 母后 지소부인이었을 것이다. 따라서 진흥왕의 즉위 연령과 섭정에 관한 부분은 『삼국사기』보다 『삼국유사』의 기록이 정확하다고 말할 수 있다.

둘째 진흥왕이 15세에 즉위한 것으로 가정할 경우 가장 큰 문제점으로 대두되는 것이 '幼少'와 '幼年'이라는 용어이다.[42] 『삼국사기』 및 금석문에 나오는 이 용어는 종래 연구자들이 진흥왕의 7세 즉위설을 뒷받침하는 유력한 근거로 사용해 왔다. 그러나 『삼국사기』 열전에는 15·16세의 유소 년에게도 이와 같은 용어를 사용한 예가 다수여서 幼少·幼年에 대한 기존의 해석은 재고의 여지가 있다. 즉 이 용어를 반드시 사전적인 의미로만 해석할 것이 아니라 當代 신라인들이 사용한 用例로 파악해야 한다는 뜻이다. 『삼국사기』 열전에 나타난 해당 사료를 인용해 보기로 한다.

E-1. 진흥왕이 伊湌 異斯夫를 명하여 加羅[一作加倻]國을 습격하였다.

---

40) 법흥왕이 죽기 일년 전, 539년에 법흥왕비는 입종갈문왕비와 함께 深昧夫知(진흥 왕)를 대동하여 川前里 書石谷에 행차하였다. 이 같은 사실로 미루어 법흥왕비는 진흥왕의 즉위에 어떤 형태로든 영향력을 행사했을 것으로 여겨진다. 입종갈문왕 비가 주도한 書石谷 행차의 의미에 대해서는 이희관, 앞 논문, 1990, 88~93쪽 참고.

41) 본문의 인용문 뒤에 "國史에서는 建福 31년 永興寺의 塑像이 저절로 무너지더니 얼마 안 가서 진흥왕비 비구니가 세상을 떠났다"는 내용이 나온다. 이에 대해 一然은, 영흥사를 짓고 불상을 세운 주인은 법흥왕비이므로 眞字는 마땅히 法字로 수정함이 옳다고 했다. 그러나 일연의 말대로 건복 31년(진평왕 36년, 614)에 죽은 자를 법흥왕비로 본다면 그녀는 1백 세 가까이 산 셈이다. 따라서 『삼국유사』 의 기록대로 건복 31년에 죽은 자는 진흥왕비로 보는 것이 옳다.

42) 삼국시대의 賦役동원 연령이 15세부터이므로 15세를 성인으로 간주할 수 있다는 견해가 있다(정효운, 「신라 중고시대의 왕권과 改元에 관한 연구」, 『考古歷史學志』 제2집, 동아대학교 박물관, 1986, 10쪽).

이 때 斯多含의 나이 15·16이었는데 從軍하기를 청하였다. 왕이
'**幼少**'하다 하여 허락하지 아니하였더니, 청하기를 열심히 하고
뜻이 굳으므로, 드디어 명하여 貴幢裨將을 삼았는데, 그 徒從으로서
따르는 자가 역시 많았다. ……43)

2. 官昌[一云官狀]은 신라 장군 品日의 아들이다. 외양이 우아하여
젊어서 화랑이 되었는데, 남과 사귀기를 잘하였다. 16세에 말을
타고 활쏘기를 잘하니 大監 某가 태종대왕에게 천거하였다. 唐 顯慶
五年 庚申에 왕이 군사를 내어 唐將과 함께 백제를 침공했을 때
관창으로 副將을 삼았다. 황산 들에 이르러 양편 군사가 서로 대치하
였을 때, 그 아버지 품일이 이르기를 "네가 비록 **幼年**이지만 志氣가
있다. 오늘은 功名을 세워 부귀를 취할 때이니 어찌 용맹을 내지
않겠느냐" 하였다. ……44)

3. 진덕왕 원년 정미에 백제가 大兵을 이끌고 茂山·甘勿·桐岑 등의
성을 공격하니, 유신이 步·騎兵 일만 명을 거느리고 막는데, 百濟兵이
매우 정예하여 고전하며 이기지 못하니 사기가 꺾이고 힘이 지쳤다.
유신은 丕寧子가 힘을 다하여 깊이 쳐들어가 싸울 뜻이 있음을
알고 불러서 말하기를 ……, 비녕자가 再拜하고 말하기를 …… 라
하고, 나와서 종 合節에게 말하기를 "내가 오늘 위로는 國家를 위하고
아래로는 知己를 위하여 죽겠다. 내 아들 擧眞이 비록 **幼年**이나

---

43) 『삼국사기』 권44, 열전4, 斯多含, "眞興王命伊湌異斯夫襲加羅[一作伽耶]國 時斯多
   含年十五六 請從軍 王以幼少不許 其請勤而志確 逐命爲貴幢裨將 其徒從之者亦衆
   ……".

44) 『삼국사기』 권47, 열전7, 官昌, "官昌[一云官狀] 新羅將軍品日之子 儀表都雅 少而爲
   花郎 善與人交年十六 能騎馬彎弓大監某薦之太宗大王 至唐顯慶五年庚申 王出師
   與唐將軍侵百濟 以官昌爲副將 至黃山之野 兩兵相對 父品日謂曰 爾雖幼年有志氣
   今日是立功名 取富貴之時 其可無勇乎 ……".

壯烈한 뜻이 있으니 반드시 함께 죽으려 할 것이다. ……"45)

4. 金仁問의 字는 仁壽요, 太宗大王의 第二子이다. **幼而就學**하여 儒家書
를 많이 읽고, 겸하여 莊子·老子·浮屠의 설도 섭렵하였다. 또 隷書와
射·御·鄕樂을 잘하였는데, 기예가 익숙하고 식견·도량이 넓어 세상
사람들이 추앙하였다. 永徽 2년(651), 인문의 나이 23세에 왕명을
받아 당에 들어가 숙위하였다. ……46)

사료 E-1의 내용은 이사부가 가야국을 정벌할 때 사다함이 從軍하기를
청하니 진흥왕이 어리다 하여 허락하지 않았다고 한다. 여기서 15·16세의
연령이 幼少로 간주되고 있음을 알 수 있다.

사료 E-2는 화랑 관창 이야기이다. 관창은 말을 타고 활쏘기를 잘하여
나이 16세 되던 해에 천거되었다. 그리하여 660년의 對百濟戰에 출전했는
데, 황산 들에서 아버지 品日이 관창에게 이르는 말 가운데 '爾雖**幼年**有志氣'
라는 대목이 있어 주목된다. 16세의 소년을 幼年으로 표기한 것이다.

사료 E-3은 진덕왕 원년 백제와의 전쟁에서 신라군이 苦戰을 면치
못하자 비녕자가 김유신의 부름을 받고 목숨을 다해 싸울 것을 맹세한
내용이다. 이때 비녕자는 아들 擧眞이 나이는 어리지만 장렬한 뜻이 있으므
로 자기가 죽으면 반드시 그 아들도 함께 죽으려 할 것이 틀림없다면서
그 사실을 염려하였다. 사료 E-1, 2에서와 같이 구체적인 연령 표기는

---

45) 『삼국사기』 권47, 열전7, 丕寧子, "眞德王元年丁未 百濟以大兵來攻茂山·甘勿·桐岑
等城 庾信率步·騎一萬拒之 百濟兵甚銳 苦戰不能克 士氣索而力憊 庾信知丕寧子
有力戰深入之志 召謂曰 …… 丕寧子 再拜云 …… 奴合節曰 吾今日上爲國家 下爲知己
死之 吾子擧眞雖幼年有壯志 必欲與之俱死 ……".
46) 『삼국사기』 권44, 열전4, 김인문, "金仁問 字仁壽 太宗大王第二子也 幼而就學
多讀儒家之書 兼涉莊老浮屠之說 又善隷書射御鄕樂 行藝純熟 識量宏弘 時人推許
永徽二年 仁問年二十三歲 受主命入大唐宿衛 ……".

없으나 '吾擧眞爾雖幼年有壯志 必欲與之俱死'라는 사실로 미루어 앞의 두 기록에 나온 幼少·幼年과 상통한다 하겠다.

사료 E-4는 김인문이 어릴 때부터 공부를 하여 儒家書를 많이 읽고 겸하여 莊子·老子·浮屠(佛敎)의 설마저 섭렵한 뒤 23세에 왕명을 받아 入唐宿衛 했다는 내용이다. 23세 이전에 儒家書는 물론 노·장사상과 불경까지 두루 섭렵하였다면 그 시기는 당연히 10대의 유소년기로 보아야 할 것이다. 역시 幼年이란 용어가 몇 세에 해당하는지 방증해 주는 자료라고 하겠다. 이 밖에도 「昌寧 眞興王巡狩碑」에 "寡人幼年承基 政委輔弼"이라 하여 진흥왕이 자신의 '幼年' 卽位를 회상하며 그 사실을 새겨 두었다.

이상에서 살펴본 결과 15·16세에 해당하는 연령을 신라 사회에서 幼少 내지 幼年이라 통칭했음을 알 수 있다. 따라서 이제 '幼年'이란 字句에 너무 얽매일 필요는 없게 되었다고 본다.

셋째 蔚州 川前里書石 銘文(追銘)에 의하면 입종갈문왕은 법흥왕 24년 (537)에 사망한[47] 것으로 추정된다. 그렇다면 입종의 세 자녀인 진흥왕, 숙흘종, 만호부인은 537년 이전에 모두 태어나 있어야 한다. 따라서 진흥왕이 즉위한 해인 540년을 왕의 나이 15세로 본다면 입종갈문왕이 사망한 537년에는 왕의 나이 12세가 되므로 동생인 숙흘종과 만호부인의 출생은 아무런 문제가 없다. 그러나 7세 즉위설을 취할 경우 537년은 진흥왕의 나이 겨우 4세에 불과하므로, 설혹 만호부인을 유복녀로 감안하더라도 무리가 따른다 하겠다.

끝으로 『海東高僧傳』卷1, 流通1, 法雲의 진흥왕 7세 즉위설은 얼핏 보면

---

47) 이희관, 앞 논문, 1990, 89쪽. 천전리서석 追銘에 보이는 己未年(539년)의 행차는 입종비가 이미 故人이 된 입종갈문왕을 추모하는 행차였으므로 입종갈문왕은 539년에서 그다지 멀지않은 시기에 사망했을 가능성이 크다.

『삼국사기』내용의 신빙성을 더해 주는 것 같으나 실제로는 그렇지 않다. 『삼국사기』는 고려 인종 23년(1145)에, 『해동고승전』은 고종 2년(1215)에, 그리고 『삼국유사』는 충렬왕 원년~7년(1275~1281) 사이에 각각 편찬되었다. 三書의 편찬 연대를 고려한다면 『해동고승전』은 저술과정에서 그보다 앞서 편찬된 『삼국사기』는 마땅히 참고했을 터이나, 『삼국유사』는 아직 편찬되지 않았기에 볼 수 없었다는 점을 유념해야 할 것이다.

이상의 여러 정황으로 미루어 볼 때 진흥왕은 7세보다는 15세 즉위가 온당하지 않을까 한다. 그러나 15세 즉위설도 문제가 없는 것은 아니다. 진흥왕이 즉위하면서 태후가 섭정했다고 하는데, 과연 15세 연령의 왕을 대리하여 섭정이 가능했을까 하는 점이다. 『삼국사기』신라본기에 나타난 섭정 기사는 기록 자체에 일관성이 결여되어 있으므로 섭정 대상이 되는 왕의 기준 연령을 책정할 수 없다.[48] 비록 후대의 경우이긴 하나 조선왕조에서 섭정기를 거친 역대 왕들—단종·성종·명종·순조·고종—의 즉위 연령과 대비시켜 본다면[49] 진흥왕의 15세 즉위와 그에 따른 태후의 섭정은 크게 문제될 것은 없다고 본다.

게다가 진흥왕이 법흥왕으로부터 사실상 대권을 물려받은 해를 540년보다 한두 해 앞선 시기로 볼 수도 있어[50] 섭정의 가능성은 한층 더

---

48) 『삼국사기』신라본기에 보이는 섭정 기사는 7세에 즉위한 진흥왕, 8세에 즉위한 혜공왕, 13세에 즉위한 애장왕의 세 사례가 있다. 그러나 이들과 마찬가지로 13세에 즉위한 것으로 추정되는 진평왕과 6세에 즉위한 효소왕, 15세 이전에 즉위한 것으로 추정되는 성덕왕의 경우 섭정 기록이 나오지 않는다.

49)

왕명	즉위 연령	섭정 내용
단종	12세	황보인, 김종서 등이 보필
성종	13세	정희왕후, 7년간 섭정
명종	12세	문정왕후, 8년간 섭정
순조	11세	정순왕후, 4년간 섭정
고종	12세	대원군, 10년간 섭정

높아진다고 말할 수 있겠다. 즉『삼국사기』법흥왕대의 기록을 보면
왕 23년(536)에 연호를 建元으로 정한 이후 540년 7월에 돌아갈 때까지
이렇다 할 정치활동은 나타나지 않으며, 법흥왕이 無子로 추정됨에도
불구하고[51] 진흥왕의 왕위 계승 사연은 어디에도 보이지 않는다는 점[52]
등에서 그러하다. 이러한 사실들을 종합해 볼 때 법흥왕 23년은 진흥왕의
나이 11세 되는 해로서 建元이란 연호는 진흥왕을 법흥왕의 후계자로
지명한 것과 관련된 것이 아닌가 한다.

---

50)『삼국사기』권4에 속한 법흥왕대의 기록 가운데에는 다른 기록들과 대조할
　　때 1년씩 오차가 나는 것들이 많다(末松保和,「新羅佛敎傳來傳說考」,『新羅史の諸
　　問題』, 1954, 212~216쪽). 즉 異次頓의 殉敎와 兵部의 설치, 沙伐州軍主 설치
　　기사 등은 다른 기록에 비해 그 연대가 꼭 1년씩 뒤진다. 이에 시사받은 김용선은
　　법흥왕의 사망 연도에 대한『삼국사기』기록에 1년의 오차가 있다고 간주하면서
　　진흥왕의 즉위년을 1년 앞당겨 539년으로 보았다(김용선, 앞 논문, 22쪽의 주33)).
　　그러나 김용선의 견해대로 한다면 539년 7월 3일 입종갈문왕비 일행이 천전리
　　서석곡으로 행차하였고, 또 같은 달에 법흥왕이 사망한 것이 되므로 무리한
　　해석이라 하지 않을 수 없다. 따라서 필자는 법흥왕 말기의 정황으로 미루어
　　법흥왕은 사망하기 한두 해 전에 양위한 듯하며, 단지 기록상으로는 법흥왕이
　　사망한 해에 진흥왕이 즉위한 것으로 기재되었다고 본다. 이와 비슷한 예가
　　지증왕의 왕위 계승 과정에서도 나타나므로 참고된다.『삼국사기』에 의하면
　　지증왕은 500년에 즉위했으나, 503년에 건립된 것으로 추정되는「迎日冷水里新羅
　　碑」에는 지증왕을 至都盧葛文王이라 칭하고 있다. 이것은 지증왕이 500년에
　　소지왕을 권좌에서 밀어내고 실권을 장악했으나 소지왕이 생존해 있었기에
　　정식으로 즉위하지 못하다가, 지증왕 4년 10월에 이르러 國號와 王號의 개칭을
　　신호로 명실 공히 왕이 된 것으로 해석할 수 있을 것이다(정구복,「迎日冷水里新羅
　　碑의 金石學的 考察」,『한국고대사연구』3, 1990, 40~43쪽 참고).
51) 법흥왕 14년 내지 15년에 이차돈이 순교할 당시 東宮近侍職이란 그의 직함으로
　　보아 법흥왕에게 태자가 있었다고 여겨지나 그 이름조차 알 수 없으며 태자가
　　법흥왕의 아들이든 제3의 인물이든 나중에 죽었을 가능성을 배제할 수 없다.
　　참고로 진흥왕은 법흥왕 13년에 태어났으므로 이차돈이 순교할 무렵에는 2,
　　3세에 지나지 않아 태자 책봉을 받기는 어려웠을 것으로 보인다.
52) 직계에 의한 승계가 이루어지지 못할 경우『삼국사기』는 일반적으로 왕위를
　　계승하게 된 연유를 설명해 두고 있다.

이와 같은 생각을 뒷받침해 주는 내용이 『삼국유사』와 『해동고승전』에 수록되어 있어 주목된다. 그 내용을 소개하면 다음과 같다.

F-1. 법흥왕은 이미 폐지된 불법을 일으켜 절을 세워 절이 이룩되자 冕旒를 벗고 가사를 입으며 궁에 있는 왕의 친척을 내놓아 절 종으로 삼고 그 절에 살면서 몸소 불교를 널리 폈다.[53]

2. (법흥왕) 21년에 天鏡林의 나무를 베고 그곳에 精舍를 세우려고 터를 닦다가 柱礎와 石龕과 섬돌들을 발견하여 얻으니, 이것들은 과연 옛날 招提의 터에서 나온 것이다. 대들보 감으로 쓸 재목은 다 이 숲에서 나왔다. 공사를 마치고는 왕위를 사양하고 중이 되어 이름을 法空이라 고치고, 三衣를 입고 瓦鉢을 들고서 뜻을 원대하게 갖고, 행함을 고매하게 하여 일체 중생에게 慈悲를 베풀 것을 생각하였다. 그리고 그 절 이름을 大王興輪寺라 하였으니 이는 대왕이 머물러 있는 곳이기 때문이었다.[54]

3. 贊하여 말한다. …… 세상 사람들이 법흥왕을 梁나라 武帝에게 비유함은 잘못이다. 무제는 임금의 몸으로 大同寺의 寺奴가 되어 帝業을 땅에 떨어뜨렸지만, 法空은 이미 왕위를 사양하여 그 後嗣를 튼튼히 해 놓고 스스로 沙門이 되었으니, 어찌 우리 법흥왕과 비교할 수 있겠는가.[55] (上同)

---

53) 『삼국유사』 권3, 興法 3, 原宗興法 厭髑滅身, "法興王旣擧廢立寺 寺成 謝冕旒 披方袍 施宮戚爲隷 主住其寺 躬任弘化".

54) 『해동고승전』 권1, 流通1, 釋 法空, "二十一年伐木天鏡林 欲立精舍 掃地得柱礎·石龕 及階埓 果是往昔招提舊基 樑棟之用 皆出此林 工旣告畢 王遜位爲僧 改名法空 念三衣 瓦鉢 志行高遠 慈悲一切 因名其寺 曰大王興輪寺 以大王所住故也".

55) "贊曰 …… 以梁武比之 非也 彼以人主 爲大同寺奴 帝業墜地 法空旣遜讓 以固其嗣 自引爲沙門 何有於我哉".

사료 F-1, 2는 법흥왕이 절을 창건한 후 왕위를 사양하고 승려가 되어 몸소 불교를 널리 폈으며 法名을 法空이라 했다는 내용이고, F-3은 법흥왕이 왕위를 사양했을 뿐만 아니라 後嗣까지 정해 놓은 뒤에 승려가 되었다는 내용이다.

이상에서 살펴본 바와 같이 법흥왕이 죽기 몇 해 전 미리 讓位한 것이라면 진흥왕은 십대 초반에 왕위를 물려받은 셈이 되므로 태후의 섭정은 기정 사실로 받아들일 수 있을 것이다.[56)]

그러면 진흥왕의 15세 즉위설에 맞추어 銅輪太子와 白淨(진평왕)의 생년을 추정해 보기로 한다. 이들의 탄생은 진흥왕대에 행해진 세 차례의 改元과 밀접한 관련이 있는 듯하다. 먼저 진흥왕 12년(551) 정월에 開國으로 改元한 것은 동륜태자의 탄생을 기념하는 의미가 아닌가 한다. 정월에 改元한 것으로 보아 동륜태자는 진흥왕 11년말 내지 12년초 무렵에 태어난 것으로 추정된다. 아울러 진흥왕 11년을 기해 신라는 백제와의 동맹관계를[57)] 청산하고 국제사회에서 실리를 추구하는 노선으로 전환했음을 볼

---

56) 진흥왕의 즉위 연령, 즉위초의 섭정 문제에 대해서는 李晶淑, 「진흥왕 즉위에 대한 몇 가지 문제」, 『부산여대사학』 12집, 1994 참고.

57) 나제동맹은 신라와 백제가 強國 고구려에 맞서야 하는 절박한 상황에서 433년에 결성된 이래, 553년 신라가 백제의 한강 하류지역을 탈취하면서 동맹이 파기될 때까지 120년간 지속되었다. 이 기간 동안 양국 간에는 동맹의 가장 중요한 내용인 군사협력이 원활히 이루어짐으로써 고구려의 공격을 효율적으로 방어할 수 있었다. 그러나 한편 동맹이 지속되는 동안에도 양국은 자국의 이해관계에 따라 동맹 정신을 발휘하기도 하고 방관하기도 했다. 이를테면 6세기 전반에 백제가 5회 연속으로 고구려의 공격을 받았으나 신라로부터 원병이 없었던 점(김병주, 「나제동맹에 관한 연구」, 『한국사연구』 46, 1984, 29~39쪽), 541년에 백제가 신라에 동맹을 요청한 상황에서 541년, 544년의 2회에 걸쳐 신라의 西進을 막기 위한 '임나부흥회의'를 주재한 점 등은 좋은 예라고 하겠다. 즉 나·제 양국은 고구려에 대한 국가적 이해가 합치될 경우에는 동맹정신을 발휘하였으나 남부 가야지역의 귀속 여부 앞에서는 제각기 실리를 따랐던 것이다. 그리고 이와

수 있다. 즉 고구려와 백제가 각축을 벌이는 사이에 양국의 城을 모두 함락시켜 버린 것은[58] 신라의 국력신장과 함께 본격적인 영토확장이 시작되었음을 말해 준다 하겠다.

동륜이 진흥왕 11년에 태어난 것으로 가정한다면 태자로 책봉된 진흥왕 27년에는 17세가 되며, 동륜태자의 長子인 백정은 그 이듬해인 진흥왕 28년에 태어난 것으로 추정할 수 있을 것이다. 그리하여 진흥왕 29년에는 太孫인 백정의 탄생을 기념하여 大昌으로 改元하였는데, 大昌이란 연호는 신라역사상 최대의 판도를 영유하게 된 진흥왕 29년(568) 당시의 상황을 반영한 것이었다고 생각된다. 즉 신라의 국력을 대외적으로 과시하는 데 걸맞는 연호였다고 말할 수 있겠다. 이와 같이 볼 수 있다면 백정은 父인 동륜이 사망한 572년에는 6세, 진흥왕이 사망한 576년에는 10세가 되며, 왕위에 오른 579년에는 13세가 되는 셈이다. 그렇지만 백정은 진흥왕이 사망한 후 곧바로 왕위를 계승하지 못했다. 왕위는 일단 거칠부의 助力을 받은 진지왕이 계승했으나, 재위 4년 만에 폐위됨으로써 왕위는 다시 직계로 넘어가게 되었다. 그리하여 진평왕이 13세의 연령으로 즉위한 것이다. 관련 내용을 검토하면 다음과 같다.

같은 예는 『삼국사기』에서 심심찮게 찾아볼 수 있다. 특히 신라의 경우, 진흥왕 9년(549)에 고구려가 백제를 침략하자 파병하여 백제를 구원했으나 550년에는 濟·麗 간의 싸움을 틈타 백제의 金峴城을 점령하였다. 또 551년에는 백제와 협공하여 고구려로부터 한강 유역을 탈환했으나 곧 그 지역을 백제로부터 재차 탈취한 사건 등이 그러하다. 이상에서 살펴보았듯이 신라는 한강 유역을 온전히 차지할 때까지 백제와 동맹을 유지했으나 그것은 어디까지나 신라의 목적을 달성하기 위한 방편에 불과하였고, 나제 양국의 동맹은 신라의 본격적인 한강 유역 진출을 기점으로 하는 550년에 사실상 파기되었다고 봄이 타당하다.

58) 『삼국사기』 권4, 진흥왕, "十一年 春正月 百濟拔高句麗道薩城 三月 高句麗陷百濟金峴城 王乘兩國兵疲 命伊湌異斯夫 出兵擊之 取二城 增築 留甲士一千戍之".

G-1. 居柒夫의 성은 김씨요 奈勿王의 5세손인데, 조부는 仍宿 角干이요, 부친은 勿力 伊湌이다. …… 眞智王 元年 丙申(576년)에 거칠부는 상대등이 되어 軍國事務로써 自任하다가 집에서 늙어 돌아가니, 享年이 七十八이었다.[59]

2. 제25대 舍輪王의 시호는 眞智大王이니 …… 大建 8년 병신(576년)에 왕위에 올랐는데 나라를 다스린 지 4년 만에 政事는 어지러워졌고, 또 주색에 빠져 있었으므로 나라 사람이 그를 폐위시켰다.[60]

3. 이에 앞서(前此) 사량부 민가의 여인이 얼굴이 아름다웠으므로, 그 때 사람들이 桃花娘이라 불렀다. 왕이 이 소식을 듣고 궁중에 불러와서 관계하고자 하니 여인은 아뢰었다. "여자가 지킬 일은 두 남편을 섬기지 않는 것입니다. 남편이 있고 다른 사람에게 시집감은 비록 제왕의 위엄으로써도 그 정조를 강요하지는 못할 것입니다." "너를 죽인다면 어떻게 할 것이냐?" "차라리 죽음을 당할지라도 다른 마음을 가질 수는 없습니다." 왕은 희롱하였다. "네 남편이 죽으면 되겠느냐?" "그러면 될 수 있습니다." 왕은 그를 놓아 보내었다. 이 해에 왕은 폐위되어 세상을 떠났는데, 그 후 2년 만에 그 남편도 또한 죽었다. 10일 만에 홀연히 밤중에 왕은 평상시처럼 여인의 방에 왔다. "네가 예전에 허락한 적이 있었는데 지금은 네 남편이 없으니 되겠느냐?" 여인은 가벼이 허락하지 않고 부모에게 고하니 부모는 "임금님의 명을 어찌 거절하겠느냐?" 하고 그 딸을 방에 들여 보냈다. 왕이 7일 동안 머물렀는데 늘 오색 구름이 집을

---

59) 『삼국사기』 권44, 열전4, "居柒夫[或云荒宗] 姓金氏 奈勿王五世孫 祖仍宿角干 父勿力伊湌 (中略) 眞智王元年丙申 居柒夫爲上大等 以軍國事務自任 至老終於家 享年七十八".
60) 『삼국유사』 권1, 기이1, 桃花女 鼻荊郎, "第二十五 舍輪王 諡眞智大王 …… 大建八年丙申卽位 御國四年 政亂荒婬 國人廢之".

덮고 향기가 방안에 가득 차더니, 7일 후에는 홀연히 왕의 자취가 없어졌다. 여인은 이내 태기가 있었는데 달이 차서 해산하려 할 때 천지가 진동하더니 한 사내아이를 낳았다. 이름을 鼻荊이라 했다.[61]

사료 G-1은 진지왕 즉위 원년에 거칠부가 상대등이 되어 군국사무를 自任했다는 내용이다. 거칠부가 진지왕의 즉위와 동시에 상대등이 되었다는 사실과 아울러 군국사무를 '自任'하려 한 사실은 진지왕의 왕위 계승 과정에 거칠부가 깊숙이 개입했음을 뜻하며, 그가 78세를 일기로 세상을 떠나자 진지왕도 곧이어 폐위되었을 것으로 추정된다.[62]

사료 G-2는 진지왕이 정치를 어지럽히고 酒色에 빠져 재위 4년 만에[63] 國人에게 폐위되었다는 내용이며, 진지왕의 폐위 사유가 된 '政亂荒嫟'의 구체적 증거를 사료 G-3에서 들고 있다. 비록 설화적으로 윤색되긴 했으나 사량부의 庶女 桃花女와의 불륜을 묘사함으로써 진지왕의 부정적인 면을 부각시키고 그에 따른 왕의 폐위를 정당화하려는 의도가 엿보인다 하겠다. 그러나 진지왕이 즉위한 지 3년이 채 못 되는 시점에서 이와 같은 폐위 명분은 납득이 가지 않는다. 『삼국사기』에서 이례적으로 그가 죽은 날짜까

---

61) 『삼국유사』 권1, 기이1, 桃花女 鼻荊郎, "前此 沙梁部之庶女 姿容艶美 時號桃花娘 王聞而召致宮中 欲幸之 女曰 女之所守 不事二夫 有夫而適他 雖萬乘之威 終不奪也 王曰殺之何 女曰寧斬于市 有願靡他 王戲曰 無夫則可乎 曰可 王放而遣之 是年 王見廢 而崩 後二年其夫亦死 浹旬忽夜中 王如平昔 來於女房曰 汝昔有諾 今無汝夫 可乎 女不輕諾 告於父母 父母曰 君王之教 何以避之 以其女入於房 留於七日 常有五色雲覆 屋 香氣滿室 七日後 忽然無蹤 女因而有娠 月滿將産 天地振動 産得一男 名曰鼻荊".
62) 고려 초에 태조 왕건이 죽은 후 혜종과 정종은 각각 박술희와 왕식렴의 세력을 배경으로 등극했는데, 국왕과 후견인 모두 운명을 함께 했던 점에서 이 문제와 관련하여 시사해 주는 바 크다.
63) 정확하게 계산하면 576년 9월부터 579년 7월까지 3년이 채 못 된다.

지 명기하고 있음을 볼 때[64] 진지왕의 죽음은 自然死가 아닐지도 모른다는
의심을 품게 한다.

한편 사료 G-3에서 '前此'와 '後二年'이란 표현이 주목되는데, 여기서
'前此'는 '진지왕이 폐위되기에 앞서'라는 뜻으로 해석할 수 있고, '後二年'은
'왕이 폐위되어 죽은 후 2년'이란 의미로 해석할 수 있을 것이다. 이 둘을
합하면 진지왕의 폐위에서 사망까지 2년 남짓 걸렸다고 추정할 수 있다.
이 같은 사실을 염두에 두면서 진지왕의 폐위에 관한 설화 같은 내용을
총체적으로 해석해 보기로 한다.

H-1. 진지왕이 폐위되기에 앞서 沙梁部 민가의 여인이 얼굴이 아름다웠으
므로, 그 때 사람들이 桃花娘이라고 불렀다. 왕은 이 소식을 듣고
궁중에 불러와서 관계하고자 하니 여인은 아뢰었다. "여자가 지킬
일은 두 남편을 섬기지 않는 것입니다. 남편이 있고 다른 사람에게
시집감은 비록 제왕의 위엄으로써도 그 정조를 강요하지는 못할
것입니다." "너를 죽인다면 어떻게 할 것이냐." "차라리 죽음을 당할
지라도 다른 마음을 가질 수는 없습니다." 왕은 희롱하였다. "네
남편이 없으면 되겠느냐." "그러면 될 수 있습니다." 왕은 그를
놓아 보내었다.

2. 이 해에 왕은 폐위되어 세상을 떠났는데, 그 후 2년 만에 그 남편도
또한 죽었다. 10일 만에 홀연히 밤중에 왕은 평상시처럼 여인의
방에 왔다. 네가 예전에 허락한 적이 있었는데 지금은 네 남편이
없으니 되겠느냐. 여인은 가벼이 허락하지 않고 부모에게 告하니
부모는 임금의 명령을 어찌 거절하겠느냐 하고 그 딸을 방에 들여보

---

64) 진지왕본기 말미에 7월 17일에 왕이 돌아가매, 諡를 眞智라 하고 永敬寺 북쪽에
장사지냈다 하였다.

냈다. 왕이 7일 동안 머물렀는데 늘 오색 구름이 집을 덮고 향기가 방안에 가득 차더니, 7일 후에는 홀연히 왕의 자취가 없어졌다. 여인은 이내 태기가 있었는데 달이 차서 해산하려 할 때 천지가 진동하더니 한 사내아이를 낳았다. 이름이 鼻荊이라 했다.

이상에서 진지왕의 폐위에 관한 설화를 내용상 두 단락으로 나누어 보았다. H-1은 진지왕이 폐위되기 이전의 정황을 설명한 것이다. 제왕의 위엄으로도 상대방을 굴복시키지 못한 것으로 보아 진지왕은 재위시 왕권을 제대로 구사하지 못한 듯하다. H-2는 진지왕이 폐위되어 죽고 난 이후의 사정을 전해주고 있다. 여기서 이미 故人이 된 진지왕이 2년 만에 다시 나타난 점과 도화녀의 부모가 임금의 명령을 거절할 수 없다고 한 점 등으로 미루어 진지왕은 폐위되면서 죽은 것이 아니라, 폐위당한 후 반대파에게 2년여간 幽閉된 채 지내다 사망한 것으로 추정된다.

이상의 사실들을 종합해 볼 때 진지왕은 제왕의 위용을 갖추지 못하였기에 거칠부가 죽자 곧 반대세력에게 폐위당했으며 그 후 2년 남짓 유폐상태로 지내다가 사망한 것으로 풀이할 수 있다. 그리고 이러한 사실은 『삼국사기』진평왕대의 초기 기록 가운데 유일하게 4년의 기록이 공란으로 비어 있는 점과도 합치된다 하겠다. 진지왕이 2년 남짓 유폐당한 후 죽은 것이 사실이라면 그 사망한 해는 바로 진평왕 4년에 해당한다. 『삼국사기』진지왕본기와 진평왕 4년의 기록에서 이와 같은 사실을 고의적으로 은폐하고 누락시킨 이유는『삼국사기』의 근거자료가 되는 正史類가 진지왕의 직계인 무열계의 집권 이후 그들의 주도하에 쓰여진 데 있다고 본다.[65]

---

65) 강봉룡도 앞 논문, 1992, 137쪽에서 이 점에 대해 지적하였다.

진지왕대에 일시적으로 드러난 왕권의 약화는 동륜계의 백정이 진평왕
으로 즉위함으로써 극복되었다. 진평왕은 진흥왕이 추구한 대내외 정책을
계승해 추진함으로써 王家의 위상을 견고히 했을 뿐만 아니라 귀족세력을
압도해 가기 위한 일련의 조처를 취하기 시작하였다. 먼저 대내적으로는
왕권 중심의 중앙집권체제를 구축하기 위한 관제정비를 단행하였고,
왕권 전제화를 위해 석가불 신앙과 아울러 유교 정치이념을 강화시켰다.
그리고 동륜의 직계에 한정되는 '협의의 왕가'를 설정하고 구성원에 한해
정치적·종교적으로 최고의 권위, 이른바 聖骨 관념을 부여함으로써 왕가
위상의 극대화를 꾀하기도 하였다.

이와 같이 진평왕은 진지왕으로부터 왕위를 되찾음으로써 정통 奈勿王
家의 계승자임을 자처하게 되었으며 설화를 통해 이러한 사실을 재삼
강조하였다. 『삼국유사』의 설화 내용을 인용하면 다음과 같다.

H. 제26대 白淨王의 시호는 진평대왕이니 성은 김씨이다. 大建 11년
己亥(579) 8월에 왕위에 올랐는데 신장이 11척이었다. 內帝釋宮에
행차할 때에 石梯를 밟으니 돌 세 개가 한꺼번에 부러졌다. 왕은
侍臣에게 일렀다. 이 돌을 옮기지 말고 뒷사람에게 보여라. 곧 城中의
다섯 가지 움직이지 않는 돌의 하나이다. 즉위한 元年에 천사가 궁전의
뜰에 내려와서 왕에게 말했다. "上皇께서 나에게 명하여 玉帶를 전해
주라 합니다." 왕은 친히 꿇어 앉아서 받으니 그 후에 천사는 하늘로
올라갔다. 郊社와 宗廟의 큰 祭祀 때에는 으레 이 옥대를 띠었다.
......66)

---

66) 『삼국유사』 권1, 기이1, 天賜玉帶, "第二十六 白淨王 諡眞平大王 金氏 大建十一年己
亥八月卽位 身長十一尺 駕幸內帝釋宮 踏石梯 三石竝折 王謂左右曰 不動此石 以示後
來 卽城中五不動石之一也 卽位元年 有天使降於殿庭 謂王曰 上皇命我傳賜玉帶 王親
奉跪受 然後其使上天 凡郊廟大祀皆服之".

　진평왕 즉위 원년에 천사가 궁전의 뜰에 내려와서 전해주었다는 天賜玉
帶는 진평왕의 位相과 연관된 상징적인 물건임을 알 수 있다. 진평왕은
天地神을 위한 郊社와 조상을 섬기는 宗廟의 큰 제사 때마다 으레 이
옥대를 띠었다고 한다. 또 왕의 신장이 11척 長身이었다든지, 內帝釋宮에
행차할 때에 섬돌을 밟으니 돌 세 개가 한꺼번에 부러졌다는 이야기는
진평왕의 현실적인 힘의 表象이라 생각된다. 부러진 돌을 옮기지 말고
뒷사람에게 보이라고 지시한 데에서 진평왕이 신라 사회에서 최초로
帝王에 비견되어짐을 엿볼 수 있다.

　이상에서 살펴보았듯이, 천사옥대 설화는 진평왕이 자신의 정통성을
확보함과 동시에 왕위를 계승하면서 전철을 되풀이 하지 않겠다는 결연한
의지가 표출된 것이 아닌가 한다. 이러한 조치들이 일단락되자 진평왕은
대외적으로도 고구려·백제의 침략에 맞서 단호히 대처함과 동시에 중국과
의 교섭을 적극적으로 추진해 나가기 시작하였다.[67]

4. 진평왕의 지지세력

　진평왕 초기의 집권세력을 살펴보는 일은 이 시기 정치개혁의 성격을
가늠하게 해 준다. 이들은 진평왕의 왕위 계승을 강력히 지원했을 뿐만
아니라, 진평왕이 즉위한 후에도 한동안 계속해서 어린 왕의 정책을
뒷받침하고 실행해 나갔다고 믿어지기 때문이다. 이러한 즉위초의 주요
인물은 사료자체의 미비로 인해 구체적으로 거론하기는 어려우나, 진평왕
의 집권 초반에 활동한 인물을 대상으로 추적해 나간다면 불가능한 일은

---

67) 李晶淑, 「신라 진평왕대의 대중교섭」, 『부산여대사학』 10·11합집, 1993, 75~109쪽
　　참고.

아닐 것이다.

『삼국유사』권1, 기이1, 桃花女 鼻荊郞에는 진지왕을 폐위시킨 세력을 '國人'으로 표현하고 있다. 바로 이들이 진흥왕 死後 왕위 계승에서 백정(진평왕)을 지지한 자들로, 진지왕을 몰아내고 진평왕을 즉위시킨 세력일 것이다.[68] 그러므로 진평왕이 즉위한 후, 國人들이 上大等, 兵部令 같은 요직을 차지하면서 권력을 잡게 된 것은 정해진 이치라고 하겠다. 국인들 가운데에서 弩里夫는 진평왕 즉위년에 상대등에 보임되어 동왕 10년까지 그 職에 있었고, 그가 사망하자 首乙夫가 뒤를 이어 상대등이 되었다.[69] 아마도 이들은 상대등이 되기 이전부터 백정을 지지한 세력이었을 것이며, 그러한 功으로 진평왕이 즉위하면서 상대등에 임명되었다고 본다.

다음으로 병부령을 역임한 金后稷은 지증왕의 증손이다.[70] 그의 父와 祖父에 대해서는 알려진 바가 없으나, 어쨌든 지증왕의 가계 출신인 점은 분명한 사실이다. 그가 진평왕을 섬겨 이찬이 되고 병부령에 補任된 것을 보면(진평왕 2년 2월),[71] 병부령직 역시 진평왕의 즉위에 대한 논공행상으로 김후직에게 주어졌을 것이다. 진평왕의 왕위 계승은 진흥왕 33년

---

68) 박해현, 앞 논문, 1988, 3쪽 ; 김두진, 「신라 진평왕대 초기의 정치개혁」, 『진단학보』 69, 1990, 26쪽 ; 이희관, 앞 논문, 1990, 99쪽 참고. 이 외에도 유사한 견해를 표방한 논고가 있다. 김두진은 진지왕이 '만승의 위엄'으로 도화녀를 범하려 하자 도화녀가 완강히 반대하여 뜻을 이루지 못했다는 설화의 내용에서, 도화녀가 진지왕을 완강하게 거부한 것은 곧 진지왕의 대항세력이 적지 않게 존재했음을 보여주는 一例로 풀이하였다(앞 논문, 1987, 29쪽). 강봉룡 또한 국왕중심의 전제적 정치체제를 추구해 간 진흥왕이 사망하자, 그간 압도되어 있던 部세력집단의 반발이 일어났을 것은 충분히 예상되는 일이며 이들에 의해 진지왕이 폐위되었을 공산이 크다고 하였다(앞 논문, 1992, 138쪽).
69) 『삼국사기』 권4, 진평왕 즉위년 및 10년.
70) 『삼국사기』 권45, 열전5 金后稷.
71) 『삼국사기』 권4, 진평왕 2년 및 권45, 열전5 金后稷.

3월 동륜태자가 사망한 후 동륜계와 사륜계 사이에 왕위 계승 분쟁이 시작되면서[72] 생긴 갈등의 연장선상에서 이루어진 것이었다.[73] 그렇다면 김후직은 동륜태자가 사망한 후부터 줄곧 진평왕을 지지해 온 동륜계의 핵심인물이 아니었을까 추측된다.[74]

그러나 김후직의 정치 성향에 대한 연구자의 견해는 다양하다.『삼국사기』김후직열전에 나타난 그의 행위를 어떻게 이해하느냐에 따라 연구자마다 입장의 차이를 드러낸다. 여기서 김후직의 행위라는 것은 "그가 진평왕의 田獵을 諫하매 왕이 따르지 않자 거듭 간하였으며, 그래도 받아들여지지 않자 죽어서도 간언을 하여 왕으로 하여금 뉘우치게 했다"는 간쟁의 행위를 말한다. 이러한 김후직의 행위를 두고 연구자 간에 忠諫으로 받아들여야 할 것인지[75] 아니면 왕을 견제하려는 의도로 파악해야 하는지의[76] 논란이 있었다. 그런데 김후직의 전기가 고구려의 乙巴素와 明臨荅夫, 신라 눌지왕대의 朴堤上과 같은 名臣과 나란히 수록된[77] 점으로 미루어

72) 李晶淑,「진평왕의 즉위 배경과 政局推移」,『釜山史學』27, 1994, 40~47쪽 ; 본서 Ⅳ장 4절 참고.

73) 이희관, 앞 논문, 1990, 99쪽.

74) 진평왕이 즉위한 이듬해에 김후직이 兵權을 장악했다는 점에서 동륜계 세력의 핵심인물로 파악하였다(김두진, 앞 논문, 1990, 26쪽).

75) 신형식은 김후직의 행위를 진평왕에 대한 忠諫으로 이해하였고(「신라의 국가적 성장과 兵部令」, 1974 ; 앞 책, 1984, 156~159쪽), 김두진은 김후직의 충간은 처음에 받아들여지지 않으나, 그가 죽고 난 후 수용된 사실을 주목하여 그의 간언 내지 정책이 왕정에 협조적인 것이었으며 왕실에 의해 거부된 것이 아니라 적극적으로 수용되지 못한 것으로 주장했다(앞 논문, 1990, 27쪽).

76) 이문기는 김후직 이야기는 진평왕의 군사적 행위를 견제하려는 의도로 파악하였고(「新羅侍衛府의 성립과 성격」,『歷史敎育論集』9, 1986, 28~29쪽), 이러한 견해를 좇아서 朴淳鉉은 상위진골귀족의 한 사람인 김후직이 진평왕을 추대한 후 진평왕을 견제한 것으로 보았다(앞 논문, 1988, 7쪽).

77)『삼국사기』권45, 열전5.

그의 간언은 진실로 후세에 전할 만한 것이었으며, 따라서 진평왕을 위한 것이었다고 생각된다. 그러나 그의 간언이 즉시 받아들여지지 못한 것은 그와 경쟁관계에 있거나 정치적 입장을 달리하는 세력의 견제 때문이 아니었을까 한다.

이러한 재상급 인물 외에도 진평왕 초기의 지지세력으로 왕과 혈연관계가 가까운 자들을 생각해 볼 수 있을 것이다. 왕실 세력으로는 누구보다도 진평왕과 가까운 同母弟 眞正(伯飯)과 眞安(國飯)이 있었다. 이들은 진평왕이 즉위할 당시 10세 미만의 연령으로 추정되므로78) 지지세력을 형성했다고 생각되지 않으나,79) 성인으로 성장한 이후에는 그럴 가능성이 높아졌다고 본다. 백정, 즉 진평왕과 同母弟라고 해서 반드시 정치 성향이 같다고 단정지을 수 없지만, 후세에 眞安葛文王의 女 勝曼(진덕왕)이 동륜계의 성골 관념으로 즉위한 점으로 미루어 대강의 사실은 짐작해 볼 수 있을 것이다.

또 肅訖宗이 있었다. 숙흘종은 진평왕의 母 萬呼夫人과 남매간이다. 그러나 동시에 진지왕의 父 진흥왕과는 형제이기도 하다. 그런 까닭에 숙흘종의 정치적 입장을 파악하기란 쉬운 일이 아닐 것이다.80) 게다가

---

78) 본서 Ⅳ장 3절 참고.
79) 이희관은 眞正(伯飯) 眞安(國飯)이 진평왕의 同母弟이므로 진평왕의 왕위계승을 지지한 것으로 받아들였다(앞 논문, 1990, 99쪽).
80) 이희관은 숙흘종이 진평왕의 母이자 동륜태자의 妃인 만호부인과 남매간이므로 백정의 지지세력이라 하였다(위 논문, 99쪽). 계속해서 그는 숙흘종을 비롯한 왕실세력이(지증왕계 가계의 성원들로 표현했다) 진평왕의 왕위계승을 지지한 것은 만호부인이 바로 자신들의 가계출신이기 때문이라 했다. 그런데 같은 가계에 속한다고 해서 반드시 정치적 입지를 같이 한다는 식의 논리는 성립되기 어렵다. 기록을 통해서 같은 가계의 성원들간에, 그리고 형제들간에 벌어졌던 왕위쟁탈전을 얼마든지 발견할 수 있기 때문이다. 결국 이러한 문제는 그들이 처한 정치적 입지나 정치 성향으로 풀어 나가는 것이 보다 온당한 방법일 것이다. 왕위계승은

숙흘종의 정치 행적은 전혀 알려진 바가 없고, 『삼국사기』 김유신열전에서 그 신분을 확인할 수 있을 뿐이다.[81] 그런데 숙흘종과 同一人으로 볼 수 있는 자들이 있어 주목된다. 首肹, 首乙夫 등의 존재가 바로 그러하다. 『삼국사기』의 기록에 의하면 이들은 숙흘종과 같은 시기에 출현하고 있어 생물연대가 비슷하고, 이름에 있어서도 그 音이 相似하다. 이 뿐 아니라, 진평왕 7년에 大阿飡으로 梁宮私臣職을 맡았던 수힐과 진평왕 10년에 伊飡으로 上大等에 임명된 수을부의 관등 내지 관직의 순서를 비교해 보아도 동일인으로서 어색한 느낌이 없다. 숙흘종, 수힐, 수을부가 동일인을 지칭하는 것이라면 숙흘종의 정치적 입장 내지 비중을 파악하는 일은 한결 수월해진다. 즉 숙흘종을 동륜계에 동조한 핵심세력으로 볼 수 있는 것이다. 그런데 한편으로 그의 딸 萬明이 진지계와 정치적 이해관계를 함께 하는 金舒玄과 결합한 점을 감안한다면, 숙흘종의 정치적 성향은 오히려 진지계와 더 가까웠을 수도 있다고 생각된다. 그러나 이것은 어디까지나 후일의 일이며[82] 가상의 사실에 지나지 않는다. 그보다는 숙흘종이 만명과 서현의 결합을 처음부터 완강하게 반대했다는 점에서 일단은 그를 진평왕의 지지세력으로 간주해도 무방할 것이다.

다음으로 진평왕 36년(614)에 사망한 것으로 확인되는 진흥왕비 思道夫人[83]을 들 수 있다. 그러나 그녀는 진흥왕 말년에 왕과 더불어 출가한 뒤 永興寺에 거주하던 중 돌아갔다 하므로[84] 정치적 힘을 발휘했다고

오히려 혈연관계가 가까울수록 치열한 경쟁 상대가 되는 것이 아닐까 한다.
81) 『삼국사기』 권41, 열전1 金庾信 上, "葛文王立宗之子肅訖宗".
82) 『삼국사기』 권41, 열전1 金庾信 上에 의하면 유신은 진평왕 建福 12년 隋文帝 開皇 15년 乙卯(595)에 태어났다 하므로, 만명과 서현의 결합은 진평왕 17년(595)보다 한두 해 앞선 시기에 이루어졌을 것으로 보인다.
83) 『삼국사기』 권4, 진평왕 36년.
84) 『삼국사기』 권4, 진평왕 37년. 진흥왕과 왕비의 출가에 대해서는 李晶淑, 앞

생각되지 않는다. 그렇다면 진평왕 즉위에 영향력을 행사할 만한 왕실 인물은 아마도 진평왕의 모후인 萬呼夫人일 것이다. 익히 알다시피 만호부 인은 입종갈문왕의 딸로서 진흥왕의 妹인 동시에 동륜태자의 妃였다. 이 같은 신분은 진지왕 폐출 이후 왕위 계승권자를 낙점하는 데 있어 영향력을 행사하기에 조금도 손색이 없었을 것이다. 더욱이 진지왕은 왕위에 오른 지 만 3년이 못 되어 폐위 당함으로써[85] 그의 세력은 부식되기 도 전에 끝나고 말았다. 이러한 상황에서 만호부인이 왕실의 최고 어른으로 권력의 중심에 서게 될 것은 당연한 일이었다. 이는 마치 진흥왕 즉위 무렵의 진흥왕 母인 只召夫人의 처지를 연상케 하는데, 그녀 역시 법흥왕 女이면서 입종갈문왕 妃로서, 법흥왕 사후 왕위 계승권자를 결정하는 데 영향력을 행사할 수 있는 막후 실력자였던 것이다.[86] 우연의 일치인지 만호부인과 모녀 간인 지소부인은 법흥왕비가 출가한 후 왕실의 최고 어른이라는 입장에서 섭정한 사실이 있다.[87]

이상에서 진평왕 초기에는 왕모인 만호부인과 함께 진평왕의 왕위 계승에 기여함으로써 상대등, 병부령 직을 맡은 노리부, 수을부, 김후직 등이 정국을 주도해 나갔음을 확인하였다. 이들은 무엇보다도 왕권을 안정시키는 일이 급선무였으므로, 왕권 안정책의 일환으로 제1차 관제정

논문, 1994, 43~47쪽 참고.

85) 정확하게 계산하면 진지왕은 576년 9월부터 579년 7월까지 왕위에 있었다.

86) 李晶淑, 앞 논문, 1994, 48~56쪽 및 「진흥왕 즉위에 대한 몇 가지 문제」, 『부산여대사학』 12, 1994 참고.

87) 제22대 지증왕 이후 법흥왕, 진흥왕, 진지왕, 진평왕이 족내혼을 하지 않은데 비해 왕위에 오르지 못한 입종갈문왕과 동륜태자는 3촌에 해당하는 여성을 부인으로 삼은 사실을 지적한 후, 이러한 근친혼을 통해 비로소 입종갈문왕은 진흥왕에게, 동륜태자는 진평왕에게 왕위를 물려줄 수 있는 자격을 얻었는지 알 수 없다 하였다(이종욱, 앞 책, 1980, 99쪽).

비를 단행하였다. 그런데 진평왕 집권 초기의 관제정비[88] 과정에서 맨 처음 설치한 관부가 位和府[89]였음이 주목된다. 이는 인사권 장악을 통한 관제정비의 기본 방향을 예고하는 것으로, 과거 귀족들이 주도한 속료들의 인선을 국가가 담당하게 되었음을 뜻한다. 이 점 진평왕의 개혁과 관련해 시사하는 바 크다.[90]

새로운 관부의 설치는 진평왕 6년 建福으로의 改元과 함께 왕의 親政이 시작되면서 더욱 박차를 가한 것으로 보이는데, 왕 7년(585)의 "三宮各置私臣 大宮和文大阿湌 沙梁宮弩知伊湌"[91]이라는 部宮에 대한 통제기사는[92] 진평왕 초기에 단행된 개혁의 연장선상에서 생각해 볼 수 있을 것이다. 또 같은 해 3월 "날이 가물자, 왕이 正殿을 피하고 常膳을 減하며 南堂에 御하여 친히 죄수를 살폈다"[93]는 것은 일면 민생안정을 위한 시책으로 생각되기도 하지만, '南堂'[94]과 '罪囚' 등의 표현으로 미루어 진평왕 초기에 왕권 강화를 목표로 개혁정치를 추진해 나가는 과정에서 권력의 핵심에서

---

88) 이에 대해서는 이문기, 「신라 國王近侍集團」, 『역사교육논집』 5, 1983 ; 이정숙, 「신라 진평왕대의 정치적 성격」, 『한국사연구』 52, 1986 ; 김영하, 앞 논문, 1988 참고.

89) 『삼국사기』 권4, 진평왕 3년 정월.

90) 전미희, 「신라 진평왕대 家臣集團의 官僚化와 그 한계-『삼국사기』 권48, 實兮·劍君 傳에 보이는 舍人에 대한 검토를 중심으로-」, 『국사관논총』 48, 1993, 206~215쪽.

91) 『삼국사기』 권39, 雜志7, 職官 中 內省.

92) 대궁, 양궁, 사량궁의 三宮에 각각 私臣 1인씩을 둔 것은 部 세력집단에 대한 국왕의 통제를 제도적 차원에서 더욱 강화하게 되었음을 의미한다고 하였다(강봉룡, 앞 논문, 1992, 142쪽).

93) 『삼국사기』 권4.

94) 南堂은 후세 대궐안에 群臣의 朝會를 받는 正殿과 같은 성격과 위치에 當한 것으로 후자의 원시형이라고 하였다. 그리고 진평왕 7년조의 正殿은 왕의 거실인 便殿을 후세사가의 손으로 윤필한 것에 불과하다고 보았다(이병도, 「古代南堂考」, 『韓國古代史研究』, 博英社, 1976, 624~625쪽).

소외된 귀족 간에 빚어진 갈등의 산물이 아닐까 한다. 다시 말해서 진평왕의
즉위는 물론 즉위초의 정치개혁에 반대함으로써 정치범이 된 자들을
혹 죄수로서 표현했을 것이다. 이러한 집권층의 억압에 대해 반대파들은
소극적으로나마 대응했는데, 同王 9년(587) 7월 伊湌 冬臺의 아들인 大世가
仇柒과 함께 해외로 달아난 사건에서 소극적·개인적으로 진평왕 정권에
반발하는 자들의 모습을 엿볼 수 있다.

　그런데 진평왕 13년(591)은 진평왕 초기에 단행한 국왕 중심의 정치개혁
이 마무리된 시점으로, 말하자면 建福으로 출범한 진평왕대 체제의 완성을
의미하는 해이다. 그리고 바로 이 해에 南山新城이 축조되었다. 남산성이라
하지 않고 굳이 '新城'95)이란 城名을 사용한 것도 새 시대의 개막을 선포한
것으로 진평왕대 초반의 개혁과 무관하지 않다고 본다. 그런 의미에서
'新城'을 축조하면서 전국에 걸쳐 民을 力役동원하여 법 앞에 맹세하게
한 것은 새로운 모습으로 출범하는 진평왕 지배체제에 대한 충성의 서약이
었던 것으로 풀이된다. 바꾸어 말하면 진평왕대 초반에 단행한 정치개혁을
마무리하고 나아가 새로운 체제의 성립을 대내외에 선포 또는 과시할
목적으로 왕경인 뿐만 아니라 전국에 걸쳐 지방민을 역역동원함으로써
국왕에 대한 충성을 맹세케 하고자 남산신성을 축조했던 것이다.96)

　이렇듯이 진평왕 13년(591)을 기점으로 하여 이제 왕권은 확연히 달라지
게 되었다. 여기서 어느 정도 자신감을 얻게 된 왕은 자신의 독자적
기반을 조성하기 시작했는데, 이른바 왕의 측근세력으로 불리는 집단이
바로 그러하다. 『삼국유사』桃花女 鼻荊郎에, 진평왕이 비형에게 그가

95) '新'에는 새로운 중앙 집권적 지배체제의 성립과 출발을 함축한 것으로 풀이하였다
　　(주보돈, 「南山新城의 築造와 南山新城碑－第 9碑를 중심으로」, 『新羅文化』 10·11,
　　1994, 42쪽).
96) 남산신성의 축조의미에 대해서는 주보돈, 위 논문, 2~10쪽 참고.

부리는 귀신의 무리 중에 朝政(國政)을 도울 만한 자가 있느냐고 물으니 吉達을 천거했다는 대목이 있어 주목된다. 여기서 길달의 무리를 귀신이라 표현했으나, 실제로 그들이 귀신과 같이 날래고 뛰어난 집단임을 그와 같이 표현한 것이다.[97] 진평왕이 비형과 길달에게 執事를 시켰다는 점으로 미루어 진평왕은 집권 중반에[98] 이르러 자신의 私的 세력을 양성하고 이들을 통해 측근정치를 지향하려 했던 게 아닌가 한다. 아울러 즉위초 이래 비대해진 세력들을 견제하면서 왕권을 강화해 보려는 진평왕의 의지가 표출된 것으로도 여겨진다. 진평왕대에는 이처럼 국가의 公的인 近侍機構에는 속하지 않으면서 국왕의 측근에서 활동한 사람들을 찾아볼 수 있다. 김후직에 의해 狂夫와 獵師로 불린 一群의 사람들이 그것으로, 진평왕과 더불어 날마다 사냥을 함께하는, 병부령인 김후직조차 간언을 통해 왕과 그들의 사냥을 중지시킬 수 없었을 정도로 왕과 긴밀했던 자들은 진평왕의 사조직으로 보아야 마땅하지 않을까 한다.[99]

이상에서 살펴본 결과, 진평왕의 집권 전반기에는 왕을 비롯한 지지세력들이 왕권을 안정시키면서 왕에게 권력을 집중시키려는 노력을 계속해 나갔음을 알 수 있다. 그리고 이러한 노력은 진평왕대 후반에도 이어졌는데, 이 무렵 정비된 중앙행정관부 가운데에서 왕 44년(622)과 46년(624)에 각각 설치된 內省과 侍衛府는 왕권을 직접 行使하기 위한 것이어서 주목된다.

먼저 시위부는 국왕을 시위할 목적을 지닌 禁衛兵으로 이 부서를 설치한 것은 크게 보아 왕권 강화책의 일환이 틀림없다. 그러나 시위부 설치의

---

97) 전미희, 앞 논문, 1993, 205쪽 주)35.
98) 진평왕이 비형의 殊異함을 듣고 거두어 궁중에서 길렀는데, 비형이 15세가 되자 執事를 시켰다는 데에서 그 시기를 대략 짐작할 수 있다.
99) 전미희, 앞 논문, 1993, 201~202쪽 참고.

진정한 의도는 진흥왕대 六停軍團의 설치 이래 계속 증가된 군사조직이
골품제의 제약으로 인해, 진골귀족의 수중에 장악되어 있었으므로 그
한계를 극복하려는 진평왕의 현실적 필요에서 나온 것이었다.[100] 그리고
내성은 이미 진평왕 7년에 일단계의 정비과정을 거쳤으나, 왕 44년(622)에
이르러 내성사신 1인으로 하여금 三宮을 兼掌토록 함으로써 일원적 통치체
제를 성립시켰다. 이때 진지계의 龍春이 內省私臣職에 임명되었는데, 용춘
의 등장은 '無子'임으로 해서 전제화된 왕권의 근원적 약점을 안고 있었던
진평왕이 왕권안정을 위한 수단을 강구한 끝에 취한 조처였다. 즉 진평왕은
재위 후반에 이르러 진지계를 끌어들임으로써 '범진흥왕계'(광의의 왕가)
라는 정치적 결집을 시도하는 한편, 이 과정에서 동륜의 직계에 한정되는
'협의의 왕가'를 설정하고 성골 관념을 부여함으로써 왕가 위상의 극대화를
기도했던 것이다. 이로써 성골 왕가의 신성 이데올로기에 의한 정치체제의
전제화 경향이 구체화되어 갔다. 진평왕이 추진한 일련의 조처들은, 상대
등을 중심으로 겨우 명목만 유지하고 있었을 여타의 귀족에게 위기감을
불러일으켰을 것이다. 그들의 반발은 마침내 모반사건으로 이어졌다.[101]
진평왕 53년(631)에 伊飡 柒宿과 阿飡 石品이 모반하자, 진평왕은 이들에
대해 '夷九族'이라는 전례없는 혹독한 징벌을 가함으로써 국왕과 왕실에
반항하는 세력에 대해 단호한 태도를 보여주었다.

---

100) 이문기, 앞 논문, 1986, 25~38 참고.
101) 강봉룡, 앞 논문, 1992, 142~153쪽 참고.

5. 맺음말

진평왕 즉위 이전의 정국은 진흥왕의 死後 舍輪(진지왕)이 직계인 白淨(진평왕)을 배제하고 즉위함으로써 혼미하였다. 여기에는 거칠부가 모종의 역할을 한 것으로 보인다. 당대 최고 실력자였던 거칠부가 방계의 사륜을 지지했던 이유는 '지증왕계 직속비속에 의한 권력 독점'이란 현실에 제동을 걸어 왕권의 약체화를 노린 것이었다. 결과적으로 그는 진흥왕 死後 왕위 계승 과정에 적극 개입함으로써 지증왕계의 왕권중심 체제가 아닌 범내물왕계의 귀족연합 체제로의 복귀를 추구하였다.

이와 관련하여 『삼국사기』 진흥왕본기에 의하면, 진흥왕 말기 특히 동륜태자가 죽고 난 진흥왕 33년 이후의 상황은 정치활동 대신 불교행사로 점철되어 있음을 볼 수 있다. 이것은 진흥왕이 幼年卽位하여 一心奉佛했다는 사실과의 연장선상에서 생각할 수 있겠으나 또 다른 측면에서의 해석도 상정해 보았다. 첫째 진흥왕은 신라 최고의 정복군주였던 만큼 전쟁 중에 수많은 인명을 살상했고, 여기에 태자의 죽음까지 겹치면서 불교에 귀의했을 것이라는 점, 둘째 동륜태자가 사망한 후 진흥왕은 후사를 정하지 못한 채 薨去한 것으로 추정되는 점 등이 그것이다. 즉 태자가 사망한 해에 北齊에의 조공을 끝으로 무려 20년간 대중교섭이 없었던 사실은 왕위 계승 문제를 둘러싸고 표출되기 시작한 지배층 내부의 알력이 밖으로 드러난 결과임에 틀림없다.

이와 같이 진흥왕 말기의 정국은 왕위 계승 문제로 인해 혼미했으며, 국정운영이 뜻대로 되지 못한 데에서 진흥왕은 깊은 좌절감을 느꼈을 것이다. 게다가 정복전쟁에서의 대규모 살육 또한 죄책감이 들었을 것이다. 그 결과 진흥왕은 薨去할 때까지 불교행사와 불교에 귀의라는 행태로 계속해서 나아갔던 게 아닐까 추정해 보았다.

　진지왕대에 일시적으로 노정된 왕권의 약화는 동륜계 백정이 진평왕으로 즉위하면서 극복되었다. 진평왕은 진흥왕이 추구한 대내외 정책을 계승하여 추진함으로써 왕가의 위상을 높였을 뿐 아니라 귀족세력을 압도해 가기 위한 일련의 조처를 취하기 시작하였다. 먼저 대내적으로는 왕권 중심의 중앙집권 체제를 구축하기 위한 관제정비를 단행했고, 왕권의 전제화를 위해 석가불 신앙과 유교 정치이념을 확산시켰다. 그리고 동륜의 직계에 한정하여 '협의의 왕가'를 설정하고 구성원에 한해 정치적·종교적으로 최고의 권위, 이른바 '성골 관념'을 부여함으로써 왕가 위상의 극대화를 꾀하기도 하였다. 이와 같이 진평왕은 진지왕으로부터 왕위를 되찾음으로써 정통 奈勿王家의 계승자임을 자처했으며 설화를 통해 이러한 사실을 재삼 강조하였다. 예컨대 진평왕 즉위 원년에 천사가 궁전의 뜰에 내려와 전해 주었다는 天賜玉帶는 진평왕의 위상과 관련된 상징적인 물건으로 郊祀와 宗廟의 큰 제사 때에 으레 이 옥대를 띠었다고 한다. 왕의 신장이 11척 장신에 거구였다든지, 內帝釋宮에 행차할 때에 섬돌을 밟으니 돌 세 개가 한꺼번에 부러졌다는 등의 이야기도 진평왕이 자신의 정통성을 확보함과 동시에 전철을 되풀이하지 않겠다는 의지의 표현으로 해석된다. 이러한 조치들이 일단락되자 진평왕은 대외적으로도 고구려·백제의 침략에 맞서 단호히 대처함과 동시에 적극적인 대중교섭을 전개해 나가기 시작하였다.

V. 진평왕대의 대중교섭

1. 머리말

신라 중고기 진평왕대는 정치·경제·외교 등 다방면에서 많은 변화가 일어난 시기였다. 정치적으로는 왕위 계승을 둘러싼 지배층 내부의 알력을 극복하고 왕권의 전제화를 이루었으며, 경제적으로는 前王代의 영토확장에 힘입어 신라 역사상 최대의 판도를 차지함으로써 막대한 富를 확보하였다. 그리고 대외적으로는 중국에 隋·唐 통일 제국이 들어섬으로 인해 삼국을 포함한 동아시아 전체에 지각변동이 시작되고 있었다.

이와 같은 대내외의 상황 하에서 진평왕은 왕권 강화를 배경으로 중국과 교섭을 적극적으로 추진해 나갔다. 재위 54년간 南朝의 陳을 필두로 수·당과의 외교 관문을 확장시켰고, 특히 수제국의 등장 이후 신라의 사신 파견 횟수가 급증한 것은 이전과 차원이 다른 신라 사회의 내적 성장을 의미한다. 고구려가 수·당과의 긴장 관계를 반복하는 동안, 그리고 백제가 고구려와 중국의 틈새에서 양면책을 쓰는 동안, 신라는 親隋·唐 정책을 지속해 나감으로써 후대의 통일 외교로까지 이어갈 수 있었다. 이러한 외교적 면모는 신라 사회의 내적 성장을 가늠할 수 있는 바로미터라 하겠다.

지금까지 고대 한중관계에 관한 연구 논문이 적잖이 발표되었는데, 통일기 이전의 신라와 중국관계를 다룬 것으로는 서영수의 「삼국과 남북조교섭의 성격」,[1] 「삼국시대 韓中外交의 전개와 성격」,[2] 신형식의 「삼국통일전후 신라의 대외관계」,[3] 「한국고대의 서해교섭사」[4]가 대표적이다. 서영수의 논문 두 편은 내용상 대동소이한데 삼국 전체를 포괄적으로 다루면서 기존 연구와는 다른 해석을 하였다. 즉 삼국시대의 한중교섭은 시대적 변천과 내용상의 변화에도 불구하고 차등적인 조공관계로 이해되어 왔다며 통일된 수제국의 등장 이전까지는 정치적 臣屬을 전제로 한 전형적 조공관계는 실제로 성립되지 않았다는 것이다. 그리고 신형식은 「삼국통일전후 신라의 대외관계」에서 신라의 삼국통일을 當代의 東亞秩序 속에서 이해해야 함을 강조하고 대외관계의 역할과 중요성을 피력하였다. 이러한 논점은 西海交涉史에서도 나타나는데, 6세기 중엽 이후 신라는 서해의 제해권을 장악하여 수·당과의 외교를 적극적으로 추진함으로써 삼국통일은 물론 정치·문화의 발달까지 꾀할 수 있었다고 하였다. 양자의 논문은 고대의 한중관계를 논하면서 주로 국가 간 세력관계에 역점을 둔 공통점이 있다.

필자는 기왕의 연구 성과를 바탕으로 중고기 진평왕대에 이루어진 대중교섭의 전모를 밝히고자 한다. 다만 기존 연구와의 차이점이 있다면 대중교섭의 정치적 이면에 나타난 경제적 의의는 무엇일까 하는 점이다. 동서고금을 막론하고 국가 간에는 실리를 추구하는 것이 첫 번째 목적이므

---

1) 『東洋學』 11, 1981.
2) 『고대한중관계사의 연구』, 삼지원, 1987.
3) 『신라문화』 2, 동국대 신라문화연구소, 1985.
4) 『국사관논총』 2, 국사편찬위원회, 1989.

로 정치 못지않게 경제적 의미 또한 매우 중요하다고 생각되기 때문이다.
이 두 가지는 상호 불가분의 관계이기도 하다. 따라서 본고에서는 이
시기에 진행된 대중교섭의 구체적·실질적 내용에 초점을 둘 것이다. 이를
위해 앞서 이룩한 영토 확장 과정에서 신라가 구체적으로 확보한 것은
무엇이며, 중국을 상대로 교섭을 추진하기 위한 제도 마련은 어떠했는지
살펴보기로 한다.

2. 대중교섭의 추진 배경

1) 영토 확장과 경제적 기반의 확보

진평왕대는 법흥왕·진흥왕대의 대대적인 영토 확장에 힘입어 신라의
발전과정에서 최대의 판도를 領有하였다. 대외 전쟁은 그 자체가 이미
대내 정치의 연장으로서의 의미를 담보할 뿐 아니라, 고대국가의 발전
과정에서 토대가 되는 토지와 인민획득의 가장 유력한 수단이었다.[5]
이러한 맥락에서 볼 때 가야지역과 한강 유역 병합은 당시 신라국에
적잖은 의미를 부여해 주었다고 본다.

가야는 신라와 백제 두 나라로부터 동서 양면으로 장기간 압박을 받아
고대국가로의 발전을 보지 못한 채 멸망하고 말았다. 그러나 이 지역의
고분발굴이나 문헌에 나타나는 내용 등으로 미루어 볼 때 그 문화수준이
높았고 지배세력이 어느 정도 성장했음을 알 수 있다. 그렇다면 이와
같은 가야의 성장요인이 무엇인지 궁금하지 않을 수 없다. 그것은 무엇보다
도 경상남도의 해안과 내륙에 광범하게 걸친 철 생산을 들 수 있을 것이다.

---

5) 김영하, 「신라의 발전단계와 전쟁」, 『한국고대사연구』 4, 1991, 105~106쪽.

『魏志』東夷傳 弁辰에 의하면 철을 매개로 하여 韓·濊·倭 및 二郡과 활발한
교역을 벌일 정도로 변진의 鐵産은 해외에까지 알려져 있었다.6) 이름난
변진의 鐵場으로는 金海鐵山과 陜川의 冶爐鐵山이 가장 유명하며, 그 밖에
山陰과 三嘉,7) 昌原鐵山8)이 있다. 특히 대가야의 야로철산은 고금에 유명한
철산지였다.9)『세종실록지리지』에 의하면 이 철산은 歲貢으로 正鐵 9,500
斤을 바치던 조선 3대 鐵場의 하나였다고 한다.10) 이곳을 장악한 고령의
대가야는 후기가야연맹의 맹주가 되었다.11) 김해 또한 고대부터 풍부한
사철을 생산하였다. 그리하여 이 부근에는 많은 제철로가 자리잡고 있으며
후일 경주와 더불어 신라 철광업의 중심지 역할을 하였다.

철 자원 이외에도 김해는 중요한 해운기지로서 낙동강 유역 가야제국에
대한 관문지역사회(Gateway Community)의 중심지 기능을 하였다.12)『魏
志』東夷傳 倭人에 의하면 3세기 당시에 "樂浪에서 배가 출발하여 서남해
연안을 따라 항해하는데 狗邪韓國에 들렀다가 해협을 건너 倭地로 향했다"
고 전한다.『擇里志』卜居總論 生利에도 "동해는 바람이 높고 물결이 험해서
서남해의 선박이 잘 닿지 않는다. 이에 비해 서남해는 물결이 완만하여

---

6) "國出鐵 韓濊倭皆從取之 諸市買皆用鐵 如中國用錢又以供給二郡".
7) 『世宗實錄地理志』慶尙道 山陰縣·三嘉縣 土産. 특히 산음현은 歲貢으로 正鐵 7,794斤
   을 바쳤다고 했다.
8) 『세종실록지리지』경상도 창원도호부.
9) 백제와 신라 사이에 벌어진 大耶城의 혈전은 陜川의 冶爐鐵場을 확보하려는
   양국의 공방전이었다는 견해가 있다(문경현,「진한의 철산과 신라의 강성」,『대구
   사학』7·8합집, 1973, 48쪽).
10) 『세종실록지리지』권150, 경상도 합천군 土産.
11) 冶爐縣은『삼국사기』권34, 지리지에 고령군의 領縣으로 되어 있다. 대가야 당시
   이 지역의 철광산 및 製鐵爐 시설로 인해 생겨난 지명으로 보인다.
12) 이기동,「가야사연구의 제문제」,『伽倻文化』제4호, 伽倻文化硏究院, 1991, 213
   ~214쪽.

전라·경상으로부터 한양·개성·황해·평안까지 商買가 이어지고, 낙동강
입구에서는 강줄기를 따라 상주·진주까지 배가 미친다. 경상도에서는
그러한 南北海陸之利를 김해가 모두 관장한다"고 하였다. 이와 같은 입지는
해운기술이 미흡했던 고대사회에서 보다 필연적 조건이 되었을 것이다.
금관국 당시 정치적으로 허용되는 한도에서 김해는 한반도 서북지방과
경상내륙지방 및 倭地를 연결하는 海運의 구심점 기능을 했다고 할 수
있다.13)

김해 이외에도 섬진강구의 하동 또한 예로부터 가야와 왜 사이의 교역
창구 역할을 하였다. 하동은 남해안을 통한 對일본교통로인 동시에 진주·
함안으로 진출하는 전략상의 요충지였다. 이러한 입지로 인해 종종 분쟁의
대상이 되었다. 하동이 良港으로서 가지는 중요성은 『日本書紀』에 단편적
으로 나타난다. 내용을 소개하면 다음과 같다.

A-1. 繼體天皇 9년 춘 2월 甲戌朔 丁丑, 백제의 사자 文貴將軍들이 귀국하려
　　고 청하였다. 칙하여 物部連을 딸려 돌려보냈다.[百濟本紀에 物部至
　　至連이라 하였다] 이 달에 沙都島(거제도)에 이르러 소문에 伴跛人이
　　(일본에) 원한을 품고, 강한 것을 믿고 포악한 일을 마음대로 한다고

---

13) 김태식, 「後期伽倻諸國의 성장기반 고찰」, 『부산사학』 11, 1986, 10쪽. 본문에서
　　소개한 『魏志』 東夷傳 倭人의 내용과 『擇里志』 卜居總論 生利의 내용을 종합해
　　보면 김해지역의 狗邪國은 당시 동아시아 국제항의 면모를 갖춘 것으로 보인다.
　　이 狗邪國의 港을 기점으로 하여 한반도 남해안을 따라 西行하고 다시 서해안을
　　따라 北行하여 황해를 건너 중국 산동반도에 도착하는 線路에 연결된다. 또
　　狗邪國의 항만을 출발하여 南路로 對馬國(對馬島), 一支國(臺岐島), 末盧國(北九州)
　　에 이르고 다시 倭諸國을 거쳐 邪馬臺國에 도달하며 이 밖에 왜의 各地와도
　　연결되었다. 따라서 狗邪國의 항만은 교역의 중계지로서 활기가 넘쳐났으며,
　　『三國志』 弁辰傳에서 그 편린을 찾을 수 있다(李殷昌, 「신라의 인접국과의 교역활
　　동」, 『신라문화제학술발표회 논문집』 13, 경주시, 1992, 234~236쪽 참고).

들었다. 고로 物部連이 수군 5백을 거느리고, 帶沙江(蟾津江口)으로
직행하였다. 文貴將軍은 신라를 경유하여 귀국하였다. 夏 4월 物部連
이 帶沙江에 머무른 지 6일, 伴跛가 군사를 일으켜 나아가 쳤다.
옷을 벗기고 물건을 빼앗고 장막을 모두 태웠다. 物部連들은 두려워
도망하였다. 근근히 생명을 보존하여 汶慕羅[蟾津江口 밖의 섬]에
도망하였다.14)

2. 繼體天皇 23년 춘 3월 백제왕이 下哆唎國守 穗積押山臣에 "조공하러
   가는 사자들이 항상 섬의 돌출부를 피할 때마다 매양 풍파에 시달립
   니다. 이로 인하여 가지고 가는 것을 적시고 망가지게 합니다. 그러니
   加羅의 多沙津을 臣이 조공하는 걸로 하겠습니다"라고 하였다. 이를
   押山神이 전하여 奏하였다.15)

사료 A-1은 백제와 대가야 사이에 있었던 일련의 영역다툼 및 대가야의
세력권 정비를 보여주는 사건의 전말을 요약한 내용이다. 여기서 物部連
일행은 한반도, 그 중에서도 백제와의 교역을 갈망하여 백제에 의해
조종되는 일본열도의 한 세력으로 파악된다. 특히 주목되는 것은 帶沙津(河
東)의 기능과 성격에 대한 것이다. 사료 A-2의 加羅 多沙津을 둘러싼 영유권
분쟁에서 백제왕과 가라(대가야)왕의 대화를 통해 확인할 수 있듯이 帶沙津
즉 하동은 전통적으로 가야와 왜 간에 교역을 하던 곳으로, 항해를 통한

---

14) 『日本書紀』 권17, 繼體天皇 9년 春2월, "甲戌朔 丁丑 百濟使者 文貴將軍等請罷
    仍勅副物部連 闕名 遣罷歸之 是月 到于沙都嶋 傳聞伴跛人懷恨衒毒 恃强縱虐 故物部
    連率舟師五百 直詣帶沙江 文貴將軍自新羅去. 夏四月 物部連於帶沙江停住六日. 伴
    跛興師往伐. 逼脫衣裳劫掠所賚 盡燒帷幕 物部連等 怖畏逃遁 僅存身命 泊汶慕羅".
15) 『日本書紀』 권17, 繼體天皇 23년 春3월, "百濟王謂下哆唎國守穗積押山臣曰 夫朝貢使
    者恒避嶋曲 每苦風波 因妓濕所賚 全壞無色 請以加羅·多沙津爲臣朝貢津路 是以
    押山臣爲請聞奏".

對倭貿易을 위해 대단히 중요한 良港이었음을 알 수 있다.16)

김해와 하동의 항구로서의 중요성은 5세기 후반 무렵 加羅王 荷知가 독자적으로 대중교역을 성사시킨 사실17)에서도 짐작할 수 있다.『南齊書』에 의하면 建元 元年(479)에 국왕 하지의 사신이 와서 공물을 바쳤다고 한다.18) 그 당시 한반도 남부와 중국대륙간의 항로는 아직 南路는 이용되지 못하고, 北路 즉 경기·황해도 지방의 해안에서 북상하여 遼東沿海路를 이용하거나 황해를 횡단하여 山東지역으로 들어가는 항로가 보편적이었다 한다. 따라서 하지의 사신단도 일단 남해안으로 나와 연안 항해를 하여 한반도 중부 해안까지 올라가서 황해를 횡단하였을 것이다. 미루어 본다면 고령세력은 낙동강을 따라서 항해하여 그 하구인 김해지역으로 나온 뒤 연안 항해를 하든지, 아니면 육로로 섬진강구인 하동까지 가서 항해를 해야 했다.19)

한편 가야의 내륙 산간 지방은 상당히 두터운 농경문화 전통을 지닌 것으로 알려져 있다. 이 지역의 농업 입지조건이 매우 양호했음은『택리지』에 다음과 같이 전한다.

> B. 慶尙右道는 땅이 비옥하며 특히 伽倻川 유역의 성주·고령·합천과 지리산 동쪽의 진주 등은 한반도 안에서 가장 비옥한 땅으로서 단위면적당 수확량이 가장 높으며 농업용수가 풍부해서 旱災를 겪지 않는다.

---

16) 김태식, 「5세기 후반 대가야의 발전에 대한 연구」,『韓國史論』12, 1985, 95~99쪽.
17) 김태식은 加羅王 荷知가 독자적으로 대중교역을 성사시킨 사실을 두고 이미 그 지역에 상당한 지배세력이 존재한 근거로 파악하였다. 또 고령 지산동 고분군에는 거대한 지배집단을 상정할 만한 고분유적이 발굴됨으로 인해 가라왕 하지를 대가야왕으로 보았다(위 논문, 67~68쪽).
18)『南齊書』권58, 東南夷傳 加羅國.
19) 김태식, 앞 논문, 1985, 68쪽.

또한 安陰·居昌·咸陽·山陰 등도 상당히 비옥하다.[20]

조선후기의 상황이긴 하나 토지 비옥도 면에서 본다면 慶尙右道, 그
중에서도 내륙 산간 지방에 대한 언급은 장황한 반면, 평야가 넓은 경남
해안지대는 언급이 없어 주목된다.[21] 수리제어기술이 미흡하여 산간지류
를 이용해 농경을 하는 고대인들에게는 오히려 내륙 산간 지대가 최적의
농업 입지조건을 갖춘 셈이라 하겠다.[22]

이 밖에도 남해안은 풍부한 해산물을 공급하기에 이상적인 多島海狀을
이루고 있었다. 그리하여 경남 해안지역의 가야 諸國은 중요한 일용물인
소금과 해산물을 내륙지방에 위치한 가야의 농산물과 교환하는 물물교환
경제구조를 형성하게 되었다.[23] 당시 소금과 해산물은 가야 내륙인의
기본 식생활에 중요한 역할을 했을 것이다.

이상에서 살펴본 바와 같이 가야 諸國은 경상 내륙 산간지방의 농경기반
과 경남 해안지대의 海運 및 소금을 비롯한 풍부한 해산물, 해안과 내륙에
걸친 철생산 등을 배경으로 하여 성장했음을 알 수 있다.

신라는 진흥왕대에 이르러 낙동강 유역을 송두리째 차지함으로써 이
지역의 경제적·지리적 이점을 누릴 수 있게 되었고, 거의 동시에 소백산맥
을 넘어 오늘날의 충청북도와 강원도 지방으로 진출해 한강 유역 전체를

---

20) 『擇里志』卜居總論 生利 및 山水, 八道總論 慶尙道.
21) 김해 지역은 현재 영남 유수의 삼각주 평야지대이지만, 삼한시대만 해도 저습지
   혹은 해안지대로서 농경지 용도로는 부적합했음이 지형조사를 통해 입증되었다
   (이기동, 앞 논문, 1991, 212쪽).
22) 김태식, 앞 논문, 1986, 13쪽 참고.
23) 1970년대까지도 지리산의 山中고개인 장터목과 화개장터에서 해안지방의 소금과
   내륙지방 농산물의 물물교환시장이 열리고 있음은 유명하며, 이 전통은 수백
   년 되었다고 한다(문경현, 앞 논문, 1973, 45쪽).

확보함으로써 삼국통일의 유리한 고지를 마련하였다. 한강 유역의 지리적
의미는 다음 기록에서 충분히 인지할 수 있을 것이다.

> C. 이 河南의 땅은 北은 漢水를 띠고, 東은 高岳을 의지하였으며, 南은
> 沃澤을 바라보고, 西로는 河를 격하였으니, 그 天險地利가 얻기 어려운
> 地勢라 여기에 도읍을 이루는 것이 좋겠습니다.[24]

사료 C는 주몽의 두 아들인 비류와 온조가 南行하여 漢山에 이르러
負兒嶽(三角山)에 올라 살 만한 곳을 찾던 중, 수행한 十臣이 하남 위례성에
도읍 정하기를 간언한 내용이다. 여기서 한강 유역의 지리적 특성을
파악할 수 있다. 한강 유역은 한반도의 중심부를 차지하고 있으면서
천연의 교통수단을 제공함[25]과 동시에 유사시에는 要塞가 될 수 있는
전략상의 요충지로서 천혜의 방어조건을 갖추고 있었다.[26] 또한 넓고
기름진 들과 수량이 풍부한 하천을 지니고 있어 일찍부터 농경이 발달할
소지가 있었다.[27] 그리하여 백제 초기시대부터 한강 유역의 충적평야에

---

24) 『삼국사기』 권23, 「백제본기」 1, 온조왕 원년, "惟此河南之地 北帶漢水 東據高岳
南望沃澤 西阻大海 其天險地利 難得之勢 作都於斯 不亦宜乎".
25) 『태조실록』 권6, 태조 3년 갑술 8월, "竊觀漢陽表裏 山河形勢之勝 自古所稱 四方道里
之均 舟車所通 定都于玆以永于後 允合天人之意".
26) 무기의 발달수준이 낮던 당시에 이러한 자연지리적 조건은 전쟁에서 매우
중요한 의미를 지닌다(『조선전사』 3, 51쪽 참고).
27) 「광개토왕릉비」에 의하면 광개토왕은 즉위년(391)과 6년(396) 두 차례에 걸쳐
백제를 대대적으로 공격하였다. 이때 예성강·임진강 이남의 경기평야와 충청도
서부해안의 농경지대에 걸치는 700村을 점유함으로써 고구려는 안정된 농경생활
지대를 확보할 수 있었다. 이러한 정황으로 미루어 볼 때 고구려 南進의 첫째
목표는 농경지 획득이 아니었나 한다(박성봉, 「廣開土好太王期 고구려 南進의
성격」, 『한국사연구』 27, 1979, 20쪽 참고). 고구려 지배층의 농경지에 대한 욕구는
그 뒤에도 계속되어 장수왕대에 평양천도라는 남진정책으로 나타났다. 한강

대한 국가차원의 권농책이 마련되어 왔으며,[28] 기후와 취락조건이 유리하여 선사시대 이래 인간의 집단 거주지역으로 알려져 왔다.[29] 이 같은 사실은 농경의 광범한 보급과 취락생활을 상징하는 철기문화의 발달을 통해서도 확인할 수 있다.

경기도 楊平郡 大心里 유적에서 출토된 鐵斧, 鐵刀子, 호미片, 鐵鏃 등 다량의 철기와 함께 鑄鐵을 한 증거라든지[30] 경기도 加平郡 馬場里 집자리에서의 銑鐵 생산흔적[31] 등은 기원을 전후한 시기부터[32] 한강 하류지역의

유역의 비옥한 토양은 조선시대 지리서에까지 기록되었다(『擇里志』 卜居總論 生利, "우리나라에서 가장 비옥한 곳은 전라도의 남원·구례, 경상도의 성주·진주 등지이다. (중략) 그 외 차령 이북으로부터 한강 이남의 땅이 역시 기름진 땅이다").

28) 1. 溫祚王 14년 2월, "王巡撫部落 勤務農事".

　　2. 溫祚王 38년 3월, "發使勸農桑".

　　3. 多婁王 6년 2월, "下令國南州郡 始作稻田".

　　4. 己婁王 40년 7월, "命有司 補水堨之田".

　　(以上 1~4 『삼국사기』 권23, 백제본기 2).

　　5. 仇首王 9년 2월 "命有司修堤防".

　　6. 仇首王 9년 3월 "下令勸農事".

　　7. 古爾王 9년 2월 "命國人開稻田於南澤".

　　(以上 5~7 『삼국사기』 권24, 백제본기 2).

이상의 기록에 의하면 마치 백제 초기시대부터 벼농사가 성행한 듯이 보인다. 그러나 稻(米) 출토 유적연구에 의하면 지역과 시대를 불문하고 稻(米)만 검출되는 예는 적으며, 田作物과 수반되는 것이 보편적이다. 이를 뒷받침하는 근거는 문헌기록에도 보인다. 『삼국사기』에는 米·稻作 관련 기사 못지않게 보리·콩·栗 등의 田作物 기사가 많고, 기근시 民에 방출하는 官給穀量이 栗이었던 점, 신라인의 主食은 麥이라는 점 등이 그러하다. 이러한 고고·문헌자료들을 통해서 볼 때 한반도의 선사 및 고대농업은 田作 우세 내지는 田作과 水田稻作의 혼합 형태였음을 알 수 있다(곽종철, 「한국과 일본의 고대농업기술」, 『한국고대사논총』 4, 1992, 63쪽 및 65쪽 참고).

29) 『新增東國輿地勝覽』 권1, 京都 上.

30) 金元龍 외, 「楊平郡 大心里 유적발굴보고」, 『八堂·昭陽댐 수몰지구 유적 발굴 종합조사보고』, 1974, 224~226쪽.

31) 金元龍, 「加平馬場里冶鐵住居址」, 『역사학보』 50·51합집, 1971, 115쪽 및 129~130

철생산이 비교적 높은 수준이었음을 보여준다.[33] 그리고 대심리에서는 磨製石鏃 이외에 礫石器가 다량 쓰이고 있었고, 마장리에서는 磨製石鏃과 半月形石刀가 남아 있었다. 이 같은 사실로 미루어 볼 때, 이들은 모두 철을 찾아 한강으로 올라간 서해안의 주민이었을 것으로 생각된다. 그러나 新工人團을 뒷받침해 준 것은 이 시기에 본격화한 농경민의 활동이었을 것이며, 관련 유적들이 江畔의 넓은 경작지대에 남아 있는 것은 당연히 그러한 경제적 이유 때문이었을 것이다. 따라서 초기 철기시대 한강하류의 충적평야는 본격적으로 農耕民化한 주민들의 활동무대였음이 틀림없다.[34]

신라의 한강 유역 지배는 평야로부터의 경제적 이득과 함께 막대한 철자원의 확보를 가능하게 하였다. 진흥왕 12년(553)에 장악한 충주는 주변의 부곡, 제천, 청풍 등지와 함께 예로부터 중요한 철산지였다. 고려시대에는 이곳에 다인 철소가 있었고, 15세기에도 철장이 설치되어 있었다.[35] 신라는 계속해서 충북의 沃川, 木川, 懷仁, 報恩 및 경기도 抱川 등 백제 지배하의 철산지를 장악해 나감에 따라 국력을 축적할 수 있었다. 반면에 이 지역을 상실한 백제는 철자원과 더불어 철광 부근의 농지

쪽.

32) 근래에 4~5세기의 것으로 수정된 견해가 있다.

33) 한강 유역은 일찍이 중국 역대왕조의 전초기지였던 낙랑·대방군이 설치된 지역이었다. 따라서 이 일대는 그 영향으로 인해 비교적 높은 수준의 생산기술을 지녔을 가능성이 있다(方東仁, 「삼국시대의 서울」, 『서울 600년사』 제1권, 서울특별시사 편찬위원회, 1977, 93~94쪽).

34) 金元龍, 「백제건국지로서의 한강 하류지역」, 『백제문화』 7·8합집, 1975, 34~35쪽.

35) 고대에는 교통이 편리한 지역에서 양질의 노천광맥만 발견해 채굴했다 한다. 그러므로 육로와 수로를 함께 이어주는 교통의 요지 충주는 철산지 및 공급지로서 최적의 입지요건을 갖추었다 하겠다(이도학, 「고구려의 낙동강유역 진출과 신라·가야경영」, 『국학연구』 2집, 1988, 102쪽).

상실에서 오는 농업경제력의 축소로 말미암아 크나큰 타격을 입었다.

신라의 한강 유역 점유의 또 다른 의미는 바다를 통한 對中통로를 확보한 데 있었다. 對中國外交에서 신라는 삼국 중 가장 뒤졌으나 진흥왕 14년(553)에 한강 유역을 독점함으로써 중국과 직접 교섭을 할 수 있게 되었다. 신라의 삼국통일이 외교정책에 크게 힘입었던 점을 감안할 때 한강 유역의 점령이야말로 통일사업의 중요한 밑거름이 되었다고 하겠다.

신라의 대중교섭 海路는 울산항을[36] 출발하여 한려수도를 거쳐 흑산도 부근에서 서남행한 후 揚子江口의 국제항인 揚州와 明州에 도착하는 항로가 있고, 아산 부근의 남양만에서[37] 현재의 경기도 서해안 북쪽을 따라 德積島, 長山串을 거쳐 大同江口인 椒島에서 遼東半島의 서쪽 끝인 旅順으로 향하고 거기서 廟島列島를 지나 山東半島의 登州에 상륙하여 육로로 長安 및 洛陽으로 가는 또 하나의 항로가 있었다. 첫째 항로는 사료 D에서 보는 바와 같이 이미 통일기 이전에 신라가 남조 및 당을 내왕할 때 이용한 코스이기도 하다.

D-1. 배를 타고 금릉에 이르렀다.[38]

---

36) 신라는 한강 유역 점령 이후 백제와의 관계가 극도로 악화되었다. 이로 인해 한반도 서남해안을 자유로이 드나들지 못하고 한려수도를 回航해야 하는 어려움을 겪었다. 한강 유역의 대체지로 울산(항)이 부각된 것은 이 무렵이었다. 울산은 경주의 산업심장으로서, 서울에 물자를 공급하고 또 이곳 물자를 중국으로 수송하는 데 유리하여 국제항으로서의 가치가 있었다(이용범, 「처용설화의 일고찰」, 『진단학보』 32, 1969, 26쪽 참고).

37) 중국을 향한 출항지로서 북방세력의 침투 및 범람의 위험이 큰 한강 하구 내지 간만의 차가 극심한 인천 부근보다는 비교적 경사가 완만한 남양만을 택했던 것으로 보인다(신형식, 「한국고대에 있어서 한강 유역의 정치·군사적 성격」, 앞 책, 1984, 264~265쪽).

38) 『속고승전』 권13, 圓光法師의 入唐, "乘船造于金陵".

2. 永徽 초년에 마침 당나라의 사신으로 본국에 돌아가는 사람이 있었으므로 그 배에 실리어 중국으로 들어갔다. 처음에 揚州에 머물렀더니 ……39)

3. 奈勿王 7世孫 이찬 冬台의 아들인 大世와 그의 벗인 仇柒은 바다를 건너 吳·越에 雄飛하겠다고 南海에서 배를 타고 떠났는데 그 행방을 알지 못한다.40)

4. 隋가 陳을 平定하였다. (중국의) 戰船 一隻이 耽牟羅國(제주도)에 표류해 왔다. 그 배가 (自國으로) 돌아가려고 國界를 經過하매, 왕이 매우 厚히 資送하고 아울러 사신과 글월을 (隋에) 보내어 陳을 평정한 것을 치하하였다.41)

사료 D-1에 의하면 圓光은 船便으로 金陵(現 南京)에 直航한 것으로 되어 있다. 그러나 그리하려면 백제가 남조와의 교섭에 이용한 항로, 즉 흑산도 부근에서 揚子江口를 直航하여 당시의 국제항인 揚州·明州에 상륙한 뒤 다시 金陵으로 가야 했을 것이다. 사료 D-2에서 義湘의 入唐時 '初止揚州'했다는 것은 바로 이 항로를 이용한 때문으로 여겨진다. 그리고 사료 D-3의 내용상 6세기 말경에는 남해안에서 동지나해를 斜斷하여 중국 明州에 이르는 항로가 개척된 듯하다.42) 사료 D-4에서 위덕왕 36년 (589)에 중국 전선 1척이 탐라에 표류해 왔다는 것은 근해에 海路가 있음을 말해 준다.43)

---

39) 『삼국유사』 권4, 義解5, 義湘傳敎, "永徽初 會唐使舡有西還者 寓載入中國 初止揚州 ……".

40) 『삼국사기』 권4, 진평왕 9년 추7월.

41) 『삼국사기』 권27, 「백제본기」5 위덕왕 36년, "隋平陳 有一戰船漂至耽牟羅國 其船得還 經于國界 王資送之甚厚 幷遣使奉表賀平陳".

42) 손태현·이영택, 「遣使航運시대에 관한 연구」, 『한국해양대학논문집』 16, 1981, 27쪽.

그러나 흑산도 부근에서 양자강구로 향하는 이 항로, 이른바 東中國海斜
斷航路는 중국 내왕의 주된 항로였다고 할 수 없을 것이다. 사료 D-3에서
大世와 仇柒이 "自南海乘舟而去 後不知其所往"이라 하여 익사한 것으로
보여지는 점, 9세기 들어 장보고의 거점인 청해진이 한반도 최남단에
위치하고, 그의 중국 근거지가 山東과 江蘇 지방에 걸쳐 있어 직접 내왕할
수 있음에도 불구하고, 그의 무역선은 반드시 서해 연안을 북상한 뒤
황해를 횡단하여 산동에 이르고, 거기서 중국연안을 따라 강소 지방에
이르는 코스를 내왕한44) 사실 등으로 미루어 볼 때 東中國海斜斷航路는
고대에는 그다지 이용되지 못한 것으로 보인다.45)

대중교섭에서 신라가 일반적으로 이용한 항로는 후자였다. 수·당에
의해 통일되어 정치·경제·문화의 중심지가 長安으로 옮겨진 이후에 신라
는 후자 즉 老鐵山水道經由沿岸航路를 이용하여 登州에 상륙한 후 다시
육로로 長安과 洛陽으로 들어갔으나, 진흥왕 이후에 계속된 고구려 측의

---

43) 손태현·이영택, 위 논문, 7쪽.
44) 김재근, 「한국·중국·일본 古代의 船舶과 航海術」, 『진단학보』 68, 1989, 194쪽.
45) 이 같은 사실을 뒷받침해 주는 또 하나의 근거로 들 수 있는 것이 일본의 경우이다.
   7세기 일본의 遣隋·遣唐사절단은 통상 중국으로 가는 도중 한반도 연안을 따라
   갔으므로 대부분 한반도 땅이 보이는 범주에서 항해가 이루어졌다고 한다. 그러나
   당시 일본과 적대관계에 있던 신라가 삼국을 통일하자 일본 선단은 이 코스를
   피해 북큐슈로부터 직접 대양을 향해 서쪽으로 위험한 항해를 감행했다. 그런데
   배가 한반도에 표류하는 경우가 많았다는 사실은 이 점과 관련하여 시사하는
   바 크다(E.O. 라이샤워 저, 조성을 역, 『중국 중세사회로의 여행』, 한울, 1991,
   66쪽).
   한반도 서남해에서 이 항로가 활발하게 이용되기 시작한 것은 고려왕조에 이르러
   서였다. 이에 대해서는 徐兢의 『高麗圖經』에 상세히 설명되어 있다. 서긍 일행은
   5월 28일 江南의 明州(寧波)를 출발하여 3일 후인 6월 1일에 夾界山("華夷以此爲界
   限")을 통과하고 6월 3일에 黑山島에 도착했다고 한다(『高麗圖經』 권35, 海道2,
   夾界山).

방해로 인해 안전한 연안항로를 따를 수 없는 형편에 처하였다. 따라서 위험을 무릅쓰고라도 황해횡단항로를 이용하지 않을 수 없었다. 南陽灣에서 德物島(덕적도)를 거쳐 고구려의 해안을 최소한으로 이용하면서 황해도 西端(백령도 근해)에서 山東半島 東端을 횡단하는 赤山航路는 기존의 항로보다 절반이나 단축된 것으로,[46] 일찍이 백제에 의해 개척된 노선이었다.[47]

　신라는 黨項城을 확보하면서 백제가 개척한 赤山航路를 독점하고 신라의 공식적인 對中通路로 더욱 발전시켜 나갔다.[48] 그 결과 구법승과 사절의 왕래가 빈번해짐으로써 삼국 중 對隋·唐 접근이 가장 밀접해졌던 것이다. 6세기말 경에 이르러 신라가 적산항로를 지배한 사실은 7세기에 들어와

---

46) 圓仁의 『入唐求法巡禮行記』(上海古籍出版社, 1986)에 의하면 9월 2일 정오에 登州를 출발하여 4일 아침 熊州 해안에 도착했다고 되어 있다. "(大中 元年) 九月二日 午時 從赤浦渡海 出赤山莫哪口 向正東行一日一夜 至三日平明 向東望見新羅國西面 之山. 風變正北 側帆向東南行一日一夜 至四日曉 向東見山島段段而接連. 問梢工等 乃云 ……[是新羅國西熊州西界]. 本是百濟國之地".

47) 백제는 南遷 이후에도 독자적인 해상로 없이 기존의 '노철산수도경유연안항로'를 이용함으로써 부단히 고구려의 저지에 부딪치게 되었다(『삼국사기』 권26, 문주왕 2년 3월 및 동성왕 6년 7월). 따라서 백제는 독자항로의 개척이 절실하였다. 백제가 어느 정도 황해횡단항로를 개척한 사실은 첫째 동성왕·무령왕·성왕대에 南齊 및 梁과의 통교가 활발했던 점(신형식, 앞 책, 1981, 137쪽), 둘째 빈번한 隋·唐使의 파견과 아울러 수의 사신인 裴淸이 백제의 남로를 이용해 倭에 건너간 사실(『삼국사기』 권27, 무왕 9년 3월), 셋째 문주왕·동성왕대 고구려의 방해사건 이후 무왕 27년(626)의 對隋항로 차단에 이르기까지 50여 년간 고구려에 의한 서해항로 이용에 대한 저지 기록이 없다는 사실(신형식, 앞 논문, 1992, 20쪽) 등에서 추정해 볼 수 있다.

48) 당항성을 출항지로 이용하는 교통로 역시 일정한 한계가 있었다. 경주에서 남양만의 唐恩浦까지는 추풍령을 넘어야 하는, 그 당시의 里數로 西北 700리의 육로를 거쳐야 했다(『新唐書』 권43下, 地理志에 실려 있는 買耽의 道里記 참고). 적지 않은 國信物을 가진 사신단에게 육로는 船便에 비해 안전과 수송면에서 매우 부담이 되었을 것이다(이용범, 앞 논문, 1981, 25쪽).

일본의 견수사·견당사 및 학문승의 중국왕래가 전적으로 신라에 의존한
상태에서 이루어진 사실에서도 알 수 있다.[49]

2) 외교부서의 정비

6세기말~7세기초 중국에 隋·唐의 통일제국이 등장하였다. 국제환경의
변화로 엄청난 압력을 받게 된 고구려는 신라에 대한 공격을 늦출 수밖에
없었고, 이 기회에 진평왕은 즉위 초반의 관제정비를 바탕으로 왕권을
강화해 나갔다. 신라의 관제는 법흥왕 3·4년(516·517)경 兵部가 설치된
이래 진흥왕 5년(544)에 司正府, 진흥왕 26년(565)에 稟主가 설치되었다.
병부 설치는 지증왕대 이후 신라의 영역확대와 그에 따른 군사적 수요에
대응하기 위함이었고, 사정부는 귀족세력의 견제 및 관리의 규찰을 위한
것으로 왕권 강화와 궤를 같이한다. 그리고 품주는 부족연맹시대의 왕의
家臣에서 계통을 이은 것으로 추정된다. 이러한 연유로 품주는 왕정의
기밀에 참여하고 국가재정을 分掌하였다. 이후 진평왕 6년(584)에 調府가
설치되어 貢賦를 맡게 되자 품주는 재물의 지출을 담당했다. 재물의 지출은

---

49) ①『日本書紀』권23, 舒明天皇 11年(639) 秋九月, "大唐學問僧惠隱 惠雲 從新羅送使入
   京".
   ② 同 12年(640) 冬十月 乙丑朔乙亥, "大唐學問僧淸安 學生高向漢人玄理傳新羅而至
   之".
   ③『日本書紀』권25, 孝德天皇, 白雉五年(654) 二月, "遣大唐押使大錦上高向史玄里
   大使小錦下河邊臣麻呂 副 使大山下藥師惠日 判官大乙上書直麻呂 宮首阿彌陀
   小乙上崗君宜 置始連大伯 小乙下中臣間人連老 田邊史鳥等 分乘二船 留連數月
   取新羅道泊于萊州 遂到 于京奉觀天子".
   ④『日本書紀』권26, 齊明天皇 3年(657), "使使於新羅曰 欲將沙門智達 間人連御廐
   依網連稚子等 付汝國使令送到大唐 新羅不肯聽送 由是沙門智達等還歸".
   ⑤ 同 4年(658) 七月, "沙門智通 智達 奉勅乘新羅船往大唐國 受無性衆生義於玄裝法
   師所".

귀족 간의 재물 분배를 말해 주는 것이며 분배 대상물은 국가의 공적인 수취물로서, 분배권은 왕의 지휘하에 놓여 있었다. 따라서 품주 역시 왕권과 밀접한 관계를 유지할 수밖에 없었다.[50]

신라의 일급 중앙행정관서의 정비는 진평왕대에 이루어졌다. 진평왕 초반에 인사를 담당하는 位和府(581), 貢賦를 맡는 調府(584), 의례 및 외교·교육을 담당하는 禮部(586) 등이 창설되어 官制 발달사상 새로운 전기를 맞게 되었다. 580년대의 관제 조직상의 특징은 새로운 官府의 창설뿐만 아니라 각 관청간의 분업체제가 확립되고, 소속 직원의 조직화 경향이 뚜렷하게 보이므로 일종의 질적 전환이 이루어진 것으로 파악된다.[51] 이러한 추세에 힘입어 외교업무를 위한 일련의 체제정비도 이루어졌다. 법흥왕·진흥왕대의 정복사업으로 인해 막대한 자원과 대중통로를 확보한 진평왕은[52] 주변국의 도전과 급변하는 중원의 환경에 대처하기 위해 외교업무와 관련된 부서를 꾸준히 조직하고 정비해 나갔다. 이 시기는 관제정비와 왕권의 전제화를 배경으로 복잡한 국제정세에 대응해 나갈 만한 시대적 역량을 이미 갖추고 있었다. 진평왕 때 정비된 외교부서를 보면 일종의 전문성을 띠고 있음을 알 수 있다. 공식 또는 비공식으로 외교업무와 관련된 부서 및 제도를 살펴보면 다음과 같다.

---

50) 이기동, 「삼국의 항쟁과 귀족국가의 변천」, 『한국사강좌』 고대편, 일조각, 1982, 186쪽 ; 신형식, 「신라의 통치구조」, 『신라사』, 이화여대 출판부, 1985, 127~128쪽 ; 이인철, 「신라 중앙행정관부의 조직과 운영」, 『신라정치제도사연구』, 일지사, 1993, 30쪽.

51) 이기동, 「신라 中代의 관료제와 골품제」, 『신라 골품제사회와 화랑도』, 국학연구원, 1980, 122~123쪽 주16) ; 1994, 『신라 골품제사회와 화랑도』, 일조각, 121~122쪽.

52) 이 문제와 관련해 진평왕 44년의 內省 설치는 대단히 상징적이라 하겠다. 전쟁을 통해 더욱 늘어난 왕실의 재물과 田莊·奴婢 등을 관장하기 위해 설치된 내성은 왕권의 전제화와 더불어 이를 뒷받침하는 경제적 기반이었다고 생각된다.

먼저 진평왕 5년(583)에 船艦을 관장하는 船府署를 설치한 것은 전쟁 및 교역에 대비한 것으로 신라의 적극적인 해상활동을 암시해 준다. 『삼국사기』에는 진평왕 7년과 11년의 구법활동을 필두로 진평왕 15년 이후 중국과 교섭이 빈번해져 감을 볼 수 있다. 이때를 전후해 축성과 함께 고구려·백제 양국과의 전쟁기사가 자주 눈에 띄는 것은 교역과 함께 표리를 이룬다 하겠다.

진평왕 8년(586)에 창설된 禮部는 의례와 교육, 외교업무를 관장했다.[53] 왕 13년(591)에는 예부에서 領客府가 분리·설치되어 외빈접대의 일을 맡게 되었다. 589년에 陳이 망하고 隋가 천하를 통일하자 이에 대비하기 위한 것으로 신라와 수나라 간에 본격적인 외교채널이 가동되었음을 말해 준다. 영객부는 원래 倭典으로 진평왕 43년(621)에 領客典으로 개칭했으나 후에 다시 倭典을 설치했다는 기록으로 보아[54] 진평왕 43년 이후의 영객전은 진평왕 43년 7월부터 시작된 당과의 빈번한 교섭에서 인지할 수 있듯이, 당 제국을 염두에 두고 새로이 편성된 관부가 아닌가 한다.

다음으로 正使·副使제도의 시행을 들 수 있다. 정·부사제도는 수나라에 2인의 朝聘使를 파견한 점, 전자가 후자보다 관등이 높게 나타난 점[55]으로 미루어 짐작할 수 있다. 진평왕대에 시행된 정·부사제도가 始原이었다. 신라 외교의 성장은 진덕왕대에 진일보하여 문무왕 때부터 조공사의 제도적 모색이 진전되어 갔으며 드디어 통일기 성덕왕 이후 제도의 완비를

---

53) 이병도, 『국역 삼국사기』, 1977, 578쪽 ; 이기동, 앞 논문, 1980, 122쪽.

54) 『삼국사기』 권38, 職官志 上.

55) 『삼국사기』 권4, 진평왕 22년, "高僧圓光隋朝聘使奈麻(11位)諸文·大舍(12位)橫川 還". 同26년 "秋7월, 遣使大奈麻(10位)萬世·惠文等 朝隋". 奈麻는 신라 초기의 경우 변방에 설치되는 예가 많았다. 그런 까닭에 내마는 군사·외교업무를 수행한 지방관의 중심관등이 되었으며, 이와 같은 성격이 후대에도 그대로 이어져 조빙사 역할을 하게 된 것이 아닌가 한다.

보게 되었다.56) 한편『일본서기』에도 7세기에 접어들면서 大使와 小使·副使라는 외교전담 직책이 등장하여 정착되어 감을 볼 수 있다. 내용을 소개하면 다음과 같다.

E-1. 推古天皇 16년(608) 9월 辛未朔 乙亥, 사신들에게 難波의 大郡에서 향응하였다. 辛巳, 唐의 사신 裵世淸등이 일을 마치고 돌아갔다. 또 다시 小野妹子臣을 大使로 하였다. 吉士雄成을 小使로 하였다. 福利를 통역으로 하였다. 唐의 사신을 따라 보냈다.57)

2. 孝德天皇 白雉 4년(653) 夏5월 辛亥朔 壬戌, 大唐에 보낼 大使 小山上 吉士長丹, 副使 小乙上 吉士駒, 學問僧 道嚴 …… 學生 巨勢臣藥 …… 등 모두 121인이 같이 한 배에 탔다. …… 다른 大使(제2조) 大山下 高田首根麻呂, 副使 小乙上 掃守連小麻呂, 學問僧 道福, 義向, 모두 120인이 같이 한 배에 탔다.58)

3. 孝德天皇 白雉 5년(654) 春2월, 大唐에 보낼 押使 大錦上 高向史玄理, 大使 小錦下河邊臣麻呂, 副使 大山下 藥師惠日, 判官 大乙上 書直麻呂·宮首阿彌陀 …… 등을 두 배에 分乘시켰다.59)

---

56) 신형식, 「통일신라의 대당관계」, 앞 책, 1984, 335~336쪽.

57) 『日本書紀』권22, 推古天皇 16年(608), "九月辛未朔乙亥 饗客等於難波大郡. 辛巳, 唐客裵世淸罷歸. 則復以小野妹子臣爲大使. 吉士雄成爲小使. 福利委通使. 副于唐客而遣之".

58) 『日本書紀』권25, 孝德天皇 白雉 4年(653), "夏五月辛亥朔壬戌 發遣大唐大使小山上吉士長丹 副使小乙上吉士駒. 學問僧道嚴 …… 幷一百二十一人 俱乘一船. …… 又大使大山下高田首根麻呂 副使小乙上掃守連小麻呂 學問僧道福·義向 幷一百二十人俱乘一船".

59) 『日本書紀』권25, 孝德天皇 白雉 5年(654), "春二月 遣大唐押使大錦上高向史玄理 大使小錦下河邊臣麻呂 副使大山下藥師惠日 判官大乙上書直麻呂·宮首阿彌陀 …… 分乘二船".

4. 同 秋7월 甲戌朔 丁酉, 西海使 吉士長丹 등이 백제, 신라의 送使와 같이 筑紫에 도착하였다. 이달, 西海使들이 唐國의 천자에 奉對하여 많은 문서, 보물을 얻은 것을 칭찬하여, 小山上 **大使** 吉士長丹에 小花下를 주었다. ……　小乙上 **副使** 吉士駒에 小山上을 주었다.[60]

5. 齊明天皇 元年(655) 이 해, 고구려, 백제, 신라가 아울러 사신을 보내 調를 바쳤다[百濟의 **大使** 西部達率 余宜受, **副使** 東部恩率調信 人　凡一百餘人].[61]

6. 齊明天皇 2년(656) 秋8月 癸巳朔 庚子, 고구려는 達沙 등을 보내 조를 바쳤다[**大使** 達沙, **副使** 伊利之　總八十一人].[62]

7. 齊明天皇 2년(656) 9월, 고구려에 보낼 **大使** 膳臣葉積, **副使** 坂合部連磐鍬, 大判官犬上君白麻呂, 中判官 河内書首, 小判官 大藏衣縫造麻呂들 이었다.[63]

8. 天智天皇 5年(666) 冬十月 甲午朔 己未, 고구려가 臣 乙相 奄鄒들을 보내 調를 올렸다[**大使**臣乙相奄鄒·**副使**達相遁·二位玄武若光等].[64]

---

60) 『日本書紀』 권25, 孝德天皇 白雉 5年(654), "秋七月甲戌朔丁酉, 褒美西海使等 奉大唐 國天子 多得文書寶物 授小山上**大使**吉士長丹 以小花下. …… 授小乙上**副使**吉士駒 以小山上".

61) 『日本書紀』 권26, 齊明天皇 元年(655), "是歲, 高麗·百濟·新羅 竝遣使進調[百濟**大使** 西部達率余宜受　**副使**東部恩率調信仁　凡一百餘人]".

62) 『日本書紀』 권26, 齊明天皇 2年(656), "秋八月癸巳朔庚子 高麗遣達沙等進調[**大使**達 沙, **副使**伊利之　總八十一人]".

63) 『日本書紀』 권26, 齊明天皇 2年(656), "九月 遣高麗**大使**膳臣葉積, **副使**坂合部連磐鍬, 大判官犬上君白麻呂, 中判官 河内書首, 小判官 大藏衣縫造麻呂".

64) 『日本書紀』 권27, 天智天皇 5年(666), "冬十月甲午朔己未 高麗遣臣乙相奄鄒等進調 [**大使**臣乙相俺鄒·**副使**達相遁·二位玄武若光等]".

9. 天武天皇 4年(676) 秋七月 癸卯朔 己酉, 小錦上 大伴連國麻呂를 大使로
하고, 小錦下 三宅吉士入石을 小使로 하여 신라에 보냈다.[65]

10. 天武天皇 5年(677) 冬十月 甲辰, 大乙上 物部連麻呂를 大使로 하고,
大乙中 山背直百足을 小使로 하여 신라에 보냈다(上同).[66]

사료 E에 나타난 일련의 기사를 종합해 보면 正使·副使제도는 신라뿐만
아니라 비슷한 시기에 고구려, 백제, 당, 일본 등 주변국에서도 시행되었음
을 알 수 있다. 5국 모두 2명의 조빙사를 파견한 것으로 짐작되며 전자의
관등이 후자보다 높았던 점에서 신라와 공통점을 지닌다고 하겠다.

외교사절 못지않게 중요한 것이 구법승의 존재이다. 대외교섭은 언어장
벽과 문화 차이를 극복해야 하고, 때로는 현지에서 當事國의 사정을 조사·
보고해야 하기 때문에 知見 높은 자들이 모종의 역할을 했으리라 생각된다.
이들은 사절단의 인원에는 공식적으로 포함되지 않으면서, 중요한 인물은
大使를 제외한 다른 고관에 비견되는 지위를 가지고 있었다.[67] 이러한
요건에 해당되는 자들이 구법승이었다. 신라 최초의 유학생이라고 할
수 있는 구법승은 국왕의 정치顧問 역할과 외교활동을 하였고, 불교수용을
현실적으로 인식시키고 파급시키는데 없어서는 안 될 조형물을 제작하기
도 했다. 그 과정에서 토목·건축·조형기술 등 중국의 선진기술을 수입하는
데 첨병 역할을 하였다.[68] 진평왕 때는 智明, 圓光, 曇育, 安含, 安弘, 圓測

---

65) 『日本書紀』 권29, 天武天皇 4年(676), "秋七月癸卯朔己酉 小錦上大伴連國麻呂爲大
使 小錦下三宅吉士入石爲副使 遣于新羅".

66) 『日本書紀』 권29, 天武天皇 5年(677) 冬十月 甲辰, "以大乙上物部連麻呂爲大使
大乙中山背直百足爲小使 遣於新羅 (上同)".

67) 라이샤워, 앞 책, 1991, 59쪽.

68) 이수훈, 「新羅僧官制의 성립과 기능」, 『釜大史學』 14집, 1990, 23~36쪽.

등 구법승이 중국을 빈번히 왕래한 시기로 安含과 같이 왕실에서 선발한
경우를[69] 제외하고는 나머지 모두 사절단에 공식 인원으로 포함되지
않으면서 사신 왕래시 동승한 점이 주목된다.

그리고 6~7세기에 걸쳐 內省에 수공업 관청이 설치되었다. 30여 개의
궁정수공업 관청은 주로 왕실귀족의 용품내지 진골귀족의 사여품, 대중국
교역품 등을 충당하기 위해 운영되었다. 그런데 6세기 중후반 이후 중국과
교역이 늘게 되면서 조공에 필요한 물품 충당이란 목적이 더 큰 비중을
차지하게 되었다. 이러한 의미에서 궁정수공업 관청은 대중교역과 밀접한
관계를 가진다 하겠다.

3. 對隋·唐교섭의 전개와 교역 내용

1) 對隋·唐교섭의 추진

고대 삼국의 대중교섭은 삼국 내부의 사회발전 과정과 밀접한 관계가
있다. 내물왕 22년(377)에 전진과 교섭한 것은[70] 고구려의 알선에 의한
것이긴 하나, 대내적으로 내물왕대 김씨 세습왕권의 확립이라는 신라왕권
성장의 대외적 표현이라 할 수 있다. 그리고 이러한 사실은 내물왕 26년
(381) 전진과의 2차 교섭에서도 잘 나타난다.

  F. (왕이) 衛頭를 보내어 (고구려 사절을 따라) 符秦(前秦)에 들어가 方物을
     전하매, 符堅(秦王)이 衛頭에게 묻기를 "그대의 말에 海東의 형편이
     옛날과 같지 않다고 하니 무엇을 말함이냐"라고 하거늘, 대답하되

---

69) 『海東高僧傳』 권2, 安含傳.
70) 『資治通鑑』 권104, 晋記, 列傳 上.

"이는 마치 중국의 時代變革·名號改易과 같은 것이니, 지금이 어찌 예(昔)와 같을 수 있으리오"라고 하였다.[71]

내물왕의 使者 衛頭와 前秦王 符堅간의 문답 중 "해동의 형편이 옛날과 같지 않다"고 말한 데 대해, "이는 마치 중국의 時代變革·名號改易과 같은 것이니 지금이 어찌 (옛날과) 같을 수 있겠느냐"고 답한 데에서 신라 사회 내부의 변화를 감지할 수 있을 것이다. 그러나 이후 신라는 지증왕대에 이르기까지 무려 120년간 중국과 교섭하지 못했다. 그것은 고구려의 적극적인 남진정책으로 말미암아 신라 사회가 크게 위축된 때문이 아닌가 한다.

신라가 중국의 南北朝와 교섭을 재개한 것은 지증왕과 법흥왕대에 이르러서였다. 지증왕대 2차에 걸친 北魏와의 교섭은[72] 국호제정과 중국식 왕호 사용, 지방제도의 정비와 같은 일련의 漢化政策으로 나타났고[73] 이러한 한화정책의 기조 위에서 법흥왕은 남조의 梁과 교섭을 시도하였다.[74] 그 결과 율령을 반포하고 연호를 사용하는 한편 불교를 공인하게

71) 『삼국사기』 권3, 내물왕 26년, "遣衛頭入符秦 貢方物 符堅問衛頭曰 卿言海東之事 與古不同 何耶 答曰 亦猶 中國時代變革·名號改易 今焉得同".
72) 『魏書』 권8, 帝紀8, 景明 3年 및 永平元年.
73) 지증왕대의 한화정책은 북위와의 교섭이라는 배경하에서 이해되어야 할 것이다 (서영수, 앞 논문, 1987, 135쪽). 당시의 북위는 20년에 걸쳐 진행되던 중국화가 완성·공인된 직후로서 그 중심인물은 孝文帝였다. 孝文帝 拓跋宏은 漢族의 문화적 영향을 깊이 받은 인물로, 봉건통치의 경험을 받아들이는 데 뛰어난 군주였다. 그는 민족모순, 拓跋 귀족집단 내부의 모순, 백성에 대한 조세와 역력의 불합리성 등 사회의 제반 모순을 해소하기 위한 일련의 개혁조치를 단행하였다. 그 중 하나가 洛陽遷都와 漢化政策이며, 漢化의 가장 중요한 조치들은 494~496년의 3년에 걸쳐서 반포되었다(룩 콴텐, 宋基中 역, 『遊牧民族帝國史』, 民音社, 1984, 36~38쪽 ; 徐連達 外, 중국사연구회 옮김, 『중국통사』, 청년사, 1989, 298~303쪽).
74) 『삼국사기』 권4, 법흥왕 8년, "遣使於梁貢方物" ; 『梁書』 권54, 列傳48, 東夷 新羅,

된 것이다.

신라가 본격적인 대중외교를 전개하기 시작한 것은 진흥왕대 후반에 이르러서였다. 지증왕과 법흥왕대에 정비된 국가체제를 바탕으로 진흥왕은 활발한 정복활동을 전개함으로써 바다를 통한 대중통로를 확보하는 데 성공하였다. 신라가 한강 유역을 온전히 장악한 것은 진흥왕 15년(554)의 일이었으나 10년이 지나도록 중국과 전혀 교류하지 못했다. 진흥왕 25년 (564)에 이르러서야 비로소 北齊에 사신을 파견한 것은, 그 사이에도 신라의 한강 유역 지배가 실제로 어려웠음을 시사한다.[75] 그러나 한편 고구려가 북제의 위협, 돌궐의 팽창으로 인해 국경지역의 긴장이 고조되었고, 고구려 내부의 계속되는 政亂으로 인해 곤경에 처하였다. 백제 또한 성왕의 敗死 이후 정치적 동요를 겪게 됨으로써 신라는 대중교섭을 주도해 나갈 수 있게 되었다.[76] 그리하여 진흥왕 33년에 또 한차례 사신을 북제에

"其國小 不能自通使聘 普通二年 王名募泰始使使隨百濟 奉獻方物".

『梁書』新羅傳은 중국 正史中 최초의 신라전이란 점에서 의의가 크다고 하겠는데, 이 시기 신라가 고대국가로 성장하여 중국과의 교섭이 활발해지면서 그 존재가 부각된 결과라고 본다. 사료에는 비록 '나라가 작아서 독자적으로 사신을 파견할 수 없기 때문에 백제 사신을 따라간 것'으로 되어 있으나, 6세기 초엽 신라의 국가적 성장이라든지 탁기탄·남가라·탁순 등 가야 南部諸國의 소멸과정에서 법흥왕이 보여준 고도의 외교전술을 상기한다면 『梁書』의 기록은 사실과 차이가 있을 것으로 여겨진다. 이에 관한 자세한 내용은 김태식, 「6세기 전반 伽倻 南部諸國의 소멸과정 고찰」, 『한국고대사연구』 1, 지식산업사, 1988 참고.

75) 신형식, 「삼국통일전후 신라의 대외관계」, 『신라문화』 2, 동국대학교 신라문화연구소, 1985, 9쪽.

76) 진흥왕 25년(564) 신라가 北齊에 조공하였고, 이에 응해 이듬해 북제는 진흥왕을 '使持節東夷校尉樂浪郡公新羅王'으로 책봉하였다(『삼국사기』 권4, 진흥왕 26년 및 『北齊書』 권7, 帝紀7, 武成帝 河淸 3년). '東夷校尉'라는 爵號와 직능은 중국왕조에 內附해 오는 동방의 諸집단을 綏撫하고 그들과의 교섭을 담당하는 것이 주 업무였다. 때로는 비상시에 夷族의 군대를 징발하거나 조공관계의 국가를 지원함으로써, 군현의 외곽에 있는 제집단을 統轄해 동방사회에 중국왕조의 지배력과 영향력

파견하는 한편 진흥왕 26년 9월에는 陳이 사신과 승려를 보내어 來聘하고
佛敎 經論을 전해 왔다.[77] 이를 기점으로 진흥왕 27년에서 32년에 걸쳐
南朝의 陳과도 통교하였다.[78] 陳은 남조의 마지막 왕조로 존속기간이
5대 33년밖에 안 되는(557~589) 단명한 왕조였고 판도도 양자강 이남의
일부 지역에 국한되어 남조의 여러 왕조 중 가장 좁았다. 그러나 남조의
황금문화가 고스란히 남아 있는 梁을[79] 이어받은 덕분에 문화 수준은
상당히 높았다. 그런 까닭에 신라의 對陳교섭은 진흥왕대를 비롯해 이후
진지왕 3년의 使行 기록과 진평왕대의 求法 기록[80]까지 포함하여『삼국사

유지를 도모하였다. 장수왕대 이래로 동북아지역의 패자인 고구려 왕에게 줄곧
이 칭호를 부여했으나, 565년에 이르러 신라왕에게 새로이 동이교위의 칭호를
봉한 사실은 북제의 海東 以東 지역에 대한 인식에 변화가 일어났음을 말해
준다 하겠다(노태돈,「5~6세기 東아시아의 국제정세와 고구려의 대외관계」,
『東方學志』44집, 1984, 52~53쪽). 한편 진흥왕의 책봉은 신라의 경우 중국과
맺은 최초의 것으로 그 칭호를 보면 신라왕권의 확립이 국제적으로 승인받게
된 계기가 되었다는 지적도 있다(坂元義種,『古代東アジアの日本と朝鮮』, 吉川弘文
館, 1981, 194쪽).

77)『삼국사기』권4, 진흥왕 26년 "陳遣使劉思與僧明觀 來聘 送釋氏經論千七百餘卷".
78) 신라가 진흥왕 30년에도 남조의 陳에 '遣使貢方物' 했는지 여부는『삼국사기』
해당 년조 기록의 누락으로 알 수 없으나, 同王 27년부터 32년 사이에 陳과
通交가 이루어진 사실로 미루어 왕 30년에도 陳과 교섭을 하였으리라 본다.
79) 문물의 발달에 있어서 南朝의 황금기였던 劉宋의 뒤를 이은 梁은 정치적으로는
이전과 같은 패기가 없었지만 아직 아시아세계의 문화 중심지다운 면모가 남아
있었다. 그런 까닭에 중앙아시아 및 동남아시아의 사신이 끊이지 않았던 것이며,
문화적으로 뒤처진 신라에서 본다면 별천지였다(이용범,「해외무역의 발전」,
『한국사』3, 국사편찬위원회, 1981, 504쪽).
80) 진평왕 7년에는 高僧 智明이, 11년에는 圓光法師가 陳에 가서 佛法을 구하였다(『삼국
사기』권4, 진평왕 7년, 11년). 구법승들의 중국행은 비록 公式使行은 아니나
그들의 왕래 방편이 모두 해로를 통하여 사신 왕래시에 동승했다는 점, 모두
6두품 이상의 귀족신분으로서 국왕의 정치고문 역할과 함께 국가의 외교활동을
한 점, 그리고 安含·慈藏과 같이 국가에서 공식적으로 구법승을 파견한 경우(『海東
高僧傳』권2, 安含傳 ;『삼국유사』권4, 義解 第5, 慈藏定律) 등을 고려해 볼 때

기』에 빈번히 나타났던 것이다. 이러한 사실은 신라 내부의 발전에[81] 수반되는 남북조와의 양면외교를 보여 주는 것으로, 후대 수·당을 상대로 하는 통일외교의 기반이 이 무렵에 형성된 것으로 보인다.[82]

진평왕대에는 왕위 계승이 빚은 혼란을 비롯하여 지배층 내부의 알력과 한강 유역을 중심으로 한 고구려·백제와의 영토 분쟁 등 복잡한 대내외의 상황 하에서 대중외교를 전개하였다. 이 무렵 중국 또한 남북조시대가 막을 내리고 강력한 통일제국이 등장하였다. 따라서 신라는 중국의 수·당 통일왕조를 대면하여 이전과는 다른 새로운 차원의 외교정책을 모색하지 않으면 안 되었다. 그리하여 외교전담 부서를 두게 되었는데, 이 점에 대해서는 앞서 살펴보았다.

진평왕대의 대중교섭은 초기에는 구법 기록 외에 공식사행의 기록은 보이지 않는다.[83] 그런데 왕 13년(591)에 외교를 전담하는 領客府가 설치됨으로써 隋나라와 본격적인 교섭이 이루어지게 되었다. 수와의 공식적인 통교 기록은 진평왕 16년(594)부터 나오며, 이후 진평왕 35년(613)까지

그들의 구법행은 公式 使行과 마찬가지로 간주해도 좋을 듯하다. 구법승에 관한 구체적인 내용은 권덕영, 「삼국시대 신라 求法僧의 활동과 역할」, 『淸溪史學』 4, 한국정신문화연구원, 1987 참고.

81) 대내 발전의 구체적 내용은 전제왕권의 수준으로 고양된 왕권 강화(이에 대해서는 이정숙, 「신라 진평왕대의 정치적 성격」, 『한국사연구』 52집, 1986 ; 김영하, 「신라 중고기 왕권의 발전과정」, 『삼국시대 왕의 통치형태연구』, 고려대학교 대학원 박사학위논문, 1988 참고)와 영토확장으로 인한 富의 증가 등을 들 수 있다. 그리고 이러한 대내적 상황이 국제관계에까지 영향을 미치게 되어 나타난 것이 진흥왕이 北齊로부터 받은 작호가 아닌가 한다. 주76) 참조.

82) 서영수, 앞 논문, 1981, 136쪽.

83) 『삼국사기』에 의하면 진흥왕 34년(573)에서 진평왕 15년(593)까지 20년간 한 차례의 對陳使行(진지왕 3년)을 제외하고는 신라의 공적인 외교활동이 보이지 않는다. 이 기간에 고구려·백제가 대중교섭을 활발하게 추진한 사실로 미루어 볼 때, 외교 부진의 원인은 신라의 內政에서 찾아야 하지 않을까 한다.

8회의 遣使와 1회의 來使가 있었다. 이러한 수와의 관계는 이후 신라의 대통합에 이르기까지 대당교섭에서 나타나는 국가 간 관계의 제양상을 모두 갖춘 것으로, 618년에 당이 건국하자 진평왕 43년(621)에 領客府를 領客典으로 재편하여 당과의 새로운 관계에 대비하였다. 그 결과 외교면에서 삼국 중 가장 부진했던 신라는 사신을 처음 파견한 621년부터 백제가 멸망한 668년에 이르기까지 무려 34회의 견당사를 파견할 수 있었으며, 같은 기간에 고구려가 25회, 백제가 22회에 걸쳐 대당사절을 파견한 사실은 이 점과 관련하여 시사하는 바 크다.

2) 교역 내용

이 시기 대외교역은 대외정책을 실현하는 중요한 수단의 하나로 이용되었다. 따라서 교역의 경제적 내용이 당사국의 정치와 유착되어 선명치 않은 것이 특징이다.[84] 교역 문제를 고찰하는 데에는 교환된 물품을 파악하는 것이 매우 중요하다고 생각되므로 신라와 중국 양국간 어떤 물품들이 오고 갔는지 살펴보기로 한다. 신라와 중국간 교역에 거래된 물품은 신라가 중국에 보낸 進獻品(方物)과 중국이 신라에 답례한 回謝品을 통해 추측할 수 있다.

G. 신라에 건너온 중국산 물품
a-1. 진흥왕 10년 봄에 梁이 사신과 (신라의) 留學僧 覺德을 시켜 佛舍利를

---

84) 이러한 사실은 朝貢의 실체에서도 잘 드러난다. 天子를 배알하는 것이 '朝'이며, 배알과 함께 方物을 進貢하는 것이 '貢'이다. 말하자면 조공은 外交와 貿易이 동시에 이루어졌던 것이다(이춘식, 「중국고대 朝貢의 실체와 성격」, 『고대한중관계사의 연구』, 삼지원, 1987, 14~17쪽).

보내니, 왕이 백관으로 하여금 興輪寺 앞길에서 이를 맞게 하였다.[85]

2. 진흥왕 26년 9월에 陳이 사신 劉思와 중 明觀을 보내어 來聘하고 불교의 經論 1,700여 권을 보내 왔다.[86]

3. 진흥왕 37년에 安弘法師가 隋나라에 들어가 胡僧 毗摩羅 등 두 승려로 더불어 돌아와 稜伽勝鬘經과 불사리를 바쳤다.[87]

b-1. 진평왕 43년 7월에 왕이 大唐에 사신을 보내어 方物을 조공하니, 唐 高祖가 친히 (遠路에 온 사신을) 위로하여 묻고, 通直散騎常侍 庚文素를 보내어 來聘할새 詔書와 그림병풍과 비단 삼백 필을 (신라왕에게) 주었다.[88]

2. 진평왕 54년 정월에 왕이 돌아가니 …… 당 태종이 詔書를 보내어 (진평왕에게) 左光祿大夫를 贈하고 비단 이백 필을 부의하였다.[89]

3. 진덕왕 8년 3월에 왕이 돌아가니 …… 당 고종이 喪事를 듣고 …… 大常丞 張文收로 節을 가지고 가서 弔祭케 하며 …… 綵段 삼백 필을 賜하였다.[90]

4. 唐 顯慶 五年 庚申(태종무열왕 7년, 660년)에 왕이 군사를 내어 唐將과 함께 백제를 침공했을 때 官昌으로 副將을 삼았다. ……

---

85) 『삼국사기』권4, 진흥왕 10년(549) 춘, "梁遣使與入學僧覺德 送佛舍利 王使百官 奉迎興輪寺前路".

86) 『삼국사기』권4, 진흥왕 26년(565) 9월, "陳遣使劉思與僧明觀 來聘 送釋氏經論千七 百餘卷".

87) 『삼국사기』권4, 진흥왕 37년(576), "安弘法師 入隋求法 與胡僧毗摩羅等二僧廻 上稜伽勝鬘經及佛舍利".

88) 『삼국사기』권4, 진평왕43년(621) 秋七月, "王遣使大唐朝貢方物 高祖親勞問之 遣通 直散騎常侍庚文素來聘 賜以璽書及畵屛風·錦綵三百段".

89) 『삼국사기』권4, 진평왕 54년(632) 春正月, "王薨 …… 唐太宗詔贈左光祿大夫 賻物段 二百".

90) 『삼국사기』권5, 진덕왕 8년(654) 春三月, "王薨 …… 唐高宗聞之 …… 使大常丞張文 收 持節弔祭之 …… 賜綵段三百".

大王이 관창에게 급찬의 직위를 추증하고 …… 예로써 장사지내게
하고, 그 집에 唐絹 30필과 二十升布 34필 및 양곡 일백 석을 賻儀로
보냈다.[91]

사료 G에 의하면, 신라에 건너온 중국산 물품은 크게 두 부류로 나눌
수 있다. 하나는 佛經·佛像·佛舍利 등 불교용품이고, 다른 하나는 錦·綵와
같은 고급 견직물류이다. 먼저 사료 G.a의 불교용품은 모두 진흥왕대에
구법승이 들여온 것들로, 이들은 중고왕실의 숭불정책이라는 사회적
여건하에 출현하여 능동적인 구법활동을 펼쳐 나감에 따라 자연히 불교용
품을 소개하게 된 것이 아닐까 한다. 그리고 사료 G.b의 중국산 고급
견직물은 문헌기록에 의하면 진평왕 43년에 처음 전해진 것으로 보이는데,
이후 660년 무렵이 되면 왕실에서 官昌之家에 '唐絹'을 부의로 건넬 정도로
거래량이 늘어난 것으로 생각된다.

신라에 전해진 중국 물품의 내역을 구체적으로 보여주는 자료는 더
이상 나오지 않는다. 그러나 당시 주변국에 보낸 중국산 물품은 아마도
대동소이하지 않을까 하는데, 다음과 같다.

H. 주변국에 보낸 중국산 물품
a-1. 文咨王 원년 정월에 魏의 효문제가 사신을 보내어 …… 衣冠 服物
車旗 등의 儀物을 보냈다.[92]
2. 安臧王 2년(520) 2월에 梁의 高祖가 왕을 봉하여 …… 使者 江注(法)盛

---

91) 『삼국사기』권47, 열전7 官昌, "唐顯慶五年庚申(태종무열왕 7년, 660년) 王出師
與唐將軍侵百濟 以官昌爲副將 …… 大王贈位級飡 以禮葬之 賻其家唐絹三十匹 二十
升布三十匹 穀一百石".
92) 『삼국사기』권19, 고구려본기7, "文咨王 元年(492) 春正月 魏孝文帝 遣使拜王 ……
賜衣冠服物車旗之飾".

을 보내어 왕에게 衣冠과 劍佩를 贈하려 하였던 바, 魏兵이 해상에서
그 사자를 잡아 낙양에 보냈다.[93]

3. 安原王 2년 3월에 魏主가 詔書로 왕을 책봉하여 …… 衣冠과 車旗
   등의 儀飾物을 보내왔다.[94]

4. 영양왕 원년에 隋의 文帝가 사신을 보내어 …… 왕에게 …… 遼東郡公
   의 爵을 잇게 하고 의복 한 벌을 보내왔다.[95]

5. 영양왕 2년 3월에 왕으로 고구려왕으로 삼고(認定), 이어 車服을
   내리므로 ……[96]

6. 영류왕 23년 2월에 世子 桓權을 唐에 보내어 (당) 태종이 그를 위로하고
   幣帛을 후히 주었다.[97]

7. 영류왕 25년 정월에 사신을 당에 보내어 조공하였다. 11월에 당
   태종이 왕의 죽음을 듣고 …… 三百段의 幣帛을 贈賻하고 …… 故王을
   弔祭케 하였다.[98]

8. 武王 38년 12월에 사신을 당에 보내어 鐵甲과 雕斧를 贈하였는데,
   태종이 후히 위로하고 錦袍 및 彩帛 三千段을 주었다.[99]

b-1. 頗拔의 大人·渠帥[40]餘人이 궁궐에 이르러 奉貢하니 繒帛과 錦罽을

---

93) 『삼국사기』 권19, 고구려본기7, "安臧王 二年(520) 二月 梁高祖封王 …… 遣使者
    江注(法)盛 賜王衣冠劍佩 魏兵就海中 執之送 洛陽".
94) 『삼국사기』 권19, 고구려본기 7, 安原王 2年(532) 春三月, "魏帝詔策 …… 賜衣冠車旗
    之飾".
95) 『삼국사기』 권20, 고구려본기8, 嬰陽王 元年(590), "隋文帝遣使 …… 賜衣一襲".
96) 『삼국사기』 권20, 고구려본기8, 嬰陽王 2年(591) 三月, "冊封爲高句麗王 仍賜車服".
97) 『삼국사기』 권20, 고구려본기8, 榮留王 23年(640) 春二月, "遣世子桓權入唐朝貢
    太宗勞慰 賜賚之特厚".
98) 『삼국사기』 권20, 고구려본기8, 榮留王 25年(642) 春正月, "遣使入唐朝貢 ……
    十一月 …… 太宗聞王死 擧哀於苑中 詔贈物三百段 遣使持節弔祭".
99) 『삼국사기』 권27, 백제본기5, 武王 38年(637), "冬十二月 遣使入唐獻鐵甲雕斧 太宗優
    勞之 賜錦袍幷綵帛三千段".

내렸는데 각각 차등이 있었다.[100]

2. 右驍衛大將軍 龜玆王 白素稽가 銀頗羅를 바치니 帛을 내려 답례하였
다.[101]

3. 北周 武帝(560~578) 때에 突厥은 俟斤에서부터 이후 그 國은 富彊하였
고, 황제는 이미 이들과 화친하여 매년 繪絮와 錦綵 10만 段을 지급하
였다.[102]

4. (양제는) 楡林에 행차하였다. 突厥의 啓民可汗이 來朝하니 (양제는)
賜 禮物 3천 段을 하사하였고, 이에 千人을 수용할 수 있는 큰 장막에
啓民과 그 部落의 酋長 3천5백 인을 초대하여 예물 20만 段을 내렸으
며, 그 이하에게도 각각 차등이 있게 지급하였다. …… 양제는 帝賜
啓民과 公主에게 金甕 각각 한 개와 衣服·被褥·錦綵를 하사하였고,
特勤 이하에게도 (하사품을 지급하였는데) 각각 차등이 있었다.[103]

5. 정월 甲午에 조정에서 突厥(人)에게 주연을 베풀어 九部樂을 연주하였
고 綵를 내렸는데 차등이 있었다. 5월 庚午에 조정에서 突厥使를
위해 주연을 열어서 九部樂을 연주하였고 帛을 하사하였는데 각각

---

100) 『冊府元龜』 권969, 外臣部 朝貢2, 後魏 明元帝 永興 5年, "頗拔大·渠餘人詣闕奉貢
賜以繪帛錦罽各有差";『魏書』 권3, 太宗紀 永興 5年 春正月 己卯條에는 "幸西宮
頗拔大·渠帥四十餘人詣闕奉貢 賜以繪帛錦罽各有差"라 하였다. 사료적 가치로는
『魏書』의 내용이 좋으며, '頗拔'은 '頗拔'의 잘못이다.

101) 『冊府元龜』 권970, 外臣部 朝貢3, 唐高宗 上元 2年(675) 正月, "右驍衛大將軍龜玆王白
素稽 獻銀頗羅 賜帛以答之".

102) 『冊府元龜』 권974, 外臣部 褒異1, "後周 武帝時 突厥自俟斤以來 其國富彊 帝旣與之和
親 歲給繪絮錦綵十萬段".

103) 『冊府元龜』 권974, 外臣部 褒異1, 隋煬帝 大業 3年 5月, "幸楡林 突厥啓民可汗來朝
賜物三千段 乃御千人大帳 享啓民及其部落酋長三千五百人 賜物二十萬段 其下各其
差 …… 帝賜啓民及公主金甕各一 及衣服被褥錦綵 特勤以下各有差";『隋書』 권84,
北狄 突厥傳에는 "大業三年四月 煬帝幸楡林 啓民及義成公主來朝行宮 前後獻馬三
千匹 帝大悅 賜物萬二千段 帝法駕禦千人大帳 享啓民及其部落酋長三千五百人 賜物
二十萬段 其下各有差 …… 帝賜啓民及公主金甕各一 及衣服被褥錦綵 特勤以下各有
差"라 되어 있다. 사료적 가치로는 수서의 내용이 좋다.

차등이 있었다.[104]

6. 거란의 渠師가 來朝하니 鼓纛을 내렸다.[105]
7. 西突闕 莫賀設에게 鼓纛綵 萬 段을 내렸다.[106]
8. 10月 庚子에 兩儀殿에서 諸蕃使를 위해 주연을 열었다. …… 연회가 끝나자 帛을 내렸는데 각각 차등이 있었다. 11월 甲申에 황제는 高麗王 高武를 위하여 苑中에서 擧哀하였다. 조서를 내려 禮物 3百 段을 보내고, 使持節로 하여금 가서 弔祭하도록 하였다.[107]
9. 于闐王 伏闍信이 來朝하자 右衛大將軍에 제수하였다. …… (于闐王과 그의 子 葉護玷에게) 모두 金帶·錦袍·布帛 6천 단과 아울러 宅 1區를 하사하였다. (于闐王 일행은) 수개월을 머물다가 돌아갔다.[108]

사료 H.a)는 고구려와 백제에 들어온 중국산 물품이고, H.b)는 중국이 주변국에 보낸 물품 내용이다. 사료 H에 나타난 중국의 수출품목을 분석해 보면 衣冠·車旗·劍佩·鼓纛 등 지배층의 권위 상징물과 고급 견직물·폐백 같은 사치품으로 대별할 수 있다. 여기서 전자는 고구려와 백제에, 후자는

---

104) 『冊府元龜』 권974, 外臣部 褒異1, 唐高祖 武德 3年(620), "正月 甲午 宴突厥 奏九部樂於庭 賜綵有差 五月庚午 宴突厥使 奏九部樂於庭 賜帛各有差".

105) 『冊府元龜』 권974, 外臣部 褒異1, 太宗 貞觀 3年(629) 正月 辛亥 "契丹渠師來朝 賜之鼓纛".

106) 『冊府元龜』 권974, 外臣部 褒異1, 太宗 貞觀 6年(632) 八月, "賜西突闕莫賀設鼓纛綵萬段".

107) 『冊府元龜』 권974, 外臣部 褒異1, 太宗 貞觀 16年(642), "十月庚子 宴諸蕃使於兩儀殿 帝謂沙鉢 羅俟斤曰 …… 宴罷 賜帛各有差 十一月甲申 帝爲高麗王高武擧哀於苑中 詔贈物三百段 遣使持節往弔祭焉".

108) 『冊府元龜』 권974, 外臣部 褒異1, 高宗 貞觀 23年(649) 七月, "于闐王伏闍信來朝 拜右衛大將軍 …… 竝賜金帶·錦袍·布帛六千段 幷宅一區 留數月而遣之"; 『舊唐書』 권198, 西戎 于闐傳에는 "高宗嗣位 拜右驍衛大將軍 又授其子葉護玷爲右驍衛將軍 並賜金帶·錦袍·布帛六十段 並宅一區 留數月而遣之"라고 하였다. 사료적 가치로는 구당서의 내용이 좋다. 이상 사료 H.b)의 해석은 중국 중세사를 연구하는 전영섭 선생의 도움을 받았다.

돌궐을 비롯한 이민족에게 주로 유입되었음을 알 수 있다. 특히 돌궐은 국력이 강성했던 만큼 이러한 물품들을 중국측에 요구했을 공산이 크다.[109]

이상에서 사료 G·H를 종합하면 중국의 對신라 수출품목은 크게 세 가지로 정리해 볼 수 있을 것이다. 즉 불교문화용품과 지배층의 권위 상징물, 그리고 지배층의 사치를 충족시켜 주는 물품이 그것이다. 여기서 고급 견직물은 신라를 비롯한 삼국 모두 對唐 교역에서 등장하기 시작하며 그 이전에는 지배층의 권위를 상징하는 물품들이 교역의 주종을 이루었다고 하겠다.

이에 반해 중국 주변국들은 이미 교역의 초기 단계에서부터 견과 같은 고급 직물이 수입되고 있음을 볼 수 있으나, 기록에는 나타나지 않는다. 그러나 이민족의 例에 비추어 본다면 신라 역시 唐과 교역 이전 단계에서 고급 견직물이 유입되었을 가능성은 충분하다고 하겠다. 그리고 이러한 사실은 고구려가 燕 이래 중국과 교역하면서 상품을 수입했는데, 그 주종을 이룬 것이 비단을 비롯한 고급 섬유류였다[110]는 점에서도 유추된다.

중국의 수출품목은 문헌자료 이외에 考古유물을 통해서도 찾아볼 수 있다.[111] 먼저 남북조시대의 것으로는 飾履塚에서 출토된 龍首柄鐎斗와

---

109) 여기서 주목되는 점은 이민족들의 경우 수입된 견의 종류가 錦·綵·繒·帛 등으로 다양하였고, 견 이외에도 모직물(罽)·솜(絮錦)·이불과 요(被褥) 등이 있었으며 그 수량 또한 삼국과 비교되지 않을 정도로 많았다. 이와 같은 현상은 돌궐과의 관계에서 더욱 두드러지는데, 隋·唐이 희망했던 君臣·父子·冊立·被冊立·舅婿 등의 명분관계가 현실적 세력관계를 반영하지 못했을 만큼 돌궐의 국세가 강했던 데 그 이유가 있을 것이다. 중국과 유목국가와의 관계는 김호동, 「고대유목국가의 구조」, 『講座 中國史』 II, 지식산업사, 1989 참고.

110) 김기흥, 「고구려의 성장과 대외교역」, 『한국사론』 16, 1987, 52쪽.

皇南大塚 北墳 출토의 打出文銀盞, 黑褐釉磁器小甁 등이 있으며, 隋~唐初의 褐釉磁器壺, 8세기 중기의 唐三彩鍑, 8~9세기에 해당하는 唐代 磁器가 다수 발견되었다. 여기서 黑褐釉磁器小甁은 5세기 초의 유일한 南朝磁器로 중국 南朝 初에 신라와 교류를 통해 들어온 것으로 보인다. 이처럼 5세기경 신라와 중국간 교류는 문헌에는 나타나지 않으나 고분 문화를 통해 교류가 있었고,112) 고분에서 출토된 對新羅 교역품의 대표적인 것이 도자기였음을 알 수 있다.

다음으로 신라에서 중국에 보낸 물품의 품목은 문헌에 구체적으로 나타나지 않는다. 다만 '遣使獻方物' 또는 '遣使貢朝貢'으로 기록되어 있을 뿐이다. 그러므로 당시 신라의 중국 수출품은 이른바 '方物'로 지칭되는 특산물이었을 것이다. 따라서 신라에서 중국으로 수출한 물품의 내역(明細)을 알기 위해서는 특산물을 조사해 볼 필요가 있다. 다행히도 일본측 기록에는 신라의 수출품들이 산견되고 있으므로 비교 및 추정이 가능하다. 비록 유일한 것이지만 『삼국사기』에도 이 시기 대중수출품의 내역을 추정할 만한 기록이 남아 있어 중국으로 수출한 물품의 재구성을 한결 용이하게 해 준다.

시기적으로 뒤처지긴 하나 『일본서기』에 나타난 신라의 대일수출품과 앞서 설명한 『삼국사기』의 해당 기록을 살펴보기로 한다. 그런 다음 신라의 특산물과 대비시켜 본다면 신라의 대중수출품의 면모가 어느 정도 드러날 수 있을 것이다. 『삼국사기』 및 『일본서기』의 관련되는 내용을 제시하면 다음과 같다.

---

111) 이에 대해서는 『韓國出土 中國陶磁器特別展』, 국립청주박물관, 1989 ; 심봉근, 「考古學上으로 본 한국문화의 국제성」, 『신라문화』 8집, 1991 ; 李殷昌, 「신라의 인접국과의 교역활동」, 『新羅文化祭學術發表會論文集』 13집, 1992 참고.

112) 이은창, 위 논문, 221~233쪽.

I-1. 문무왕 12년 9월에 銀 33,500分, 銅 33,000分, 針 400枚, 牛黃 120分, 金 120分, 40升布 6匹과 30升布 60匹을 進貢하였다.[113]

2. 天武天皇 8년(문무왕 20년, 680) 冬10월 戊申朔 甲子에 신라가 아찬 金項那와 사찬 薩虆生을 보내 조공하였다. 조공물은 金, 銀, 鐵鼎, 金絹, 布皮, 馬狗騾駱駝之類 십여 종이었다. 또 따로 물건을 바쳤다. 천황, 황후, 태자에게 금, 은, 철, 鼎, 金, 絹, 布, 皮, 말, 개, 노새, 낙타류 등 10여 종이었다. 또 따로 물건을 바쳤다. 천황, 황후, 태자에게 금, 은, 刀, 旗 따위를 바쳤는데, 각각 다수였다.[114]

3. 천무천황 10년(신문왕 2년, 682) 冬10월 乙酉에 신라가 沙啄 一吉湌 金忠平과 大奈末 金壹世를 보내, 調를 올렸다. 金, 銀, 銅, 鐵, 錦, 絹, 鹿皮, 細布의 종류가 각각 많이 있었다. 따로 천황, 황후, 태자에 바치는 金, 銀, 霞錦, 幡, 皮의 종류가 각각 많이 있었다.[115]

4. 천무천황 14년(신문왕 6년, 686) 5월 辛未, 高向朝臣麻呂·都努朝臣牛飼 등이 신라에서 돌아왔다. 학문승 觀常, 靈觀이 따라왔다. 신라왕의 헌물은 말 2필, 개 3마리, 앵무새 2마리, 까치 2마리 및 각종의 물건이 있었다.[116]

5. 朱鳥 元年(687) 夏四月 戊子, 신라가 바친 물건이 筑紫에서 왔다. 良馬 1匹, 노새 1頭, 개 2狗, 鏤金器 및 금, 은, 霞錦, 綾羅, 虎豹皮

---

113) 『삼국사기』 권7, 문무왕 12년(672) 9월, " ……進貢銀三萬三千五百分 銅三萬三千分 針四百枚 牛黃百二十分 金百二十分 四十升布六匹 三十升布六十匹".

114) 『日本書紀』 권29, 天武天皇 8년(문무왕 20년, 680) 冬10월 戊申朔 甲子, "新羅遣阿湌金項那·沙湌薩虆生朝貢也 調物 金銀鐵鼎 金絹布皮 馬狗騾駱駝之類 十餘種 亦別獻物天皇 皇后 太子 貢金銀刀旗之類 各有數".

115) 『日本書紀』 권29, 天武天皇 10년(신문왕 2년, 682) 冬10월 乙酉, "新羅遣沙啄一吉湌金忠平·大奈末金壹世貢調 金銀銅鐵 錦絹鹿皮·細布之類 各有數 別獻天皇·皇后·太子金銀霞錦 幡皮之類 各有數".

116) 『日本書紀』 권29, 천무천황 14년(신문왕 6년, 686) 5월 辛未, "高向朝臣麻呂·都努朝臣牛飼等 至自新羅 乃學問僧觀常·靈觀從至之 新羅王獻物 馬二匹 犬三頭 鸚鵡二隻 鵲二隻及種種物".

및 藥物 따위 모두 100여 종이었다. 또 智祥·健勳들이 따로 바친
물건은 금, 은, 霞錦, 綾羅, 金器, 屛風, 鞍皮, 絹布, 藥物 따위 각각
60여 종이었다. 따로 황후, 황태자 및 여러 親王들에게 바치는 물건이
각각 다수였다.117)

사료 I를 종합하면 신라의 대외 교역품으로는 말, 개, 노새, 앵무, 까치
등의 생물과 금, 은, 동, 철 및 그 재료로 만든 제품, 비단(錦, 金絹布),118)
細布119)와 같은 고급직물, 그 밖에 鹿皮, 虎豹皮 등의 짐승가죽과 우황
같은 약물이 주종을 이루었음을 알 수 있다.

다음으로 신라의 특산물을 살펴보기로 한다. 신라는 이미 통일 이전에
금·은·동·철 등의 금속을 제련하고 가공하는 기술이 일정한 수준에 달해
있었다. 신라에서 광석채굴 및 금속가공업이 발전할 수 있었던 전제
조건을 보면, 첫째 고대에 발달했던 진한의 기술과 경험을 고스란히
넘겨받았다는120) 사실과, 둘째 신라가 차지한 경상도지역에는 금·은·동·

117) 『日本書紀』 권29, 朱鳥 元年(687) 夏四月 戊子, "新羅進調 從筑紫貢上 細馬一疋
騾一頭 犬二狗 鏤金器 及金銀 霞錦綾羅 金器 虎豹皮 及藥物之類 幷百餘種 亦智祥·健
勳等別獻物 金銀 霞錦綾羅 金器屛風 鞍皮絹布 藥物之類 各六十餘種 別獻皇后·皇太
子及諸親王等之物 各有數".
118) 진덕왕 7년(653) 冬11월 당에 바쳤다는 '金總布'가 바로 '金絹布'일 것이다. 사료
I의 3, 5에 보이는 霞錦·綾羅와 같은 직물은 통일기 이후에 새로이 개발된 최고급품
으로 생각되므로 논외로 한다.
119) 사료 I-1의 '四十升布' '三十升布'는 궁정수공업장에서 생산된 직물 중 가장 정교한
것으로 '細布'가 아닌가 한다.
120) 『三國志』 弁辰, 『後漢書』 辰韓 기록에 의거해 볼 때 이것은 주로 철에 한정된
경험과 기술이었다고 생각한다. 귀금속 공예에 관한 기술도입은 다른 루트가
있었다. 신라는 순금 공예가 유명하여 고대 왜인들은 신라를 가리켜 '눈이 부시는
金·銀·彩色이 많이 있는 나라'로 불렀다고 한다(『日本書紀』 권8, 仲哀天皇 8년
9월). 그런데 금 사용은 물론 鏤金細工 기술도 낙랑·대방의 기술자를 통해 알게
된 것이라는 견해가 있다. 대방이 망하면서 많은 工人들이 경주, 일본 등지로

철 광업을 발전시킬 수 있는 지하자원이 많다는 점을 들 수 있다.[121) 이 같은 사실은 문헌기록이나 고분출토 유물을 통해 충분히 입증된다.

철은 일찍이 신라의 전신인 진한시대 때부터 동북아 전역에 수출할 정도로 풍부한 양을 생산하였다.[122) 신라의 철산지 중에서 제일 가는 철산은 울주군 達川광산으로 거대한 露天粉鑛脈을 이루었으므로 고대 제철에는 다시 없는 천혜의 철광산이었다. 그 뒤에도 이 달천광산은 累千年間 한반도 제일의 철산으로 군림하여 조선시대에는 歲貢으로 생철 12,500斤이나 바쳤다고 한다.[123)

달천광산의 막대한 양의 철생산을 뒷받침해 주는 것이 1990~1991년에 걸쳐 발굴된 황성동 쇠부리터이다. 황성동 쇠부리터는 3~4세기 단계의 쇠부리[124)의 공정 과정을 모두 보여주는 희귀 유적지로, 여기에서 발굴된 철광석의 성분을 분석한 결과 그 10km 지점에 있는 달천광산에서 원광을 가져다 쓴 것으로 보인다는 게 전문가의 견해이다.[125) 그리고 3~4세기에 이곳에서 제작했을 다량의 갖가지 鐵物은 4세기에 조성된 皇南大塚(南墳) 에 부장했을 것으로 추정되는데, 무덤의 주인공이 남성이어서인지 온갖 종류의 쇠붙이와 농토목구, 무기 등이 다량으로 쏟아져 나왔다.[126) 특히

건너간 때문이란 것이다(金元龍, 「낙랑문화의 역사적 위치」, 『한국사의 재조명』, 민성사, 1985, 66쪽 참조).

121) 『조선광업사』 1, 공업출판사, 1991, 141쪽.

122) 『三國志』魏志東夷傳 弁辰, "國出鐵 韓濊倭皆從取之 諸市買皆用鐵如中國用錢 又供 給二郡" ; 『後漢書』東夷傳 韓傳 辰韓, "國出鐵 韓濊倭馬韓并從市之 凡諸貿易皆以鐵 爲貨".

123) 문경현, 「신라의 철」, 『신라문화제학술발표논문집』 13집, 1992, 107쪽.

124) '쇠부리'란 冶鐵業 전반을 총칭하는 말이다.

125) 쇠분석 권위자인 大澤正己의 견해(『日本朝日新聞』, 1990년 9월 6일 게재) ; 權丙卓, 「隍城洞 쇠부리터」, 『신라문화제학술발표논문집』 13집, 1992, 138쪽 재인용.

126) 鐵鉆 1,332개(대형 86개, 소형 1,246개), 鐵斧 380개(鑄造斧 295개, 鍛造斧 대형

철소재인 동시에 화폐 대용으로 사용되기도 했던 鐵鋌은 황남대총 남분 이외에도 북분 및 천마총, 금관총 등에서 다량 출토되었다.

이러한 신라의 철기생산력은 비슷한 시기의 백제와 비교해 보면 더욱 두드러진다. 525~529년경에 축조된 무령왕릉의 출토품과 500년을 전후해서 이루어진 것으로 추정되는 천마총의 출토품을 비교 검토해 보면, 천마총에서 420kg 이상의 철정 이외에 막대한 양의 쇠붙이가 출토된 데 비해 무령왕릉에서는 五銖錢과 棺釘을 제외하고는 겨우 1개의 鐵牟가 출토되었을 뿐이다. 그리고 이러한 사정은 나머지 다른 백제고분에서도 마찬가지여서 철제품의 수량이 신라보다 월등하게 뒤지고 있음이 주목된다.127)

신라는 가야지역과 충청·경기지역을 병합함으로써 더욱 풍부한 양의 철을 확보할 수 있었다. 가야지역의 철생산은 앞에서 설명하였고, 충청·경기지역의 철자원에 대해서는 흥미로운 연구가 있다. 김철준은 『東國輿地勝覽』을 전거로 황해도 남부와 경기, 충북지역의 철산지를 조사한 결과, 백제 國勢의 차이는 鐵鑛의 수가 하나의 평가기준이라는 것이다. 즉 백제 세력권 아래 있던 철광으로는 황해도 端興以南 지역이 端興·平山·鳳山·海州·牛峯 등 5곳이고, 충청북도는 沃川·木川·懷仁·報恩 등 4곳이 있어 이것을 경기도 抱川의 것과 합하면 총 10개의 鑛山을 보유한 셈이 된다. 그런데

51개·소형 34개), 쇠괭이 295점, U자형 쇠삽날 16점, 쇠스랑 20점이 출토되었다(尹東錫,『삼국시대 철기유물의 금속학적 연구』, 고려대학교 출판부, 1989, 136쪽).

127) 權丙卓,「신라 판장쇠(鐵鋌)考」,『신라문화제학술발표논문집』9집, 1988. 물론 백제에서도 우수한 철제품이 생산되었다. 『삼국사기』에 의하면 武王 27년과 38년, 40년의 세 차례에 걸쳐 明光鎧·鐵甲·雕斧와 같은 질 좋은 철제무기를 당에 수출하여 호평을 받은 사실(당 태종으로부터 錦布 및 彩帛 3천 단을 하사받았다는 데에서 이와 같은 점을 알 수 있다)이 있으나, 양적으로는 대단한 것이 못 되었다고 본다.

백제가 황해도 남부지역과 한강 유역 전역을 상실함으로써 이곳에 분포되어 있던 철산도 동시에 고구려와 신라에 탈취당했다고 하였다.128)

이렇듯 10개나 되는 철광산을 상실한 백제는 커다란 타격을 받게 된 반면, 고구려마저 제어함으로써 한강 유역을 송두리째 장악한 신라는 이후 쇠로 만든 각종 무기를 다량 생산할 수 있게 되었다.129) 사료 I에서 확인했듯이 다양한 철제품을 제작하여 국외로 수출도 하였다. 결국 신라는 막대한 양의 철자원을 확보함으로써 삼국통일의 경제적 기반을 구축함과 동시에 통일의 제 일보를 내딛는 결정적인 계기를 마련했다고 본다.

금·은·동의 경우 민간에서 金·銀·珠玉의 사용을 금하는 법령을 내린 것이라든지,130) 백제왕이 良馬와 白鷹을 보내자 신라왕이 黃金·明珠로써 報聘한 점,131) 황룡사 장륙상을 주성할 때 銅 35,007斤과 鍍金 10,198分이 소모된 사실132) 등은 신라에서 금·은·동의 생산량이 많았음을 말해 준다. 그리하여 신라는 주변국뿐만 아니라 멀리 아랍에 이르기까지 '금이 많이 나는 나라'로 알려졌다. 신라의 은 또한 페르시아 및 중국 운남의 은과 함께 높이 평가되었고, 동은 종을 만드는 데 가장 좋은 재료로 인정되었다.133)

한편 신라고분을 조사해 보면 A.D. 1~4세기의 목관묘 단계에서는

---

128) 김철준, 「백제사회와 그 문화」, 『한국고대사회연구』, 지식산업사, 1975, 54쪽.
129) 무열왕 8년(661)의 북한산성 전투에서 성주 冬陀川이 사람을 시켜 '人馬가 다니지 못할' 정도로 많은 양의 鐵蒺藜(마름쇠)를 성 밖에 던져 펴 놓았다는 데서 이와 같은 사실을 엿 볼 수 있다(『삼국사기』 권5).
130) 『삼국사기』 권1, 일성이사금 11년 2월, "又下令 禁民間用金銀珠玉".
131) 『삼국사기』 권3, 눌지왕 18년, "春二月 百濟王送良馬二匹, 秋九月 又送白鷹, 冬十月 王以黃金·明珠 報聘百濟".
132) 『삼국사기』 권4, 진흥왕 35년 3월.
133) 『海東繹史』 권26, 물산지.

철제품이 부장품의 주류를 이루다가 4~6세기의 적석목관묘 단계에서는 금·은을 비롯한 각종 귀금속제 장신구의 비중이 월등히 높아짐을 확인할 수 있다. 이러한 현상은 5세기 전반경의 것으로 알려진 황남대총 북분에서부터 감지되기 시작하여 천마총은 물론이고, 5세기 후반대에 제작된 금관총에서 더욱 두드러지게 나타난다. 그 부장품으로는 金冠을 비롯해 金製銙帶·腰佩 따위의 각종 금은제 장신구, 귀금속 용기, 금동제 마구 등이 공통으로 출토되었다.

가는 실로 곱게 짠 細布는 수공이 어려운 만큼 매우 귀한 물건이었다. 그런 까닭에 세포는 전통적 공물로 많이 쓰였는데, 신라가 중국에 바친 공물 중에서 세포가 중요품목으로 자리잡고 있음은 사료 I-1에서 볼 수 있다. 광개토대왕 비문에도 항복한 백제의 阿莘王이 세포 1천 필을 바치며 충성을 맹세한 사실이 있다.[134] 그리고 『三國志』 魏志 東夷傳 辰韓에 "亦作廣幅細布"라고 되어 있어 그 기술적 전통은 매우 오랜 것임을 알 수 있다.

전근대의 직물 중에서 정치·경제적으로 가장 중요한 비중을 차지한 것은 견직물이었다. 기록에 의하면 우리나라에서는 이미 2~3세기경에 蠶桑이 행해졌음을 알 수 있다.[135] 그런데 계급분화가 가속화되면서 견직물은 지배계급의 의복 또는 국가 간 교류에서 사여품으로 국가재정상 중요한 역할을 하였다. 때문에 일찍부터 국가 차원에서 견직물의 안정적

---

134) 『朝鮮金石總覽』上, 「高句麗廣開土王碑」, "百殘王困逼 獻出男女生口一千人 細布千匹 歸王自誓 ……". 세포에 대해서는 김기흥, 『삼국 및 통일신라 세제의 연구』, 역사비평사, 1991, 45~46쪽 참고.

135) 『後漢書』 東夷傳 濊, "知種馬養蠶 作錦布"；『後漢書』 東夷傳 韓傳 馬韓, "其民土著種植 知蠶桑 作錦布"；『三國志』 辰韓傳, "曉蠶桑 作縑布". 이와 같이 중국의 史書에 자주 소개되는 것으로 보아 신라는 蠶桑에 꽤나 밝았던 모양이다. 『三國志』 辰韓傳 이외에도 『晋書』 新羅傳에는 "地宜五穀 俗饒蠶桑作縑布"라 되어 있고 『梁書』 및 『南史』 新羅傳에는 "土地肥美 宜植五穀 多蠶桑作縑布"라 하였다.

확보를 위해 농민들에게 생산을 강제하였고 그와 더불어 기술적 진보가 이루어지고 있었다.[136]

신라 견직기술의 발전은 시대에 따라 그 명칭이 달리 나타나는 것으로 미루어 어느 정도 짐작할 수 있다. 즉 5·6세기 무렵의 絹·帛·細布, 7세기 무렵의 金總布·錦·金帛·雜菜[137]와 20升布·30升布·40升布, 8세기 무렵의 朝霞紬·魚霞紬, 9세기 무렵의 大花魚牙錦·小花魚牙錦·朝霞紬 등 매우 다양한 종류로 발전하는 양상을 보이고 있다.[138] 특히 삼국시대 견직물 가운데 가장 고급품으로 알려진 錦은 삼국이 모두 생산할 수 있을 정도로 기술 수준이 높았다. 통일기에 가서는 더욱 발전하여 신라의 특산품으로 생산된 魚霞紬·錦, 魚牙紬·錦과 같은 고급 견직물을 당을 비롯한 거란, 발해, 일본 등지에 수출할 정도가 되었다.[139] 이러한 기술적 진보는 1세기 유리왕대에 있었던 '積麻'(길쌈)에서 근원을 찾을 수 있다. 國初부터 베(布)를 짜면서 쌓은 직조경험과 기법은 기술의 발전을 거듭하여 고급견을 산출하는 데 그대로 적용되었으리라 본다.

그리고 국가 차원의 생산 강제가 있었음은 문헌의 도처에서 찾아볼 수 있다. 『삼국사기』 초기기록에는 "王巡撫六部 妃闕英從焉 勤督農桑 以盡地利",[140] "春三月 …… 宜令有司勸農桑·諫兵革 以備不虞"[141]라고 하여 국가

---

136) 위은숙, 「고려후기 직물수공업의 구조변동과 그 성격」, 『한국문화연구』 6, 1993, 191쪽.

137) 『삼국유사』 권2, 가락국기에 의하면 수로왕이 아유타국의 공주를 왕비로 맞아들일 때 공주가 錦繡·綾羅 등의 견직물을 가져온 것으로 전하고 있어 錦과 綾은 이미 1세기 중반 무렵 금관가야국에 소개되었음을 알 수 있다. "所齎錦繡·綾羅 衣裳疋段 金銀珠玉 瓊玖服玩器 不可勝記".

138) 박남수, 「신라 궁중수공업의 성립과 정비」, 『동국사학』 26집, 1992, 142쪽 참조.

139) 직조기술에 대해서는 日野開三郎, 「國際交流史上より見た滿鮮の絹織物」, 『東洋史學論集』 9, 1984, 317~364쪽 참고.

140) 『삼국사기』 권1, 시조 17년.

가 勸農을 독려하는 모습이 보인다. 각 촌락마다 1결 정도씩 할당하여
麻田을 경작하게 하고 더불어 桑을 재배하게 하였으며 국가에서 調를
수취할 때 공히 布와 絹을 거두었던[142] 사실들에서 국가의 필요에 의한
경작강제 측면을 엿볼 수 있다.

이러한 문제와 관련하여 內省에 설치된 수공업관청은[143] 주목을 요한
다. 국왕에 직속된 내성 산하 115개의 大小 官司中 수공업과 관련된 관청의
수는 30여 개인데, 이 중에서 직조업과 관련된 것은 모두 14개 所로 다른
생산관사에 비해서 두드러지게 많은 것이 인상적이다.[144] 그것은 왕과
궁정귀족의 사치성 수요 외에도 신라의 대중국 교역품 중 직물류가 가장
많은 비중을 차지했기 때문일 것이다.[145] 이와 같은 사정은 신라통일기

---

141) 『삼국사기』 권1, 파사왕 3년.

142) 고구려와 백제의 調 수취를 보면 布와 絹이 거두어졌음을 알 수 있다. 『周書』에
   의하면 고구려의 調 수취는 "賦稅則絹布及栗 隨其所有 量貧富差等輸之"라 하여
   布와 함께 絹을 거둬들였으며, 백제의 경우도 "賦稅는 布와 絹, 絲, 麻, 米 등으로
   내며 그 해의 풍흉을 헤아려 차등을 두어 내었다"는 데에서 調는 布(麻布)와
   絹, 絲(명주실), 麻(삼실)를 거두었음을 알 수 있다. 이러한 수취 사정은 신라도
   마찬가지일 것이다(김기흥, 앞 책, 1991, 75~76쪽).

143) 홍희유는 신라의 관청수공업을, 집사성 계통의 중앙 관청수공업에서 조직 운영하
   던 협의의 관청수공업과 내성계통의 관청에서 조직 운영하던 궁정수공업의
   두 체제로 분류하였다. 그리고 전자는 국가에서 직접 수요되는 필수품을, 후자는
   주로 왕과 궁정귀족들의 사치품을 생산했다고 하였다(『조선중세수공업사 연구』,
   지양사, 1989, 20~21쪽).

144) 『삼국사기』 권39, 직관지 中. 직물의 생산과정 즉 '裁桑→養蠶(裁麻)→繰絲[고치실
   (삼)을 켜는 작업]→練絲 [精練後漂白]→織調→印染→織品→製衣'의 과정에 해당
   하는 생산관사 및 이와 관련된 것들을 나열해 보면 錦典, 綺典, 毛典, 朝霞房,
   疏典, 漂典, 針房, 染宮, 紅典, 蘇芳典, 攢染典, 染谷典, 曝典 등 모두 14개이다(박남수,
   앞 논문, 1992, 142~144쪽, 148쪽 및 홍희유, 위 책, 26쪽의 신라의 궁정수공업관청
   표 참조).

145) 경덕왕대의 漢化政策 추진과 더불어 개편된 朝霞房, 織錦房, 別錦房 등의 직조관계
   官司는 조공물품과 관련하여 정비되었는데, 이것은 궁정수공업 운영 목적 가운데

이전에 이미 錦典·綺典이 존재했던 데에서도 잘 나타난다. 기록에 의하면 7세기 중반에 수공업 관청에서 생산한 것으로 여겨지는 錦과 金總布 모두 중국으로 수출되었음을 알 수 있다.[146] 역으로 말하면 결국 이러한 목적 때문에 錦典·綺典을 설치했던 게 아닌가 한다. 이처럼 직조관계 관사가 조공물품과 관련하여 정비되었다는 것은, 중국을 상대로 조공에 필요한 물품 충당이 궁정수공업의 운영목적에서 큰 비중을 차지했음을 보여줌[147]과 동시에 정치·경제 면에서 신라가 이전 시대와는 달라져 가고 있음을 감지하게 한다.

이 밖에도 신라는 國初뿐 아니라 7~8세기에 이르기까지 미녀를 보낸 기록도 있다.[148]

중국과의 조공에 필요한 물품 충당이라는 목적이 큰 비중을 차지했음을 보여준다 (박남수, 위 논문, 143~144쪽). 이와 마찬가지로 7세기에 존재했던 錦典, 綺典 등의 관사도 중국과의 교역에 필요한 물품 조달을 위해 정비된 게 아닌가 한다. 이 사실을 더욱 뒷받침해 주는 것이 천마총 출토의 섬유물에서 확인된 5~6세기 무렵의 직조 및 염색기술의 발달이다. 천마총 출토의 섬유물에 대한 자세한 설명은 金相溶, 「유물을 통하여 본 고대 섬유기술」, 『織物檢査』 2-2, 1974 참고. 이러한 직조기술의 우수성은 자연히 신라직물(錦)에 대한 중국의 선호도를 높였을 것이고 아울러 삼국간 치열한 외교경쟁은 조공물품으로 고급직물의 다량 생산을 유발하였을 것이다.

146) 『삼국사기』 권5, 진덕왕 4년 6월, "遣使大唐 告破百濟之衆 王織錦 作五言大平頌 遣春秋子法敏 以獻唐皇帝 其辭曰 ……"; 『삼국사기』 권5, 진덕왕 7년 11월, "遣使大 唐 獻金總布".

147) 박남수, 앞 논문, 1992, 144쪽.

148) ① 『太平御覽』 권781, 新羅, 秦世祖 達元, "秦書曰 符堅建元十八年 新羅國王樓寒 遣使衛頭獻美女".

② 『삼국사기』 권4, 진평왕 53년, "遣使大唐獻美女二人".

③ 『삼국사기』 권6, 문무왕 8년, "有勅此後禁獻美女".

④ 『삼국사기』 권8, 성덕왕 22년, "王遣使入唐獻美女二人".

4. 맺음말

이상에서 신라 진평왕대 대중교섭의 추진 배경과 전개과정, 교섭의 내용에 대해 고찰하였다. 그 내용을 요약하면 다음과 같다.

진평왕대는 전왕대의 정복사업으로 인해 對中교통로 및 풍부한 인적·물적 자원을 확보함으로써 삼국 간 경쟁력을 강화하고, 동시에 중국과 교섭을 활발하게 추진할 수 있는 제도를 모두 갖출 수 있었다. 진흥왕대의 가야지역과 한강 유역의 병합은 반도의 한 편에 치우쳐 있던 신라로 하여금 다방면으로의 교섭을 가능하게 했는데, 특히 한강 유역의 점유는 서해를 거쳐 중국과 직접 통교할 수 있는 門戶를 얻게 하였다. 이 외에도 가야지역과 한강 유역은 평야로부터의 경제적 이득과 함께 막대한 철자원을 제공하였다. 이러한 여건은 자연히 인구집중 현상을 초래하여 인적 자원의 확보를 보다 손쉽게 하였다.

이와 같이 정복전쟁에 따른 경제적·지리적 이점은 국가재정과 대외교섭에 크게 도움을 줌으로써 신라 국가의 성장에 지대한 영향을 미쳤다고 본다. 따라서 영토확장이 일단락지어진 진평왕 때는 신라국을 급격하게 성장시키고 왕권도 지속적으로 강화해 나갈 수 있었던 것이다. 물론 이것은 진평왕 초년의 관제정비에 힘입은 바가 컸다. 그런데 진평왕 초년의 관제정비에서 주목되는 것이 船府署, 禮部, 領客府(43년 領客典으로 개칭) 등 외교관련 부서의 창설이다. 진평왕 때는 중국에 수·당 통일제국의 등장으로 인해 국제환경이 변하였고, 이에 대응하기 위한 새로운 외교정책을 모색하지 않을 수 없었다. 그리하여 외교업무 부서를 설치하고 제도를 정비하였다. 외교담당 부서로 진평왕 13년(591)에 창설된 領客府는 隋에 대비한 것이었고, 진평왕 43년(621) 領客典으로의 재편은 唐을 염두에 둔 것이었다. 이와 함께 외교업무를 원활히 수행하기 위하여 正·副使제도를 시행하고 구법승을 적극 활용하였다. 정·부사제도는 비슷한 시기에 고구려·백제·일본 등지에서도 시행되고 있음을 볼 때 제도적인 정착은 이미 진평왕 때 마련되었음을 알 수 있었다. 그리고 이 시기는 구법승의 중국 왕래가 어느 때보다 빈번했음이 특징이다. 당시 구법승은 외교문서를 작성하고, 언어장벽과 문화적 차이를 극복하여 때로는 중국측 사정을 조사·보고하였다. 그들은 일정한 수준의 학식을 갖춘 집단으로 사절단의 구성에는 포함되지 않으나, 그 가운데 중요한 인물은 大使를 제외한 다른 고관에 비견되는 지위를 가지고 있었다. 그러므로 구법승은 정치 자문 못지않게 중국의 선진문물을 수입하는 첨병 역할을 했던 것이다.

이와 같은 배경하에서 신라는 8회의 견수사와 고구려 멸망 때까지 34회에 이르는 견당사를 파견하였다. 이러한 과정에서 신라는 그동안의 열세를 딛고 중국의 선진문물을 직접 수용함으로써 국가발전의 한 정형을 이루었고, 국제정세를 자국에 유리한 방향으로 활용하는 기술도 터득함으로써 통일외교로 연결시키는 데 성공하였다.

끝으로 중국과의 교역 내용을 파악하는 과정에서 철을 비롯해 금·은·동, 세포, 고급 견직물 등 다방면에 걸친 신라 산업의 발전양상을 살필 수 있었다. 맨 먼저 철은 일찍이 진한시대 때부터 동북아 전역에 수출할 만큼 풍부한 양을 생산했고 그 후 가야와 충청·경기지역을 병합함으로써 산출량은 더욱 늘어났다. 그리하여 황남대총을 비롯한 여러 고분에서 온갖 종류의 쇠붙이와 농토목구, 무기, 철정 등이 다량으로 쏟아져 나왔고 문헌상으로도 확인했듯이 다양한 철제품을 제작하여 중국, 왜 등지로 수출도 하였다. 금·은·동의 생산량이 많고 품질 또한 우수했음이 문헌을 통해 확인되며, 4~6세기의 적석목관묘 단계에서 각종 귀금속의 제련 및 가공기술을 엿볼 수 있었다. 다음으로 세포는 수공이 어려운 귀한 물건이었으므로 전통적 공물로 많이 쓰였다. 이에 따른 기술적 전통 또한 진한시대까지 거슬러 올라가는 오래된 것이었음을 알 수 있었다. 정치·경제적으로 가장 중요한 비중을 차지했던 견직물은 비교적 이른 시기부터 국가 차원에서 안정적 확보를 위해 농민들에게 생산을 강제하고 그와 더불어 기술이 진보하였다. 7세기에 들어와 중국과의 조공에 견직물이 큰 비중을 차지하게 되자 필요한 물품을 충당시킬 목적으로 錦典·綺典을 비롯한 14개의 직조수공업 관청을 내성에 설치하였다. 이처럼 직조담당 관사가 조공물품과 관련하여 정비된 사실은 신라가 궁정수공업을 운영한 목적이 중국에 대한 조공물품의 충당에 큰 비중이 있었음을 보여준다. 동시에 정치·경제면에서 신라가 이전 시대와 달라지고 있음을 말해 준다고 하겠다. 이상에서 살펴본 신라의 산업 및 수공업 발전에는, 중국문화의 수입으로 인한 자극과 영향이 一助한 측면도 있을 것으로 본다.

진평왕 치세 중반에 해당하는 6세기말은 중국에 강력한 통일제국이 등장한 시기이다. 신라의 대중교섭은 이때를 기해서 본격적으로 전개되기 시작했는데, 이것은 어디까지나 강화된 왕권을 배경으로 한 것이다. 6세기 중후반부터 활발하게 전개된 대중교섭은 신라의 산업발전뿐 아니라 생산력의 발전에도 상당한 기여를 하였고, 이후 통일기 신라의 외교 및 산업의 기본틀을 형성했다고 본다.

VI. 중고기 유교의 확산과 儒·佛의 접합

1. 머리말

삼국시대 신라의 유학사상에 대한 논의는 크게 두 가지 흐름으로 나눌
수 있다. 하나는 유교가 왕권 강화를 뒷받침했으나 불교의 영향력 및
재래의 공동체적 관념, 골품체제 등으로 인해 그 영향력이 사회적 통념보다
적었다는 것이고,[1] 다른 하나는 불교수용 이전 유교의 영향을 제기한
견해이다.[2] 유교사상은 불교에 비해 신라 사회에 큰 영향을 미치지 못했다
는 전자의 인식은 중고기 왕권 강화의 사상적 배경을 불교에서 찾았기
때문이다. 이에 따르면 초기국가시대의 禮俗이 삼국시대로 이어지면서

---

1) 김철준, 「삼국시대의 禮俗과 유교사상」, 『대동문화연구』 6·7합집, 1970 ; 『한국고
대사회연구』, 지식산업사, 1975 ; 이기백, 『신라사상사연구』, 일조각, 1986.
2) 김정배, 「佛敎傳入前의 韓國上代社會相」, 『崇山朴吉眞博士화갑기념 한국불교사상
사』, 원불교사상연구원, 1975 ; 『한국고대사론의 신조류』, 고려대 출판부, 1980 ;
신형식, 「한국고대사에 나타난 충효사상」, 『성신여대논문집』 11, 1979 ; 『한국고대
사의 신연구』, 일조각, 1984 ; 신종원, 「三國史記 祭祀志 硏究-新羅 祀典의 연혁·내
용·의의를 중심으로-」, 『사학연구』 38, 1984 및 「6세기 초 신라의 犧牲禮」, 『진단학
보』 70, 1990 ; 『신라초기불교사연구』, 민족사, 1992 ; 최광식, 「신라의 神宮설치에
대한 신고찰」, 『한국사연구』 43, 1983 ; 『고대한국의 국가와 제사』, 한길사, 1994.

재래의 생활규범의 전통 위에서 차츰 유교의 예속과 기강을 이해하게
되었으며, 유교사상에서 가장 중요한 덕목 가운데 하나인 忠은 중앙집권국
가의 통치자인 국왕의 출현과 엄격한 골품제의 시행에도 불구하고, 국왕을
비롯한 전국민을 하나로 묶는 공동체적 관념과 밀접한 관계를 가졌다고
하였다. 따라서 삼국시기 유교는 아직 독자적인 위치를 정립하지 못했다는
것이다.

그런데 후자는 이를 비판하고 불교수용 이전에 유교문화가 어느 정도
성숙되었음을 논하였다. 즉 道人 칭호의 사용, 법흥왕·진흥왕의 捨身,
진흥왕 때의 八關會와 巡狩時 道人의 隨駕, 백제 불교의 영향 등을 근거로
南朝佛敎의 영향을 강조함으로써 왕권 강화의 이데올로기는 轉輪聖王思
想, 眞種說, 佛國土說, 王卽佛思想 같은 北朝佛敎보다는 오히려 수용면에서
시기적으로 앞서는 유교에서 찾아야 한다고 보았다. 이에 따르면 神宮과
大·中·小祀의 모든 제사를 국가의 필요에 따라 정리한 지증왕대 祀典의
성립은, 중국의 祭禮인 祠令을 수용한 것으로, 신라 사회의 중앙집권화를
의미한다. 또「迎日冷水里新羅碑」(503)와「蔚珍鳳坪新羅碑」(524)에 나타난
煞(殺)牛기사는 중국의 犧牲禮 수용과 함께 불교시대 개막 직전의 상황을
보여주며, 이러한 희생례의 배경으로 이미 수용된 중국의 祠令이 이행되고
있었다.[3] 게다가 신라는 법흥왕 8년(522)에 梁과 국교를 맺음으로써『孝經』
을 국가적으로 수용하였고, 국가 차원에서『효경』교육을 중시한 것은
孝의 강조를 통해 국가와 군주에 대한 忠을 유도할 수 있다고 믿었기
때문이다.[4]

---

3) 신종원, 앞 책, 1992.
4) 노용필,「신라시대『孝經』의 수용과 그 사회적 의의」,『李基白先生 고희기념한국사
   학논총』上, 일조각, 1994.

그리고 영토와 인민이 확대됨으로 인해, 초부족적 통치이념을 표방하는 새로운 王者像을 제시한 것이 유교 통치이념인 王道思想이었다.5) 「眞興王巡狩碑」에는 신라 중심의 세계관과 함께 왕도정치의 이념이 강하게 드러난다. 이러한 현상은 중앙집권적 통치체제에 따른 왕권 강화와 남북조와의 교섭으로 인해 높아진 신라의 국제적 위상이 그 배경으로 작용하였다.6)

이러한 이해를 전제로 할 때 불교와 마찬가지로 유교를 수용한 세력은 왕과 왕실, 그리고 이를 뒷받침하는 근신들로 간주된다. 사회변화에 대한 해결 능력을 제시하는 새로운 사상이 토착화의 요건7)이란 점에서 이들은 고대적 지배질서를 마련하는 주도집단이라 할 수 있다. 법흥왕·진흥왕대를 거쳐 신라 관제의 기본틀이 형성된 진평왕대에 이르러 유교 통치이념에 대한 이해가 확대되고 유교사상을 표방하는 사람들이 나오기 시작한 것은 이 점과 관련하여 시사하는 바 크다.

2. 유교 수용의 사회적 상황

유교 수용에 대해서는 다음과 같은 세 가지 설이 전한다. 전통적인 유학자들의 주장을 이은 장지연의 기자조선설8)과 한사군의 영향을 강조한 설,9) 유교의 사회적 기능에 중점을 두어 太學 설립(372)을 하나의

---

5) 이희덕, 「한국고대의 自然觀과 유교정치사상」, 『동방학지』 50, 1986 ; 신동하, 「고대 사상의 특성」, 『전통과 사상』 4, 1990.

6) 노용필, 『신라진흥왕순수비연구』, 일조각, 1996.

7) 정구복, 「고대국가의 역사인식」, 『한국인의 역사의식 - 고대편 - 』, 한국정신문화연구원, 1989, 91~115쪽.

8) 張志淵, 『韓國儒敎淵源』, 匯東書館, 1922.

9) 이병도, 『資料韓國儒學史草稿』, 서울대학교 국사연구실, 1959 ; 『한국유학사』, 아세아문화사, 1989.

기준으로 제시한 설10)이 그것이다. 언어와 문화라는 관점에서 한자와
유학의 관계를 염두에 둔다면 유교의 전래는 한사군의 영향을 강조한
설이 가장 설득력이 있어 보인다. 한자는 단순한 언어 역할을 넘어서서
그 안에 내재된 사상 및 가치관을 동시에 섭렵하게 했던 것이므로 한자의
습득과 전래는 곧 유학의 습득과 전래를 의미하기11) 때문이다. 그러나
그 수용은 사회적 기능을 발휘하기 시작하는 태학 설립 이후일 것이다.

　신라는 유교를 수용함에 있어 중국의 영향은 말할 것도 없고 4세기
후반에서 5세기에는 고구려로부터, 그리고 6세기 초반에는 백제로부터
많은 영향을 받았다. 삼국 중 고구려는 이미 1세기에 중국대륙과 교섭하며
성장했던 까닭에 일찍부터 한문을 사용하였다. 그리하여 書籍을 매우
좋아하는 습속이 생겨났고, 소수림왕 2년(372)에 태학을 세운 이래 五經·三
史·三國志·文選과 같은 유교경전 및 史書·文學書 등을 가르쳤던 것으로
보인다.12) 태학 설립에 이어 동왕 3년(373)에는 율령을 반포하였다. 율령은
국가통치의 근본이 되는 成文法으로, 새로운 관료체제를 운영하기 위해서
는 율령 관료층의 확보가 시급한 상황이었다. 이러한 의미에서 태학의

---

10) 이기백, 앞 책, 1986.
11) 류승국,『한국의 유교』, 세종대왕기념사업회, 1976, 32~33쪽 참고.
12)『舊唐書』卷199, 列傳149 高麗에 "俗愛書籍 至於衡門廝養之家 各於街衢造大屋
　謂之扃堂 子弟未婚之前 書夜於此讀書習射 其書有五經及史記·漢書·范曄後漢書·三
　國志·孫盛晋春秋·玉篇·字統·字林; 又有文選 尤愛重之"라고 기록되어 있으나, 비단
　7세기대의 고구려 사회상 만을 언급한건 아닐 것이다. 7세기 이전의 상황까지도
　소급해서 전하지 않았을까 한다. 노용필은『구당서』에 전하는 상황을 적어도
　고구려 文咨王 治世(492~518년) 이후 어느 시점으로 추정하였다(앞 논문, 1994,
　184쪽). 그런데『字林』은 南朝 宋나라(420~479년)에서 撰한 字書이며,『玉篇』과
　『文選』은 남조의 梁(502~557년)에서 편찬한 것들이다. 그렇다면 經書, 史書, 字書,
　文學書 가운데에서 經書와 史書는 고구려 사회에서 4세기 이전에 수용되어 태학
　등의 교육기관에서 널리 읽혔을 것으로 짐작되며, 字書와 文學書는 5~6세기에
　걸쳐 수용된 것으로 말할 수 있을 것이다.

설립은 관료의 양성 및 배출이라는 시대적 요청에 부응하기 위한 조처로서 매우 주목된다고 하겠다.

이 무렵의 고구려는 前燕에 대항하는 정책으로 前秦과 화친관계를 유지했는데,[13] 전진은 우호의 표시로 고구려에 불교를 전해 주었다.[14] 前秦王 苻堅(재위 357~385)은 종교 또는 사상의 진흥정책을 추진한 인물로 유명하다. 그는 당시 名僧 道安을 얻기 위해 東晉 長征에 나서기까지 했으며,[15] 학교를 廣修하고 郡國의 학생을 모집하여 유학을 振作시켰다.[16] 나아가 關東의 백성을 모아 一經 이상에 통한 자는 예물을 갖추어 주고, 在官 중인 자에게는 百石 이상의 곡식을 주며, 그 재주가 一藝도 미치지 못하는 자는 쫓아 백성으로 삼음[17]으로써 儒風의 조성과 유학 진흥에 대단히 힘쓴 사실을 확인할 수 있다.

고구려가 중앙집권적 귀족국가 체제를 정비한 것은 전진과의 교류와 무관하지 않으며, 당시 고구려의 강력한 정치·군사적 磁場下에 놓여 있던 신라[18] 또한 고구려를 통하여 전진의 유·불사상 및 문화와 접하였을 가능성이 있다. 신라가 김씨 세습 왕권을 확립한 奈勿王 22년(377)에 고구려 의 알선으로 전진과 처음 통교한[19] 것은 이 같은 사실을 뒷받침해 준다.

---

13) 고구려에 압력을 가하던 前燕은 慕容暐 때 前秦王 苻堅에 의해 멸망당했는데(370), 이때 고구려는 국내로 망명해 온 前燕의 太傅 慕容評을 잡아 苻堅에게 압송함으로 써 호의를 표한 바 있다.

14) 『삼국사기』 권18, 고구려본기26, 소수림왕 2년 夏6월, "秦王苻堅遣使及浮屠順道 送佛敎·經文 王遣使廻謝 以貢方物".

15) 『資治通鑑』 권104, 晋紀26.

16) 『晋書』 載記 苻堅.

17) 『資治通鑑』 권103.

18) 5세기초 고구려와 신라의 정치적 밀월관계를 보여주는 것이 壺杆이며(國立博物館, 『壺杆塚과 銀鈴塚』, 을유문화사, 1946), 군사적 우호관계는 광개토왕비문에 잘 나타나 있다. "十年庚子 敎遣步騎五萬 往救新羅".

이어서 내물왕 26년(381)에도 전진과 재차 통교한[20] 사실이 있다.

지증왕·법흥왕대에 들어와 신라는 중국의 남북조와 교섭하였으며, 주로 문화적 요소들을 수반하였다. 지증왕은 北魏와의 교섭에서 그 문화를 수입할 목적으로 개방적이고 적극적인 태도를 취하였는데, 북위와의 2차에 걸친 교섭은[21] 국호제정과 중국식 왕호 사용, 지방제도의 정비 등으로 나타났다.[22] 당시의 북위는 20년에 걸쳐 진행된 중국화가 완성·공인된 직후[23]로서 그 중심인물은 孝文帝였다. 孝文帝 拓跋宏은 어린 시절부터 漢人 관료의 敎導에 의해 수준 높은 중국적 교양을 몸에 익힌,[24] 漢文化에 심취한 인물이었다. 그러므로 그의 정책에 漢化的 성향이 뚜렷함은[25] 당연하였다.

효문제는 太和 17년(493)에 중국 전통문화의 淵叢(숨골)이라고도 할

---

19)『자치통감』권104, 晋紀26 列傳 上, "太元二年春 高句麗·新羅·西北夷 皆使入貢于秦".

20)『삼국사기』권3, 내물왕 26년, "遣衛頭入苻秦 貢方物 苻堅問衛頭曰 卿言海東之事 與古不同 何耶 答曰 亦猶中國時代變革 名號改易 今焉得同".

21)『魏書』권8, 帝紀8 景明 3년(502) 및 永平 원년(508).

22)『삼국사기』권4, 지증왕 4·5·6년.

23) 효문제의 치세 30년은 獻文院政期 6년(471~476), 馮太后簾政期 15년(476~490), 親政期 10년(490~499)의 세 시기로 구분된다. 이른바 北魏朝의 한화정책은 馮太后 簾政 이듬해인 477년에 太和로 改元한 이후 한화의 마지막 단계인 496년의 姓族分定에 이르기까지 20년에 걸쳐 진행되었다. 馮后簾政의 15년간은 효문제 30년간 치세에서 北族系貴族과 漢人官僚의 세력균형을 이룬 중요한 시기였다, 또 均田法 공포와 三長制의 시행으로 租調의 世額을 정하고, 그것을 근거로 백관의 俸祿을 규정하였다. 이와 동시에 통치체제도 정돈하는 등 정치적으로 수확이 많았던 시기였다. 효문제가 馮后체제에서 벗어나고자 단행했던 낙양천도 또한 결과적으로 北魏朝를 北族전통의 유목국가 체제에서 중국적 정복왕조 체제로 변용·탈피시켰다는 점에서 馮后의 정책노선과 연장선상에 있다 하겠다(田村實造,「北魏孝文帝の政治」,『東洋史研究』41-3, 1982 ; 朴漢濟,「北魏王權과 胡漢體制－북위사회의 변질과 관련하여－」,『진단학보』64, 1987 참고).

24) 田村實造, 위 논문, 506쪽.

25) 박한제, 앞 논문, 1987, 185쪽.

수 있는 洛陽으로 천도한 이후 4년에 걸쳐 일련의 문화혁명을 단행하였다. 예컨대 494년에 胡服 改易과 胡漢間 通婚의 장려, 胡姓의 漢姓으로의 개정이 있었고, 495년에 遺書 訪求 및 학교 창설 등의 文治策과 北語禁止, 職品令 宣示, 冠服 班賜 등 중국풍의 관제개혁이 있었다. 496년에는 2년에 걸친 姓族制度(氏族分定)를[26] 마무리 지었다. 이 姓族分定은 낙양천도에 수반하는 문화혁명의 완성이라고도 할 수 있는 것으로, 북족 사회에 新秩序로서의 문벌주의를 제도적으로 도입했던 一大 사회혁명이었다.[27] 한편 효문제의 문화혁명 운동은 일명 '移風易俗' 운동으로 불러도 좋을 만큼 북위왕조 전체의 완전한 漢化를 목표로 한 것은 아니었다. 효문제가 추진한 漢化의 가장 중요한 조칙들은 신라와 교섭하기 직전인 494~496년의 3년에 걸쳐서 반포되었음을[28] 볼 수 있는 바, 지증왕대의 漢化政策은 이러한 북위와의 교섭을 배경으로 이해해야 할 것이다.[29]

---

26) 효문제의 문화혁명운동에 관한 자세한 내용은 川本芳昭, 「北魏高祖の漢化政策について の一考察－北魏社會の變質と關係から見た－」, 『東洋學報』 62-3·4, 1981 ; 田村 實造, 앞 논문, 1982, 508~513쪽 참고.

27) 부연 설명하자면, 한족 사회의 역사적 전통을 근거로 漢人貴族의 家格의 高下를 국가가 인정하고, 이에 준해서 北族도 天子를 정점으로 家柄의 高下를 評定함으로 써 北族·漢族 兩者 간 정치사회적 균형, 말하자면 漢族名門의 사회적 권위와 北族姓族의 정치적 권력 간 균형을 지향했던 것으로 정리할 수 있다(田村實造, 위 논문, 512~513쪽 참고).

28) Luc Kwanten, *Imperial Nomades : A History of Central Asia*, University of Pennsylvania Press, 1979, 宋基中 譯, 『遊牧民族帝國史』, 민음사, 1984, 36~38쪽 ; 徐連達 外, 『中國通史』, 중국사연구회 譯, 『중국통사』, 청년사, 1989, 298~303쪽.

29) 서영수, 「삼국시대 韓中外交의 전개와 성격」, 한국사연구회 편, 『고대한중관계사 의 연구』, 삼지원, 1987, 135쪽.
참고로 말한다면, 당시 북위의 외국문물 수입 태도는 唐代와 비견될 정도로 개방적이었다. 실제로 북위 군주들은 前歷에 구애됨이 없이 능력에 따라 重任을 맡기는 경우가 허다하였다. 그러한 연유로 북위의 조정에는 仕宦한 외국출신 인사들이 많았으며, 南朝에서 北歸하여 중용된 자 또한 헤아릴 수 없을 정도였다.

신라의 유교 수용을 놓고 볼 때 법흥왕대는 매우 주목되는 시기이다. 눌지왕 때 고구려의 간섭에서 벗어나기 위해 백제와 동맹을 체결한 신라는 진흥왕 14년(563)에 한강 유역을 탈취하기 전까지 백제로부터 문화적 영향을 받았을 것으로 보인다.[30] 때마침 백제는 6세기 전반기에 『周禮』의 官制를 모방하여 중앙의 정부조직을 구성하고, 나아가 전국적인 지배체제 의 편성과 국가적인 제사의례에까지 이를 적용하는 이른바 '周禮적 정치이 념'을 표방함으로써, 토착적 지역할거성 내지 백제사회 내부의 전반적인 이중성을 극복할 수 있었다.[31] 동시에 梁과 긴밀한 관계를 유지해 나갔다. 무령왕(501~523)을[32] 이어 성왕대(523~554)에는 백제가 梁으로부터 물질 문화뿐 아니라 유교·불교 등의 정신문화를 수용하고자 한층 더 노력하였 다. 그리하여 禮學 전문가로서 이름 높던 陸詡가 백제에 파견되었는데,[33]

그리고 수도 洛陽은 唐代의 長安을 연상케 하는 국제색이 짙은 도시였고(服部克彦, 『北魏洛陽の社會と文化』, 東京, 1965, 27~29쪽), 그 일각에는 독특한 異人街도 형성되어 있었다. 또 西域과의 교역도 매우 성하여 북위에서 상업을 경영하는 서역인들이 많았고, 佛僧들도 각국에서 모여 들고 있었다(박한제, 앞 논문, 1987, 200~202쪽 참고). 이와 같은 북위사회의 개방적 분위기는 6세기 초 신라가 한화정 책을 추진해 나가는 데 유리한 여건이 되었을 것이다.

30) 나제동맹(433) 이후 신라는 문화면에서도 백제의 영향을 적잖이 받았다고 본다. 신라가 중국 南朝와 교섭한 것은 법흥왕 8년(521) 백제 사신을 따라가 梁나라에 조공한 것이 처음인데, 그 이전의 신라 故地에서 발견된 黑褐釉小瓶(皇南大塚 北墳 98호분)이나 居昌 壬佛里寺址의 "△齊·梁永若交易納"銘 맷돌片 등 六朝時代의 유물은 주로 백제를 통해 전해졌을 것이다(신종원, 「신라 불교전래의 諸樣相」, 앞 책, 1992, 131~138쪽).

31) 이기동, 「백제국의 정치이념에 대한 일고찰-특히 '周禮'主義的 정치이념과 관련하 여-」, 『진단학보』 69, 1990, 11~13쪽 ; 『백제사연구』, 일조각, 1996, 171~180쪽.

32) 무령왕릉 출토의 부장품 및 인접한 宋山里 6호분의 塼에 새겨진 "梁「官」「品」 爲師矣"銘文은 단적인 증거이다.

33) 『陳書』 권33, 열전27 儒林 鄭灼傳附 陸詡傳에 의하면 陸詡는 557년 梁이 陳으로 교체되기 전에 백제로 간 것이 확실하며, 그의 백제 渡來 시기는 540년대에서 550년대 전반기에 걸치는 어느 시기로 추정된다(이기동, 앞 책, 1996, 177쪽).

이는 당시 성왕이 추진하던 官制 정비를[34] 통한 중앙집권화 시책과도
무관하지 않다.

신라는 백제의 도움으로 법흥왕 8년(梁武帝 20년, 522)에 梁과 외교를
수립하였다.[35] 梁은 문물의 발달 면에서 南朝의 황금기였던 劉宋을 이어받
아 아시아 세계의 문화 중심지다운 면모가 고스란히 남아 있었다.[36]
이를 바탕으로 남북조시대 2백 년 이래 미증유의 盛世를 이룬 것으로
평가받는 武帝(502~549)는[37] 동양 역사상 제일의 好佛의 군주로도 이름났
지만,[38] 國子學을 번성시켜 남조를 통틀어 經學의 극성을 이룬 시대로

---

34) 백제 중앙관제 정비의 획기적인 시기는 성왕 때이며, 6左平, 16官等制, 22部司
   제도로 정립되었다.

35) 『삼국사기』 권4, 법흥왕 8년, "遣使於梁貢方物"; 『梁書』 권3, 본기3 武帝 下, "普通二
   年冬十一月 百濟·新羅各遣使獻方物"; 『梁書』 권54, 열전48 東夷 新羅, "其國小
   不能自通使聘 普通二年 王名募泰 始使使隨百濟 奉獻方物". 『梁書』 新羅傳은 중국
   正史 中 최초의 신라전이란 점에서 자못 의의가 크다고 하겠는데, 이 시기 신라가
   고대국가로 성장하여 중국과 교섭이 활발해지면서 그 존재가 부각된 결과라고
   본다. 사료상으로는 '나라가 작아서 독자적으로 사신을 파견할 수 없기 때문에
   백제 사신을 따라간 것'으로 되어 있으나, 6세기 초엽의 신라의 국가적 성장
   단계 내지 이후 탁기탄·남가라·탁순 등 가야 남부제국의 소멸과정에서 법흥왕이
   보여준 고도의 외교술을 감안해 볼 때(이에 대한 자세한 내용은 김태식, 「6세기
   전반 伽倻南部諸國의 소멸과정고찰」, 『한국고대사연구』 1, 1988 참고) 『梁書』의
   기록은 실제의 그것과는 차이가 있을 것으로 여겨진다.

36) 이용범, 「해외무역의 발전」, 국사편찬위원회 편, 『한국사』 3, 1981, 504쪽.

37) 梁武帝의 50년 가까운 통치기간은 南朝의 귀족문화가 절정에 달한 황금시대(宮崎市
   定, 『九品官人法の硏究』, 京都, 1977, 309쪽), 또는 宋文帝의 30년과 함께 남조에서는
   보기 드물게 정치적으로 평온했던 시기로 평가받고 있다. 이처럼 양무제의 시기를
   魏晉 이래 유례없는 盛世로 인식하는 경향은 이미 隋·唐시대부터 나타난다(김유
   철, 「梁 天監初 개혁정책에 나타난 관료체제의 신경향」, 『魏晋隋唐史硏究』, 사상사,
   1994, 138쪽).

38) 山崎宏, 「梁武帝の佛教信仰」, 『支那中世佛教の展開』, 法藏館, 1971, 188~236쪽.
   佛國土의 이상을 세속에서 구현하려는 무제의 의지에 의해 양나라가 불교왕국을
   이루었던 것은 사실이다. 그러나 집권 초기 의욕적인 태도로 정치에 임했던

평가되고 있다.[39] 무제는 집권 초반부터 永明期(南齊 : 483~493)의 文人 學士들을 영입함과 동시에 儒術을 존중하였다.[40] 그는 國子學의 學生을 선발할 때 과거 族門의 貴賤에 따라 제한했던 것과는 달리 五館 모두에 寒門 雋才를 발탁하였고,[41] 또 一經에 능통한 자를 관리로 임용할 때 재능이 있으면 寒品 後門도 마다하지 않았다.[42] 이처럼 유학을 강조한 배경에는 기존의 문벌귀족을 대신한 황제 중심의 새로운 관료집단 형성이라는 정치적 요인이 크게 작용하였다. 이처럼 무제는 새로운 관료질서, 사회질서의 원리로서 賢才主義, 이를테면 儒學的 교양을 강조했던 것이다.[43] 『隋書』 經籍志는 이 같은 사실을 방증해 준다. 이 史書에서 유교경전의 수많은 주석이 양나라 때 저술, 간행되었음을 확인할 수 있으며, 그 가운데 무제 자신이 찬술한 것도 열 편이 넘는다.[44]

　바로 이 시기에 신라 왕실에서는 불교를 적극적으로 수용하려 했고, 또 그것이 국가중심적인 특징을 띠었다고 한다.[45] 이러한 현상은 비단 불교뿐만 아니라 유교에도 마찬가지로 나타났는데, 신라는 국가 차원에서 국가중심, 군주중심의 성격을 지닌 유교를 수용하기 위해 상당히 힘을

　　무제가 집권 후반에는 불교에 침잠함으로써 政事를 등한시하게 된 것인데, 普通年間부터 나타난 이러한 변화는 大通元年(527)의 捨身供養을 기점으로 그 병폐가 더욱 확산되고 있었다(森三樹三郎, 『梁の武帝－佛敎王國の悲劇』, 京都, 1956).

39) 森三樹三郎, 「玄儒文史」, 『六朝士大夫の精神』, 創文社, 1986, 97~99쪽. 무제 때 유교 정치이념이 충만했다는 평가는 일찍이 唐代에서부터 나타난다(김유철, 앞 논문, 1994, 138쪽).

40) 『梁書』 권2, 武帝紀中.

41) 『通典』 권27, 職官9 國子博士.

42) 『梁書』 권2, 武帝紀中 및 武帝紀 天監 4年 春正月.

43) 김유철, 앞 논문, 1994, 145~146쪽 참고.

44) 『隋書』 권32, 經籍志1.

45) 이기백, 「신라시대의 불교와 국가」, 앞 책, 1986.

기울였던 듯하다.[46] 그리하여 梁으로부터 『孝經』을 수용하려 했으며, 다른 어떤 경전보다도 『효경』에 관한 교육을 중시했던 점은 바로 孝를 강조함으로써 국가와 군주에 대한 忠을 유도할 수 있을 것으로 믿었기 때문이었다.[47] 이러한 법흥왕대의 對梁交涉은 바로 앞 시대 지증왕의 한화정책에 이어서 율령 반포와 백관의 公服 제정, 建元이라는 중국식 연호 사용의[48] 배경이 되었다.

이상에서 유교 수용은 중앙집권적인 국가체제의 정비과정과 밀접한 관계가 있음을 확인하였다. 중앙집권체제의 정비는 관제 정비와 표리를 이루는데, 관제 정비야말로 왕권 강화의 핵심 요소[49]인 것이다.

3. 유교사상의 확산 및 의례의 시행

1) 유교사상의 전개

신라는 법흥왕대부터 대외 팽창을 하면서 커다란 정치이데올로기의 변동을 겪게 되었다. 신라 정치이데올로기의 진전은 한편으로 불교를 공인하면서 불교의 眞種說을 채용하고, 다른 한편으로 중국에서 수입한 王道思想 즉 유교정치사상을 받아들인 데 따른 것이었다. 특히 신라 역사상 최대의 판도를 이룬 진흥왕대에는 비록 변방이긴 하나 신라보다 선진적이었던 고구려·백제의 舊土를 지배함에서 오는 정치적 빈곤을[50] 자각하지

---

46) 노용필, 앞 논문, 1994, 194~195쪽.

47) 노용필, 위 논문, 202~203쪽.

48) 법흥왕 때의 建元, 진흥왕 때의 開國·太昌·鴻濟 등 연호 제정은 해당 연호의 뜻과 함께 이전의 수준과는 비교할 수 없는 고대국가의 발전상을 유가사상을 빌어 표현한 것이라는 견해가 있다(김철준, 앞 책, 1975, 200~201쪽 참고).

49) 노중국, 「사비시대 백제지배체제의 변천」, 『한우근기념사학논집』, 1981, 56~57쪽.

않을 수 없었다. 그리하여 신라는 이를 극복하는 방법으로 유교정치사상을
표방했으며,51) 그 내용은 眞興王巡狩碑文에 잘 나타나 있다. 진흥왕의
정치사상이 비교적 선명하게 표현된 것으로 알려진 「磨雲嶺碑文」과 「黃草
嶺碑文」에는 맨 먼저 天命으로 帝王의 位에 올라 四方을 撫育하는 뜻을
말하고, 太昌 元年 戊子 즉 왕 29년(568)에 民心을 探訪하고자 北으로 巡狩의
길에 올라 忠信精誠之徒에게 爵賞을 내릴 뜻을 밝힌 다음, 끝에 隨駕人名을
기록하였다. 관련 내용을 인용하면 다음과 같다.

> A. 是以帝王建号 莫不修己 以安百姓 然朕歷數當躬 仰紹太祖之基 纂承王位
> 兢身自愼 恐違乾道 又蒙天恩 開示運記 冥感神祗 應符合算 因斯四方託
> 境 廣獲民土 隣國誓信 和使交通 府自惟忖 撫育新古黎庶 猶謂道化不周
> 恩施未有於是 歲次戊子秋八月 巡狩管境 訪採民心 以欲勞賚如 有忠信精
> 誠 才超察厲 勇敵强戰 爲國盡節 有功之徒 可加賞爵□ 以章勳效

비문의 내용에서 주목되는 점은 첫째 진흥왕이 자신을 朕이라 일컬었다
는 것, 다시 말해서 帝王으로 여겼다는 사실이다. 원래 朕이란 秦始皇
이래 天子의 自稱이었다. 帝王은 一國의 국왕보다는 한 단계 높은 칭호로52)

---

50) 김유철, 「漢文學」, 국사편찬위원회 편, 『한국사』 3, 1981, 252쪽.

51) 신라의 경우 광역의 고대국가 성립에 필요한 국가경영의 제도적 내용과 정치이념
의 기초를 유교경전에서 시사받았으며, 이를 토착화하는데 성공했다고 하였다(이
범직, 「유교사상의 전래와 정립에 관한 연구」, 『韓國史論』 28, 국사편찬위원회,
1998, 163쪽). 또 새로운 사회윤리로 수용된 유교덕목 忠·信이 신라화하여 정착되
었고, 그 시기는 지증왕 이후 진덕왕에 이르는 중고시대에 해당한다 하였다(홍순
창, 「신라유교의 역할」, 『신라종교의 신연구』, 신라문화제학술발표회논문집 5,
1984, 17쪽).

52) 『삼국사기』 지증왕 4년의 "群臣上言…… 又觀自古有國家者 皆稱帝稱王" 기사에서
'稱帝'·'稱王'의 순으로 거론한 사실이 주목된다. 이는 당시 신라인들이 중국의
역사 지식을 토대로 하여 '帝' 다음 '王'의 순으로 認知했음을 알 수 있다(노용필,

천하를 통일하여 통치하게 된 君主를 가리키는 말이었다.[53] 이와 같이
진흥왕 스스로 자신을 帝王과 동일한 의미인 朕이라 표방한 것은 진흥왕이
중앙집권적 통치체제를 확립함으로써 대내적으로 왕권이 보다 강화된
사실을 반영한 것이며, 대외적으로는 신라 역사상 유례없는 版圖를 차지한
데서 얻은 자신감을 그대로 드러낸 것이라고 하겠다.[54]

　둘째 양 비문에는 왕도정치의 이념을 표방하는 구절이 곳곳에 보인다는
점이다. "莫不修己 以安百姓"[55]이란 대목은 『論語』 憲問篇에서 취한 것이
며,[56] "因斯四方託境 廣獲民土 隣國誓信 和使交通 府自惟忖撫育新古黎庶"[57]
는 『書經』 康王之誥의 내용과 흡사하다. 풀이하면 진흥왕이 神助를 받아
사방으로 팽창하여 廣獲民土한 결과를 얻은 것은 대대로 전해 내려오는
정통성 있는 왕위를 계승한 점, 유교에서 말하는 '修己以安百姓'의 노력과
'恐違乾道'[58]의 근신으로 王者의 덕을 갖추게 된 점에 있다는 것이다.

　　「巡狩碑文에 나타난 政治思想과 그 社會的 意義」, 앞 책, 135쪽 주10) 참고).

53) 津田左右吉, 「王道政治思想」, 『儒教の研究』 3, 1965 ; 『津田左右吉全集』 16, 岩波書
　　店, 東京, 139쪽.

54) 564년에 北齊는 진흥왕을 '使持節都督東夷校尉樂浪公新羅王'으로 책봉하였다.
　　이때 수여된 爵號 가운데 '東夷校尉'의 직능은 東方의 諸집단을 統轄해 동방사회에
　　중국왕조의 지배력과 영향력 유지를 도모하는 것으로, 장수왕대 이래 고구려왕에
　　게 부여된 칭호였다. 이는 곧 고구려를 동북아 지역의 패자로 인식함과 동시에,
　　나아가 그것을 공인한다는 북조측의 입장을 상징적으로 나타낸 것이다. 그런데
　　565년에 신라왕에게 東夷校尉의 爵號를 封한 것은 동북아 지역에 대한 인식의
　　변화가 일어나고 있음을 말해 준다(노태돈, 「5~6세기 동아시아의 국제정세와
　　고구려의 대외관계」, 『동방학지』 44, 1984, 52~53쪽 참고).

55) "帝王이 연호를 세움에 몸을 닦아 백성을 편안하게 하지 않으면 안 된다".

56) 『논어』 권14, 憲問篇, "子路問孔子 子曰修己以敬 曰如斯而已乎 曰修己以安人 曰如斯
　　而已乎 曰修己以安百姓 堯舜其猶病諸".

57) "이로 말미암아 사방으로 영토를 개척하여 널리 백성과 토지를 획득하니, 이웃
　　나라가 신의를 맹세하고 和使가 서로 통하여 오도다. 아래로 스스로 헤아려
　　新舊民을 忖撫하였으나 ……".

말하자면 영토 팽창을 합리화하기 위해서는 먼저 恐違乾道하고 忠信精誠之
徒에게는 爵賞을 내리고 探訪人心하는 등 임금의 德을 내세우지 않을
수 없었다. 이러한 논리는 "帝王의 德이 넓고 仁하고 성실하여 信을 천하에
취하여 충신을 얻음에 이르러 皇天이 비로소 付畀四方하는 것이었다"[59]는
『書經』의 구절과도 합치된다.[60]

王道思想과 함께 주목되는 것이 天命思想이다. 천명사상은 비문의 "又蒙
天恩 開示運記" 및 "四方託境 廣獲民土 麟國誓信 和使交通 府自惟忖撫育新古
黎庶"의 구절에 잘 나타나 있다. 『書經』은 물론 『春秋』에서도 天命이 있어야
왕위에 오를 수 있고, 또 民心이 귀부해야 이를 유지할 수 있다 했는데,
천명이 진흥왕에게 있다 함은 이 비문의 "蒙天恩" 云云에서, 그리고 민심이
진흥왕에게 귀부함은 "廣獲民土 麟國誓信 和使交通 府自惟忖撫育新古黎庶"
내지 "訪採民心" 云云한 데에서 찾아볼 수 있다.[61]

끝으로 "有忠信精誠 才超察厲 勇敵强戰 爲國盡節 有功之徒 可加賞爵□
以章勳效"라는 구절에 의하면 충성과 신의, 정성이 있거나 재능이 뛰어나
재난의 기미를 살피고, 적을 당하여 용감하게 싸우고, 나라를 위해 충절을
다한 功이 있는 무리에게는 爵과 □을 상으로 더해 주어 공로를 표창하겠다
는 진흥왕의 인재 등용기준에서도 그 정치사상을 엿볼 수 있다. 요컨대
진흥왕은 왕도정치의 이념을 강하게 표방하는 한편 중앙집권적인 통치체
제를 유지하기 위해 올바른 인재 등용기준을 명시했던 것이다.[62]

58) 乾道는 바로 天道인데, 비문에 乾道가 언급되고 있는 것은 儒敎的 天命思想,
    王道思想을 보여주는 것이다(한국고대사회연구소 編, 『譯註 韓國古代金石文』
    제2권, 1992, 92쪽 노중국의 註釋 참고).
59) 『書經』 권9, 康王之誥, "昔君文武 丕平富 不務咎 底至齊信 用昭明于天下 則亦有熊羆之
    士 不二心之臣 保乂王家 用端命于上帝 皇天用訓厥道 付畀四方".
60) 김유철, 앞 책, 1975, 200~202쪽 참고.
61) 노용필, 앞 책, 1996, 138쪽 참고.

이상에서 살펴보았듯이, 진흥왕순수비의 내용은 한마디로『書經』의 王道思想을 빌어다가 진흥왕의 업적을 찬양하고 王者의 권위를 내세운 것이라 할 수 있다. 이는 신라 사회에서 전통적 族長들의 選民思想이 퇴색함과 동시에 帝王의 德인 仁과 신하의 본분인 忠의 관념이 새롭게 대두되었음을 의미한다. 그리고 이러한 사상에 대한 이해는 고대국가의 지배체제가 정비되기 시작한 진평왕대에 이르러 본격화하기 시작했다.

진평왕대 혹은 그 언저리 것으로 판명되는 世俗五戒, 壬申誓記石을 비롯해『삼국사기』열전에 실린 화랑의 기록 가운데에는 유교 경전명이 나오고, 경전의 구절이 직접 인용되기도 하면서 그것이 새로운 사회가치관을 논하는 준거로 자리잡아 감을 볼 수 있다. 특히 신라 융성기의 화랑도와 유교사상은 매우 밀접한 관계에 놓여 있어,[63] 화랑도 교육이념의 대명사라 할 수 있는 圓光의 '世俗五戒'[64]에 대한 고찰이 우선시된다.

삼국시대 신라는 유교 교육을 담당하는 교육기관이 별도로 없었다. 신문왕 2년(682)에 國學이 설치될 때까지 청소년 교육은 花郎徒 집단 내에서 이루어졌는데, 화랑도 자체가 교육기관만은 아니었으므로 太學이나 局堂과 동일시할 수 없을 것이다. 그러나 그들이 받들던 세속오계 가운데에는 忠·孝·信 등의 항목이 포함되어 있어 교육기능상 공통된 일면이 있음을[65] 확인할 수 있다. 세속오계의 항목으로는 이 세 가지 이외에도 勇과 仁이 있었다. 이것은 유교에서 주장하는 기본덕목과 대체로 일치한다. 그럼에도 이러한 덕목의 유래를 불교에서 찾으려는 시도도 있었다.[66]

---

62) 노용필, 위 책, 139~141쪽.
63) 이병도, 「삼국시대의 유학」, 앞 책, 1989, 35쪽.
64) 이기백, 「유교수용의 초기형태」,『한국민족사상사대계』2, 1973 ; 앞 책, 1986 ; 홍순창, 앞 논문, 17쪽.
65) 이기백, 위 책, 1986, 198쪽 참고.

그러나 '살생유택'을[67] 제외한 나머지 덕목은 적어도 불교의 근본사상과 직결될 수 없다고 본다. 게다가 세속오계를 만든 원광은 佛門에 입문하기에 앞서 유학을 공부했다 하므로[68] 유교에 대한 풍부한 소양을 지녔음이 분명하다.[69] 원광 자신이 승려임에도 불구하고 세속인은 오히려 이러한 유교덕목이 적합하다고 믿었던[70] 데에는 일찍이 수학했던 유교라는 학문적 배경이 작용했을 것이다.

한편 화랑도 제정의 當初 목적이 인재 발견 및 조정에 추천하는 데 있었다[71]고 한다면, 이는 중앙집권적 통치체제의 확립 과정에서 요구되는 다수의 法令官人과 武官 획득[72]이라는 중고시대 초기의 상황과도 부합된

---

66) 남도영, 「진흥왕의 정치사상과 치적」, 『통일기의 신라 사회연구』, 동국대 신라문화연구소, 1987, 71~98쪽.

67) 김철준을 비롯한 연구자 대다수가 '살생유택' 덕목을 불교의 영향으로 파악했으나, 유가사상에서도 이 같은 내용을 찾아볼 수 있다. 『禮記』 권6, 月令篇 ; 권24, 祭儀篇 ; 권13, 玉藻篇에는 때와 용도를 가려 細物이라도 죽이지 않으려는 의도가 들어가 있으며(鄭璟喜, 「삼국시대의 사회와 유교」, 『한국고대사회문화연구』, 일지사, 1990, 367~368쪽), 『國語』 魯語에도 이와 유사한 기록이 있다. 또 『禮記』 王制篇과 『孟子』 梁惠王章句에도 다수의 살생을 삼가고 무고하게 가축을 죽이지 않는다는 기록이 여러 군데 보인다(이병도, 앞 책, 1989, 44쪽).

68) 『續高僧傳』 권13, 新羅皇隆寺釋圓光.

69) 『속고승전』 권13, 新羅皇隆寺釋圓光에 의하면 원광은 진평왕 때 사람으로 승려가 되기 전에 老莊學과 儒學을 널리 읽고 諸子와 史書를 연구하여 신라에서 文名을 떨친 뒤, 25세에 陳으로 유학가서 승려가 되었다고 한다. 『古本殊異傳』에 실린 圓光法師傳에도 "初爲僧 學佛法 年三十歲 思靜居修道 獨居三岐山云云"(『삼국유사』 권4, 義解5 圓光西學)이라 하여 원광이 30세의 늦은 나이에 승려가 된 사실을 전해 주고 있어, 『속고승전』의 내용과 합치됨을 볼 수 있다(김철준, 앞 책, 1975, 207~210쪽 ; 신종원, 「원광과 진평왕대의 占察法會」, 앞 책, 1992, 212~216쪽).

70) 이기백, 앞 책, 1986, 202쪽.

71) 『삼국사기』 권4, 진흥왕 37년.

72) 이기동, 「신라 화랑도의 사회학적 고찰」, 『신라 골품제사회와 화랑도』, 한국연구원, 1980 ; 같은 책, 일조각, 1984, 332쪽 참고.

다 하겠다. 그러므로 화랑도의 수련 내용은 당연히 국가에 대한 충성을
전제로 하기 마련이었다. 실제로 "惑相磨以道義 或相悅以歌樂 遊娛山水
無遠不至"73)라는 수련 내용을 가만히 들여다보면 그들이 '相磨以道義'
했다는 것은 忠·信 등의 유교덕목을 목표로 수련·연마함을 뜻하며, 여기에
'歌樂'과 '山川遊娛'가 필수적으로 뒤따르는 것은 儒家의 교육과정에서
禮와 樂을 존중한 사실과 상통한다.74) 화랑도가 진골 및 하급귀족, 일반민
으로 구성되었지만, 현실의 왕권과 국가권력을 지지, 옹호하는 성향을
지닌 집단75)이 될 수밖에 없었던 요인이 바로 여기에 있다. 정복군주
진흥왕이 화랑도를 제정한76) 이유 또한 같은 맥락에서일 것이다. 金大問이
자신의 저서『花郎世紀』에서 "賢佐와 忠臣이 이로부터 솟아나고, 良將과
勇卒이 이로 말미암아 나왔다"77)라고 평한 것은 화랑도가 국가 교육단체로
서 어느 정도 성공을 거둔 사실을 말해 준다.78) 동시에, 실제로 화랑도는
마운령비문에 나타난 "有忠信精誠 才超察厲 勇敵强戰 爲國盡節 有功之徒"
그 자체였다고 해도 과언이 아닐 것이다.79)

이상에서 살펴본 바와 같이 세속오계를 중심으로 한 윤리관이 확립됨으
로써 이제 신라 사회에는 칭찬과 비난의 대상이 명백히 구분되기 시작하였
고, 이를 구분하지 못한다면 의롭지 못하다든가 不明하다는 사회적 비난을

---

73)『삼국사기』권4, 진흥왕 37년 및 권47, 金歆運傳.
74) 이기동, 앞 책, 1984, 342~351쪽.
75) 이기동, 위 책, 360~362쪽.
76) 화랑도의 제정 연대는 정확히 알 수 없다.『삼국사기』권44, 열전4 사다함전에
　　의하면 화랑 斯多숨이 진흥왕 23년(562) 대가야 정벌에 종군한 사실로 미루어,
　　그 제정은 562년 이전의 멀지 않은 시기로 추정할 수 있다. 이에 관한 상세한
　　논의는 이기동, 위 책, 331~332쪽 참고.
77) 이기백, 앞 책, 1986, 202쪽.
78) 이기동, 앞 책, 1984, 363쪽.
79) 노용필, 앞 책, 1996, 153쪽.

감수해야 했다.[80] 몇 가지 사례를 들면 다음과 같다.

B-1. 元述이 戰場에 나가서 죽지 않고 敗退해 돌아오매, 父親 유신은 "원술은 王命을 욕되게 하였을 뿐 아니라, 또한 家訓을 저버렸으니 斬해야 하겠다"고 하였으나 문무왕의 만류로 이루지 못하였다. 원술은 끝내 부모의 容認을 받지 못하고 평생 동안 자책하면서 지내게 되었다고 한다.[81]

2. 진평왕 때 沙梁宮 舍人 劍君은, 나라에 기근이 들어 궁중의 여러 舍人들이 唱翳倉의 貯穀을 훔쳐서 나눌 때에 "내가 近郎의 門徒에 이름을 두고 風月徒의 마당에서 修行하는데, 진실로 그 義가 아니면 비록 千金의 利라도 마음을 움직이지 않는다" 하면서 홀로 받지 않았다. 동료들은 일이 탄로날 것을 두려워한 나머지 검군의 독살을 기도하였다. 사건의 내막을 안 近郎이 官司에 고발할 것을 종용하니 검군은 "자기가 죽을 것을 두려워하여 여러 사람으로 죄를 짓게 하는 것은 인정상 차마 할 수 없는 일이다"라고 하였고, 다시 도망갈 것을 권하매 "저편이 잘못(曲)이요 나는 正直한데 도망하는 것은 丈夫가 아니다"라고 답하고 동료들이 置毒한 술을 마시고 죽었다.[82]

3. 진평왕 때 上舍人 實兮는 동료인 珍堤의 참소로 竹嶺 밖 遠地에 좌천당하게 되었다. 이때 或者가 어찌 임금께 바른 대로 말하여 변명하지 않는가 하니 實兮가 대답하기를 "옛날 屈原은 외롭게 忠直하여 楚의 黜斥을 받았고, 李斯는 충성을 다하다가 秦의 極刑을 받았다. 그러므로 아첨하는 신하가 임금을 미혹케 하고 충성된 선비

---

80) 김철준, 앞 책, 1975, 207~210쪽 참고.
81) 『삼국사기』 권43, 열전3 金庾信 下.
82) 『삼국사기』 권48, 열전8 劍君.

가 배척을 당하는 것은 옛날에도 또한 그러하였으니 어찌 족히 슬퍼하랴" 하고 드디어 말없이 가서 長歌를 지어 자신의 뜻을 표하였다 한다.[83]

앞서 언급했듯이, 유교경전의 구절이 보다 많이 인용되고, 그 뜻을 이해하게 된 것은 진평왕 때가 아닌가 한다. 『삼국사기』에는 이 무렵부터 유교사상을 깊이 이해하는 사람들이 등장하기 때문이다.[84] 『삼국사기』 열전에 수록된 인물 가운데 大義로써 죽음도 불사하고 자신의 신념을 굳게 지킨 예가 허다한데, 그들이 즐겨 사용한 대의명분은 모두 유교의 가르침이거나 유교경전에서 인용한 내용이었다. 이에 관한 사례를 소개하면 다음과 같다.

진평왕 때 貴山과 箒項은 "반드시 士君子와 더불어 놀아야 하겠으며, 먼저 正心修身하지 않으면 逢辱을 면치 못할 것"이라 했다. 때마침 수나라에서 유학하고 돌아온 원광에게 나아가 終身之誡가 될 만한 교훈을 물었다. 이처럼 신라의 청소년들이 전통적 가치보다 한 차원 높은 새로운 지도이념을 필요로 하게 된 것은 시대적 추세라고[85] 생각된다. 그 후 이들은 진평왕 建福 19년(602)의 阿莫城 전투에서 임전무퇴의 계율을 실행하다가 전사하였다.[86]

金令胤傳에 나오는 欽春은 진평왕 때 화랑이 되어 이름을 떨친 사람이다. 흠춘은 백제를 상대로 黃山에서 최후의 결전을 벌였다. 그때 아들 盤屈에게 "見危致命 忠孝兩全"이라 이르니 아들 반굴이 적진에 들어가 力戰하다가

---

83) 『삼국사기』 권8, 열전8 實兮.
84) 김철준, 앞 책, 1975, 217~218쪽 참고.
85) 김철준, 위 책, 1975, 213~215쪽 참고.
86) 『삼국사기』 권45, 열전5 貴山.

죽었다. '見危致命'은『論語』제19, 子張篇의 "見危致命 見得思義"에서 취한 문구임을 알 수 있다. 통일 뒤 반굴의 아들 令胤 또한 報德國이 반란을 일으키자 토벌에 참가하여 "臨陣無勇 禮經之所譏 有進無退 士卒之常分"이 라 하고 전사하였다. '臨陣無勇 禮經之所譏'는『禮記』曲禮의 "臨難毋苟免"에 서, '有進無退'는 세속오계의 하나인 "臨戰無退"에서 유래한 것임을 알 수 있다.[87]

『論語』권9, 子罕篇의 "歲寒然後 知松栢之後凋"는『삼국사기』열전에 자주 등장하는 점으로 미루어 당시의 사람들, 구체적으로 통일기 무렵을 살다 간 사람들이 즐겨 쓰던 문구임을 알 수 있다. 진평왕 때 사람인 訥催가 백제군의 공격으로 위기에 처했을 때 "陽春和氣 草木皆華 至於歲寒 獨松栢後彫"라 말한 것이라든지,[88] 선덕왕 11년에 대야성 전투에서 죽은 竹竹은 歲寒不凋의 名節을 지키라고 죽죽이라 이름한 사실,[89] 진덕왕 원년 茂山·甘物 지방에서 백제군과 대치하고 있을 때 김유신이 신라군의 사기를 일으키고자 丕寧子에게 "歲寒然後 知松栢之後凋"란 구절을 인용하 면서 先驅가 되기를 강권한 사실[90] 등이 그것이다.

그러나 열전에 수록된 인물 중에서 유교사상을 가장 극명하게 표출한 자는 金庾信이었다. 김유신은 진평왕 建福 12년(595)에 태어났는데, 유신이 라는 이름은 중국의 賢人 庾信에게서 취한 것이었다.[91] 이 北周의 庾信은 동시대의 徐陵과 함께 時文으로 이름이 났으며, 후에 驃騎大將軍·開府儀同 三司 등의 重職을 역임하고, 庾子山集을 남겼다고 전한다.[92] 이와 더불어

---

87)『삼국사기』권47, 열전7 金令胤.
88)『삼국사기』권47, 열전7 訥催.
89)『삼국사기』권47, 열전7 竹竹.
90)『삼국사기』권47, 열전7 丕寧子.
91)『삼국사기』권41, 열전1 金庾信 上.

진평왕 때 병부령 직에 있으면서 왕의 田獵을 諫한 것으로 유명한 金后稷이 있다. 김후직 또한 堯舜시대의 名臣으로 농업을 관장한 周나라 始祖 棄의 別名을 따르고 있다. 이처럼 중국 현인의 이름을 차용하는 모습과 아울러 그들이 보여준 사상 및 행동거지에서 진평왕대 유교문화의 수준을 가늠할 수 있을 것이다. 역시 진평왕 연간에 공부를 시작했을 强首가 스승에게서 『孝經』·『曲禮』·『爾雅』·『文選』 등을 배웠다고 하는데, 그 스승 역시 7세기 초에 儒家書를 두루 접하였을 것이다.[93] 『삼국사기』 김유신 열전에 나타난 유교문화의 편린들은 어쩌면 당시 신라인의 보편적 가치관이 그대로 투영된 것인지도 모른다.

> C-1. 진평왕 51년 8월 신라는 고구려의 娘臂城을 공격하였는데, 고구려군의 逆擊으로 오히려 불리하게 되었다. 이때 中幢幢主로 종군하던 김유신이 그의 부친 舒玄에게 告하기를 "제가 평생에 忠孝로써 기약하였으니, 싸움에 임하여 용감하지 않을 수 없습니다. 들은즉 옷깃을 들면 갖옷이 바르게 되고 벼리를 당기면 그물이 펼쳐진다 하니, 제가 벼리와 옷깃이 되겠습니다." 하고, 말에 올라 칼을 빼어 들고 참호를 뛰어넘어 敵陳에 들락날락하면서 (적의) 장군을 베어 그 머리를 들고 돌아왔다.[94]

"옷깃을 들면 갖옷이 바르게 되고 벼리를 당기면 그물이 펼쳐진다"[95]는

---

92) 『周書』 권41, 庾信烈傳 및 이병도, 『국역 삼국사기』, 을유문화사, 1977, 615쪽.
93) 김기흥, 「『삼국사기』 「劍君傳」에 보이는 7세기 초의 시대상」, 박영석교수화갑기념 『韓國史學論叢』 上, 1992, 323쪽 참고. 『삼국사기』 권44, 김인문전에 의하면 진평왕 51년(629)년에 태어난 仁問이 어려서부터 공부를 하여 儒家書를 많이 읽고, 겸하여 莊子, 老子, 浮屠(佛敎)의 說까지 섭렵한 사실은 이 점과 관련하여 시사해 주는 바 크다.
94) 『삼국사기』 권4, 진평왕 51년 및 권41, 열전1 김유신 上.

文句는『晉書』劉頌傳 및『隋書』文學傳에 나오며, 신라 사회에서 널리
人口에 膾炙되던 내용 가운데 하나다.

C-2. 庾信이 일찍이 中秋夜에 子弟들을 이끌고 대문 밖에 섰더니 문득
서쪽에서 오는 사람이 있었다. 유신은 그가 고구려 첩자인 줄을
알고 불러 앞으로 오게 하여 말하기를 …… "우리 國王은 위로 하늘의
뜻을 어기지 않고, 아래로 인심을 잃지 않으매, 백성들이 기뻐하여
모두 자기 生業을 즐기고 있다. 지금 네가 보았으니, 가서 너희
나라 사람들에게 말하라" 하고 위로하여 보냈다. 고구려 사람들이
듣고 "신라는 작은 나라이지만 庾信이 재상이 되었으니 업수이
여길 수 없다"라고 하였다.[96]

신라에 대한 唐將 蘇定方의 評도 이와 비슷하다. 소정방이 백제를 격멸하
고 귀국하여 高宗에게 告하기를

"신라는 그 군주가 어질고 백성을 아끼며, 신하는 충성으로 나라의
일을 하며, 아랫사람이 윗사람 섬기기를 父兄과 같이 하니, 작은 나라지만
감히 넘볼 수 없습니다" 하였다.[97]

위에서 인용한 "吾國王上不違天意 下不失人心 百姓欣然 皆樂其業"및

---

95) "振領而裘正 提綱而網張".
96)『삼국사기』권42, 열전2 김유신 中. 사건의 연대를 추정해 보면 고구려 첩자가
나오고, 또 고구려인들이 신라는 작은 나라라고 말한 점으로 미루어 삼국시대
말엽의 상황이 아닐까 한다. 백제가 멸망하기 직전인 659년 4월에 무열왕은
장차 백제를 칠 목적으로 唐에 援兵을 청한 일이 있으며, 이에 자극받은 고구려가
신라의 동태를 파악하기 위해 첩자를 보냈을 가능성이 크기 때문이다.
97)『삼국사기』권42, 열전2 김유신 中.

"新羅其君仁而愛民 其臣忠以事國 下之人事其上如父兄 雖小 不可謀也"라는 뜻을 음미해 보면, 중앙집권국가의 통치 주체인 왕의 권한을 확립하여 民生의 안정을 위해 힘을 다한다는[98] 이른바 儒家에서 말하는 愛民思想을 표현한 것이라 하겠다.

> C-3. 문무왕 8년 고구려로 출정하기 직전에 찾아 온 欽純과 仁問에게 유신은 다음과 같이 조언하였다. "대저 장수된 자는 나라의 干城과 인군의 爪牙가 되어서 승부를 矢石 사이에서 결정하는 것이니, 반드시 위로는 天道를 얻고 아래로는 地理를 얻으며 중간으로는 人心을 얻은 후에야 성공할 수 있다. 지금 우리나라는 忠信으로써 존재하고, 백제는 오만으로써 망하고 고구려는 교만으로 해서 위태롭게 되었다. 지금 우리의 正直으로써 저편의 歪曲을 친다면 될 수 있거늘 云云"[99]

천도와 지리, 충신과 오만(교만), 정직과 왜곡의 對句로 표현한 이 대목은 유가에서 흔히 나오는 일반화된 이야기이다.

> C-4. 바라옵건대, 전하께서는 성공이 쉽지 않음을 아시고, 守城이 또한 어려움을 생각하시와, 小人을 멀리하고 君子를 가까이하시어 위에서 朝廷이 화목하고 아래서 백성과 만물이 편안하여 禍亂이 일어나지 않고 基業이 무궁하게 된다면 臣은 죽어도 유감이 없겠습니다.[100]

---

98) 加藤常賢(外), 동경대 중국철학연구실(編),『중국철학사』, 조경란 역, 동녘, 1992, 47쪽.

99)『삼국사기』권43, 열전3 김유신 下.

100)『삼국사기』권43, 열전3 김유신 下.

유신이 병석에 누웠을 때 문병 온 문무왕에게 和와 安을 유지해야 함을 충심을 다해 강조하고 있다. 『詩經』大雅 蕩篇에 나오는 이 구절은 삼국통일의 원훈으로서 할 수 있는 말이며, 和와 安은 결국 '仁'과 '忠'에서 이룰 수 있는 성질의 것이라고 본다.[101]

이 밖에 문무왕이 유신 일가의 공적을 치하한 후, 太大角干의 직위와 식읍을 내려 주고 이어 수레와 지팡이를 하사하면서 上殿不趨하였다든지, 아들 元述이 전장에 나가서 죽지 않고 敗退하고 돌아오매, 김유신은 그 아들을 마지막까지 보지 않았고, 지소부인 역시 "未婚時에는 父에 從하고 婚姻해서는 夫에 從하고 夫死後에는 子에게 從하는" 三從之義를 내세우면서 끝내 아들을 보지 않았다는 사실 등[102]에서도 유교적 색채를 읽을 수 있다.

한편 김유신은 전쟁을 치르는 과정에서 유가의 원칙을 고수하면서도 적을 물리치기 위한 방편으로 불교와 전통신앙을 이용하기도 했다. 김유신의 이러한 행위는 선덕왕 말년의 반란군 토벌 과정에서 확연히 드러난다. 장황하지만 내용의 전문을 인용해 보기로 한다.

D-1. 善德王 16년 丁未에 大臣 毗曇과 廉宗이 "女主는 政事를 잘하지 못한다" 하고 군사를 일으켜 廢하려 하니, 왕이 안에서 막아내었다. 이에 비담 등은 明活城에 주둔하고 官軍은 月城에 陣營을 베풀어 攻防이 10일이었지만 풀리지 않았다. 한밤중(丙夜)에 큰 별이 月城에 떨어졌다. 비담 등이 군사들에게 이르기를 "내가 들으니 별이 떨어진 아래에는 반드시 流血이 있다고 한다. 이것은 아마 女主가 패전할 조짐이다"라고 하였다. 군사들의 떠들어대는 소리가 땅을 진동하매

---

101) 김철준, 앞 책, 1975, 205쪽.
102) 『삼국사기』 권43, 열전3 김유신 下.

왕은 듣고 무서워서 어쩔 줄을 몰랐다. 유신이 왕을 뵙고 말하기를
"吉凶은 無常하여 오직 사람이 하기에 따르는 것입니다. 그러므로
紂는 붉은 새가 모임으로 해서 망하고, 魯나라는 麒麟을 잡음으로
해서 쇠약해졌으며, 高宗은 꿩이 욺으로 해서 일어나고, 鄭公은
龍이 싸움으로 해서 昌盛했습니다. 그러므로 德이 妖邪를 눌러 이길
수 있으니, 星辰의 變異는 두려울 것이 없습니다. 왕은 근심하지
마소서" 하고 이에 허수아비를 만들어 불을 안기고 風鳶(연)에 실어
날려 하늘로 올라가는 것 같이 하였다. 이튿날 사람을 시켜 길거리에
말을 퍼뜨리기를, 어젯밤에 떨어진 별이 도로 올라갔다고 하여 적군
들을 의심하게 하였다. 또 흰 말을 잡아 별 떨어진 곳에 제사 드리며
祝願하기를 "天道에는 陽이 剛하고 陰이 柔하며, 人道에는 인군이
높고 신하가 낮습니다. 진실로 혹시라도 바뀌면 곧 큰 亂이 되는
것입니다. 지금 비담 등이 신하로서 인군을 도모하며 아래서 위를
犯하니, 이것은 이른바 '亂臣賊子'로서 사람과 神靈이 함께 미워할
일이요, 하늘과 땅 사이에 용납되지 못할 것입니다. 하늘이 만일
여기에 無心하여 도리어 별의 怪變을 王城에 보인 것이라면 이는
臣의 疑惑하는 바 비할 데 없습니다. 하늘의 위엄으로 사람의 所欲(所
行)에 따라, 善을 善으로 하고 惡을 惡으로 하여 神靈의 부끄러움이
없게 하소서" 하였다.103)

大星의 落下에 대해 반란군의 수괴 비담은 선덕왕의 패배를 알리는
흉조로 설명한데 반해, 王軍의 총사령관 김유신은 길흉은 결코 星變에서
유래되는 것이 아니라 필경 인간 자신에 의해 초래된다는 사실을 중국의
故事를104) 들어가며 克明함으로써 대조를 이루었다. 또 유신은 연에 불을

---

103)『삼국사기』권41, 열전1 김유신 上.
104) "故紂以赤雀亡 魯以獲麟衰 高宗以雉雊興 鄭公以龍鬪昌"이란 古事의 출전과 그
　　속에 담긴 의미는 다음과 같다. "故紂以赤雀亡"은『史記』周本紀 第4에 나오며,

달아 올려 간밤에 떨어진 大星이 도로 天上으로 올라간 듯 심리전을
펼치는 한편 天道의 陰陽剛柔의 질서, 人道의 君尊臣卑의 질서를 뒤집으려
는 비담의 반란은 人神, 天地가 용납할 수 없는 無道한 일인데 도리어
叛軍이 아닌 王軍 진영에 나타난 落星의 變怪란 실로 天道를 의심하지
않을 수 없는 일이라 하였다. 이에 天의 위엄으로 善惡을 구별하여 善을
따라 神의 廉恥를 짓지 않게 하라며 祝願하였다.[105] 민심수습이 급했던
나머지 유신의 사고와 행위가 서로 괴리됨을 보여준다. 반면에 정치이념으
로서의 유교와 신앙으로서의 불교 내지 전통신앙이 병존한 사실도 확인된
다. 그러나 김유신이 표방한 원칙과 사상은 기본적으로 유교였음을 알
수 있다.

D-2. 유신이 왕명을 받고 懸鼓岑의 岫寺에 이르러, 齊戒하고 靈室로 들어가
     방문을 닫고 혼자 앉아 焚香하기를 여러 날 밤낮으로 계속한 후에
     나와, 혼자서 기뻐하며 말하기를 "내가 이번 길에 죽지 않게 될

赤雀은 鳳凰으로 吉兆를 상징한다. "魯以獲麟衰"는 『春秋左傳』 哀公 14년 및 『宋書』
권27, 符瑞 上에 나오며, 기린을 얻음은 吉兆를 뜻한다. 즉 紂王은 赤雀의 길조가
나타났으나 망했고, 魯나라 역시 기린을 얻는 길조가 있음에도 쇠했다는 것이다.
"高宗以雊雉興"은 『書經』 商書 高宗肜日의 古本註 및 『史記』 殷本紀 第3에 나오며,
『禮記』에도 "雊雉雞乳"라는 문구가 나온다. 殷나라 고종이 시조왕 成湯을 제사
지낼 때 飛雉가 신성한 종묘의 鼎耳에 올라 앉아 우니, 이를 不吉의 兆로 여겼다.
"鄭公以龍鬪昌"은 『春秋左傳』 昭公 19년에 나온다. 춘추시대에 鄭나라에 큰물이
나서 龍이 時門 밖의 洧淵에서 격투를 하자, 國人이 水神의 怒라 하여 제사를
지내려 했다 한다. 말하자면 고종은 장끼가 우는 凶兆였음에도 흥하였고, 鄭公
역시 龍이 싸우는 凶兆였음에도 창성했다는 것이다(이병도, 『국역 삼국사기』,
을유문화사, 621쪽 주 참고). 이상의 사실들을 종합하면 德있는 왕은 變異를
만나더라도 일을 바르게 하면 變異는 저절로 사라진다는 뜻으로 풀이할 수
있다.
105) 이희덕, 앞 논문, 1986, 17~18쪽.

것이다"라고 하였다.106)

문무왕 원년(661), 고구려 평양성을 포위하고 있던 唐軍에게 군량을 수송하라는 왕명을 받자, 유신이 자신의 신변과 일의 성사여부로 말미암아 불안해진 마음을 전통신앙에 의지하고 있음을 엿볼 수 있다.

> D-3. 백제 都城으로의 진격을 앞두고 나당연합군이 진을 치고 있던 중 飛鳥가 蘇定方의 진영 위에서 돌아다니매, 정방이 두려워하였다. 유신이 정방에게 말하기를 "어찌 나는 새의 괴이한 것으로써 天時를 어기겠소. 하늘의 뜻에 응하고 민심에 순종하여 지극히 不仁한 자를 치는데 무엇이 상서롭지 못한 일이 있겠소." 하고 이에 神劍을 뽑아 그 새를 겨누니 새가 찢어져서 자리 앞에 떨어졌다.107)

飛鳥는 不祥의 조짐 또는 첩자를 상징한다. 여기서 김유신이 취한 태도는 사료 D-1의 그것과 흡사함을 알 수 있다.

이상에서 중고기 말 신라의 지배층은 유교정치이념을 받아들이고, 유교경전을 이해하기 시작했음을 볼 수 있다. 한편 이러한 현상은 본격적인 대중외교가 전개됨에 따라 전담 실무자가 필요하였고, 전시상황의 장기화라는 시대적 배경으로 인해 더욱 촉진되었을 것이다.

2) 유교의례의 시행

유교사상의 전개와 함께 유교의례도 시행되기 시작했다. 유교의례의

---

106) 『삼국사기』 권42, 열전2 김유신 中.
107) 『삼국유사』 권1, 기이1 太宗春秋公.

시행으로 가장 먼저 꼽을 수 있는 것은 新正(新年)賀禮이다. 『삼국사기』
진덕왕 5년 정월에 의하면 "초하루에 왕이 朝元殿에 임하여 百官의 新正賀禮
를 받으니 賀正의 禮가 이때 시작되었다"108) 하여 新年賀禮를 처음 시행한
것으로 되어 있다. 그러나 『隋書』新羅傳에는 "매년 正月 元旦에 서로
賀禮하는데, 王은 연회를 베풀어 뭇 관원의 노고를 치하한다"109)라고
하였다. 왕이 연회를 베풀었다면 반드시 백관의 하례를 받았을 것이며,
그 시기는 관료제적 체제정비를 단행하여 왕권의 전제화를 시도한 진평왕
대가 아닌가 한다.110)

　　漢化的 內政改革과 더불어 진평왕 때에는 유교적 도의정치를 시행하는
데 중요하다고 생각되는 諫諍이 나타나고 있어 주목된다. 兵部令 金后稷이
왕의 田獵을 諫한 일이 그것으로, 유교 도입의 확실한 근거를 제공해
주는 단서이다. 전하는 내용을 소개하면 다음과 같다.

　E. "옛날의 임금은 반드시 하루에도 萬 가지 정사를 보살피되 深思·遠慮하
　　고, 左右에 있는 正士들의 直諫을 받아들이면서, 부지런하여 감히
　　편안하고 방심하지 아니한 까닭에 德政이 純美하여 국가를 보전할
　　수가 있었습니다. (그런데) 지금 殿下는 날마다 狂夫와 獵師로 더불어
　　鷹犬을 놓아 꿩과 토끼들을 쫓아 山野間을 달리어 능히 그치시지
　　못합니다. 『老子』는 '말 달리며 날마다 사냥하는 것이 사람의 마음을
　　미치게 한다' 하였고, 『書經』에는 '안으로 女色에 빠지고 밖으로 사냥을
　　일삼으면, 그 중의 하나가 있어도 혹 망하지 아니함이 없다'고 하였습니
　　다. 이로써 보면 안으로 마음을 방탕히 하면 밖으로 나라를 망하게

108) 『삼국사기』권5, 진덕왕 5년 정월, "五年 春正月朔 王御朝元殿 受百官正賀 賀正之禮
　　始於此".
109) 『隋書』권81, 東夷列傳46 新羅, "每正月旦相賀 王設宴會 班賚群官".
110) 隋왕조의 존속기간은 581~618년으로 진평왕대에 해당한다.

하는 것이니 반성하지 않을 수 없습니다. 전하께서는 유념하십시오."
하였다. 왕이 따르지 아니하매, 또 간절히 諫하였으나 받아들이지
아니하여 죽어서는 그 무덤을 왕이 田獵 가는 길에 씀으로써 끝내
이를 막을 수 있었다고 한다.[111]

간쟁이란 君父의 잘못을 비판하고 충고하는 것인데, 특히 군주가 잘못할
경우 이를 바로 잡는 유일한 방법이었다. 간쟁 이외에는 왕도정치의
실체에 접근하기 위한 어떠한 제도적 장치도 존재하지 않았으므로 儒家에
서는 이를 대단히 중요시 하였다. 따라서 왕이 간쟁을 수용할 경우 왕권의
행사는 커다란 제약을 받기 마련인데,[112] 그렇다면 간쟁은 궁극적으로
왕권을 규제하는 기능을 하지 않았나 생각된다.[113]

그러나 간쟁은 현실적으로 지극히 어려운 일이었다. 군주를 비판하는
행위는 곧 군주에 대한 도전으로 받아들여졌기 때문이다. 그러므로 간언자
는 일반적으로 간쟁을 할 때 자신에게 닥칠 위험을 무릅쓰고 극단적인
언행으로 호소함을 원칙으로 삼았다.[114] 고대 중국사회에서도 죽음을
무릅쓰고 충직하게 간언하는 자를 신하의 典型으로 생각하였다. 그러나
간언자의 대부분을 총괄해 볼 때, 죽음으로 간언을 다툰 자는 극히 드물고,
간언은 하되 투쟁하지 않는 절충의 태도를 취하거나, 군주의 기분을
거스르지 않는 태도로 접근하는 자가 더 많았다.[115] 당대의 이름난 諫臣으

---

111) 『삼국사기』 권45, 열전5 金后稷.
112) 권연웅, 「조선전기 經筵의 諫諍論」, 『경북사학』 14, 1991, 24쪽.
113) 諫官의 간쟁대상은 주로 군주임에 반해 臺官은 百僚의 糾察이 주임무였다. 실제로
    권력을 행사하는 과정에서 후자는 왕권의 집중화에 도움이 된 반면 전자는
    이와 반대 방향으로 작용했다(박용운, 『高麗時代 臺諫制度 硏究』, 一志社, 1980,
    27~36쪽 및 77~82쪽).
114) 권연웅, 앞 논문, 1991, 24~25쪽 참고.

로는 漢 武帝 때의 波黯,[116] 漢 成帝 때의 朱雲,[117] 三國時代 魏의 辛毗·楊
阜,[118] 後魏의 高弼[119]이 있었다.

　진평왕 당시의 활발한 대중교섭 및 유학의 발전 정도를 감안해 볼
때, 신라의 귀족관료들 사이에는 이상에서 열거한 인물들의 행위가 人口에
膾炙되었을 것이다. 아마도 김후직은 간쟁시 이들을 거울로 삼았던 게
아닌가 한다. 그리고 이 같은 사실은 사료 E의 "옛날의 임금은 반드시
하루에도 萬 가지 政事를 보살피되 深思·遠慮하고, 左右에 있는 正士들의
直諫을 받아들이면서, 부지런하여 감히 편안하고 방심하지 아니한 까닭에
德政이 純美하여 국가를 보전할 수가 있었습니다"라는 문구에서도 재차
확인된다. 또 후직은 『書經』[120]과 『老子』[121]에 나오는 구절을 인용했는데,
이는 후세 史家들에 의한 史讚이 아닌 김후직 자신이 직접 언급한 것으로
보인다. 익히 알다시피, 김부식이 『삼국사기』를 편찬함에 있어 유가의
역사서술의 원칙인 '述而不作' 정신을 견지했기 때문이다. 이와 아울러
고대국가의 기반이 확립되어 신라 官制의 殆半이 성립된 진평왕대에
이르러 유교정치사상에 대한 이해가 확산된 사실은 이를 더욱 뒷받침해
준다고 하겠다.

　진평왕의 田獵을 極諫한 김후직의 태도는 조선시대 성리학자들이 보기

---

115) 劉澤華, 노승현 譯, 「先秦시대의 諫言이론과 군주 전제주의」, 『중국고대정치사상』,
　　 예문서원, 1994, 260~261쪽 및 274~280쪽.
116) 『漢書』 권50, 波黯傳.
117) 『漢書』 권67, 朱雲傳.
118) 『三國志』 권25, 辛毗傳.
119) 『綱目』(조선왕의 經筵敎材).
120) 『書經』 권3, 夏書 五子之歌篇, "內作色荒 外作禽荒 甘酒嗜音 峻宇彫牆 有一于此
　　 未或不亡".
121) 『老子』 道德經, "馳聘田獵 令人心狂".

에 꽤나 인상적이었던 모양이다. 앞서 언급했듯이, 유교 지향의 왕도정치를 시행하는 데에 간쟁은 대단히 중요한 의미를 가지기 때문이다. 그러므로 成宗 16년(1485)에 완성된 『東國通鑑』에는 김후직의 간언 내용을 상세히 소개했을 뿐 아니라 史論까지 덧붙여 特記함으로써 높이 평가하였던 것이다.[122)

이러한 김후직의 충간을 효시로[123) 통일기에는 원활한 국정 운영을 위한 간쟁이 심심찮게 이어졌다. 신문왕 때 薛聰은 정직한 신하를 가까이 할 것을,[124) 헌덕왕 때 祿眞은 인사정책을 시행할 때 해당 인물의 자질에 따라줄 것을,[125) 李純은 음악에 취한 경덕왕에게 道理의 奧妙와 治世의 방법을[126) 각각 진언한 바 있다. 또 경덕왕 때 상대등 金思仁과 혜공왕 때 상대등 金良相은 상소를 통해 時政의 得失을 극론하였고,[127) 元聖王 때 執事史 毛肖는 文籍出身이 아닌 자가 수령직을 맡는 데 대한 부당함을 논박하였다.[128) 文聖王 때에는 淸海鎭大使 弓福의 딸을 次妃로 삼으려 함에 朝臣이 그 불가함을 간하였고,[129) 효공왕이 賤妾에게 빠져 정사를

122) 『東國通鑑』 제5권, 「三國紀」 庚子年. 『동국통감』의 史論은 유교적 명분론에 입각하여 褒貶을 가한 것이 대부분이다(정구복, 「『동국통감』에 대한 사학사적 고찰」, 『한국사연구』 21·22, 1978 참고).
123) 『삼국사기』 권32, 樂志 新羅樂 伽倻琴에 의하면 于勒으로부터 악곡을 전수받은 法知 등 三人이 이를 토대로 새로운 곡을 만들어 연주하니 진흥왕이 크게 즐거워했다고 한다. 이때 '亡國의 音律은 취할 것이 못 된다'고 말한 諫臣들이 있어 주목된다. 그런데 여기서 諫臣은 단순히 諫하는 신하라는 정도로 풀이함이 온당할 것이다. 김후직의 예도 그러하거니와 통일기에 등장하는 수많은 간언은 모두 그 주체가 명확할 뿐 아니라 당사자의 관직까지도 구체적으로 밝히고 있기 때문이다.
124) 『삼국사기』 권46, 열전6 薛聰.
125) 『삼국사기』 권45, 열전5 祿眞.
126) 『삼국사기』 권9, 경덕왕 22년 8월.
127) 『삼국사기』 권9, 경덕왕 15년 2월 및 혜공왕 13년 3월.
128) 『삼국사기』 권10, 원성왕 5년 9월.

돌보지 아니하므로 大臣 殷影이 간쟁한 사실이 있다.[130] 또 최치원은 진성왕 때 신라 사회가 당면한 위기상황을 타결하기 위한 시무 10조를 제시하기도 했다.[131]

그런데 進諫에 있어서는 간언자 개개인의 방식이 달랐다. 설총과 이순, 녹진의 사례는 納諫者와의 친분을 이용한 개인 차원에서 행해진 것이었으나, 이들을 제외한 나머지의 경우는 공적인 차원에서[132] 일정한 형식을 갖추었던 것으로 사료된다. 신분상으로도 전자는 모두 육두품이었음에[133] 반하여, 후자는 대체로 정치 참여에 손쉬운 진골 출신으로 상대등·병부령 직을 맡은 신라의 최고위 관원이거나 이에 상응하는 官位에 있었다고 믿어지는 朝臣·大臣이었음을 알 수 있다. 그러나 국왕에게 간쟁을 올릴 때의 절차라든지, 범절, 규정 등에 관한 것은 사료에 나타나지 않으므로 이를 추정하기는 어려운 실정이다. 다만 간쟁을 이론적으로 체계화함으로써 성립된 諫諍論 내지 간언의 태도 등을 통해서 어렴풋이 짐작할 수 있을 따름이다.

김후직의 忠諫과 유사한 사례는 고구려, 백제에서도 찾아볼 수 있다. 고구려의 경우 烽上王이 15세 이상의 壯丁을 동원하여 궁실을 수리하니 國相 倉助利가 "천재와 흉년으로 백성이 도탄에 빠져 있을 때에 土木工役을

---

129) 『삼국사기』 권11, 문성왕 7년 3월.

130) 『삼국사기』 권12, 효공왕 15년 춘정월.

131) 『삼국사기』 권11, 문성왕 8년 2월, "崔致遠 進時務一十餘條 王嘉納之 拜致遠爲阿湌".

132) 一例로 최승로의 시무 28조가 고려초기 문신관료층의 의견을 집약한 것과 마찬가지로 최치원이 제시한 시무 10조도 6두품 지식층의 의견이 집약된 것으로 파악함으로써 이를 국가정책에 대한 공식적인 건의로 이해하려는 연구가 있다(전기웅, 「崔致遠의 時務 10조와 정치사회의 변화」, 『나말여초의 정치사회와 문인지식층』, 혜안, 1996, 50~51쪽 참고).

133) 이기백, 「신라 육두품 연구」, 『省谷論叢』 2 ; 『신라정치사회사연구』, 일조각, 1971.

일으키는 것은 임금의 도리에 어긋나는 일"이라고 하였다. 왕이 듣지 않자 계속해서 간하기를, "임금이 백성을 救恤하지 않으면 仁이 아니요, 신하가 임금을 諫하지 않으면 忠이 아니다"[134]라고 하면서 유교정치사상의 2대 기준인 仁과 忠을[135] 내세운 사실이 있다. 백제 또한 東城王이 臨流閣을 세우고, 못을 파고, 진기한 짐승을 기르며 사치를 일삼자, 諫臣이 반대 상소를 올렸고,[136] 義慈王 말기에 나·당과의 전쟁이라는 비상시국을 당하여 左平 成忠과 興首는 죽음을 무릅쓰고 極諫하였다.[137]

이러한 유가의 간쟁론은 정치하는 원칙을 천명한 經書와 정치의 실례를 제시한 史書에 무수히 나오는데, 그 중에서도 『孝經』의 諫諍論은 간쟁의 중요성을 가장 잘 표현한 것으로 알려졌다. 본문의 내용은 다음과 같다.

> F. 이것이 무슨 말인가! 이것이 무슨 말인가! 옛날에 天子가 諫諍하는 臣下 일곱을 두면 아무리 無道해도 그 天下를 잃지 않고, 諸侯가 諫하는 신하 다섯을 두면 아무리 無道해도 그 나라를 잃지 않고, 大夫가 諫하는 신하 셋을 두면 아무리 無道해도 그 家를 잃지 않고, 士가 諫하는 벗을 두면 몸에 아름다운 명예가 떠나지 않고, 아버지가 諫하는 자식을 두면 몸이 不義에 빠지지 않는다. 그러므로 不義를 당하면 자식이 아버지에게 간쟁하지 않아서는 안 되고, 신하가 임금에게 간쟁하지 않아서는 안 된다. 그러므로 불의를 당하면 간쟁하는 것이니, 아버지의 명령을 따르는 것이 또 어찌 孝가 될 수 있겠는가.[138]

---

134) 『삼국사기』 권49, 열전9 倉助利, "君不恤民非仁也 臣不諫君非忠".
135) 김철준, 앞 책, 1975, 203쪽 참고.
136) 『삼국사기』 권26, 백제본기4 동성왕 22년.
137) 『삼국사기』 권28, 백제본기6 의자왕 16년 및 20년.
138) 『孝經大義』 13, 諫諍章.

曾子가 자식이 아버지의 命을 따르기만 하는 것을 孝라 할 수 있는가 물으니, 공자가 君父의 잘못을 바로잡는 것이 忠孝라고 답변하였다. 즉 孝는 父命이 아니라 義를 따라야 한다는 것으로, 詳述하자면 天子·諸侯·卿大夫의 존립에 간쟁하는 신하가 불가결한 것과 마찬가지로 간쟁하는 자식이 있으면 父가 不義에 빠지지 않기 때문에 父의 불의를 간쟁하지 않고 무조건 父命을 따르는 것은 효라고 할 수 없다는 뜻이다.[139]

그런데 『효경』의 宗旨를 분석해 보면 『효경』은 사실상 『忠經』이라 해도 좋을 정도로 忠을 위한 孝, 忠을 통한 孝의 완성, 父命이 아닌 義와 法에 대한 복종, 父子 관계의 君臣 관계화, 천하 만민에게 事親의 형식으로 강제한 事君, 법에 의한 불효의 엄벌이라는 입장을 확고히 갖고 있음을 알 수 있다. 이는 곧 '忠에 종속된 孝' 내지 '孝로 분식된 忠'을 주장한[140] 것과 다를 바 없다. 諫諍章에 담겨 있는 大義도 근본적으로 이 같은 입장에서 벗어나지 않는다. 그렇다면 유가의 간쟁론은 왕권을 제약하기보다 역설적으로 왕권을 보완하는 작용을 했던 것이 아닌가 한다.

실제로 중국의 경우 戰國末·漢初에 『효경』이 성립된 이래 왕조의 長久한 안정에 불가결한 忠을 유도하려는 목적에서 孝를 장려하는 각종 정책과 제도를 지속적으로 추진해 나갔음을 볼 수 있다.[141] 신라에서도 법흥왕 때 왕실 주도로 국가중심적 특징을 지닌 불교를 받아들임과 동시에, 유교의 국가중심이자 군주중심의 내용을 담은 『효경』을[142] 수용한 사실이

---

139) 이성규, 「漢代 『孝經』의 보급과 그 이념」, 『韓國思想史學』 10, 1998, 209~211쪽.
140) 이성규, 위 논문, 209~211쪽 참고.
141) 중국 역대 왕조가 취한 효치주의 및 『효경』 보급정책은 이성규, 위 논문, 184~187쪽 및 吉川忠夫, 「六朝時代における『孝經』の受容」, 『六朝精神史研究』, 東京, 1984, 548~550쪽 참고.
142) 『孝經』의 내용은 가족 내부의 윤리인 孝가 정치윤리인 忠에 결부됨으로써 국가 또는 군주 위주가 되어 국가학설의 기초적 사유를 구성하기에 이르렀다(渡邊信一

주목된다.[143) 그러나 일반민에 이르기까지 『효경』의 내용을 주지시킬
수 있었는지는 의문이다. 이 점과 관련하여 중국의 漢왕조에서 無學의
농민까지 『효경』을 암송하게 함으로써 광범위하게 보급시킬 수 있었던
사실을 상기한다면,[144) 이는 신라에서도 가능했으리라 믿어진다. 아울러
신라 사회는 충절을 실천한 관민에게 관작과 상을 내림으로써 국가와
군주를 위한 충성을 적극 장려[145)하기까지 하였다. 「磨雲嶺 眞興王巡狩碑」
및 「黃草嶺 眞興王巡狩碑」의 "有忠信精誠 才超察厲 勇敢强戰 爲國盡節 有功
之徒 可加賞爵物 以章勳效"라는 구절이 바로 그것으로, 신라 사회에서
순수비를 위시한 적성비·봉평비·냉수비 등 이른바 율령이 담긴 금석문들
을 보이고 읽히기 위한 일차적인 대상은 다름 아닌 일반민이라 생각되기
때문이다.

4. 중고기 유·불의 상호관계

중고기 초 신라에 수용된 유교사상을 한 단계 진전된 정치사상으로
끌어올린 데에는 당대 최고의 지식층이라 할 수 있는 승려들의 역할이
컸다. 그런 만큼 이 시기의 유교와 불교는 분리시켜 생각할 수 없는
불가분의 관계에 있었다고 보여지는데, 이는 당시 불승들의 유교사상에

郎, 1986, 「孝經の制作とその背景」, 『史林』 69-1, 71~74쪽).
143) 노용필, 앞 논문, 1994, 194~196쪽 참고.
144) 이성규, 앞 논문, 1998, 189~190쪽.
145) 통일기에도 向德과 聖覺, 孫順, 知恩의 사례에서 보듯, 유교의 가르침을 따라
孝行을 실천한 자들을 포상하였다. 이처럼 국가 차원에서 효행을 장려한 이유는
궁극적으로 국가와 군주에 대한 충성을 유도하기 위함이었다는 견해가 있다(노용
필, 앞 논문, 1994, 202~203쪽 참고).

대한 이해 수준을 보더라도 능히 짐작되는 일이다.

북한산 진흥왕순수비문에 나오는 "道人이 석굴에 살고 있는 것을 보고 □□□□를 돌에 새겨 辭를 기록한다"[146]라는 구절은 석굴에 살고 있던 승려가 바로 이 비문을 撰했음을 연상케 한다. 그렇다면 마운령·황초령비문에 나타난 王道思想도 당시 진흥왕을 隨駕했던 沙門道人 法藏과 慧忍이 비문 제작을 주관하면서 『논어』·『서경』 등에 나오는 구절을 인용했을 가능성이 크다.[147]

승려 圓光은 隋에 보내는 乞師表를 지으라는 왕명을 받자 "자기가 살려고 남을 멸하는 것은 승려의 할 짓이 아니나, 貧道가 대왕의 나라에 있어 대왕의 水草를 먹으면서 어찌 감히 명령을 좇지 아니하오리까"[148]라고 하였다. 여기서 "貧道在大王之土地 食大王之水草"는 『詩經』 권13, 小雅 北山篇의 "溥(普)天之下 莫非王土 率土之濱 莫非王臣"에서 따온 것임을 알 수 있다.[149] 이에 앞서 원광은 청소년의 상징적 존재라 할 수 있는 화랑도의 교육을 위해 유교의 기본 덕목들로 짜여진 세속오계를 제정한 바 있는데, 『삼국사기』 열전에는 이러한 덕목을 받드는 화랑도와 그들을 지도하던 승려들 간의 밀접한 관계를 보여주는 사례가 많다.

원광이 세속오계를 제정한 데에는 어떤 정치적·사회적 요인이 작용하였을 것으로 생각된다. 즉 법흥왕대 이래 불교에 대한 이해가 깊어지기 시작하면서 신라 사회는 惡을 버리고 善을 향해 나아가게 되었다. 그러나

---

146) "見道人□居石窟□□□□刻石誌辭".
147) 진흥왕이 네 차례의 巡狩에서 學解에 뛰어난 승려를 초빙하여 法席을 열었다
　　함은(신종원, 앞 책, 1992, 195쪽) 승려들의 비문 제작 가능성을 뒷받침한다.
148) 『삼국사기』 권4, 진평왕 30년, "求自存而滅他 非沙門之行也 貧道在大王之土地
　　食大王之水草 敢不惟命是從".
149) 김철준, 앞 책, 1975, 218쪽 참고.

여·제로부터 항상 침략의 위협을 겪음으로 인해, 신라인들은 불교의 계율을 제대로 지킬 수 없었다. 침략자들을 살상하자니 불교의 계율에 정면으로 위배되었고, 그렇다고 나라를 보위하지 않을 수도 없었다. 그리하여 원광은 이 같은 모순을 일거에 해결하기 위해 玄學과 유가학설의 뜻에 따라 불교의 계율을 해석함으로써 마침내 세속오계를 제정하기에 이르렀다.[150] 진평왕 30년(608)에 작성한 乞師表는 이처럼 새로이 만들어 낸 논리를 적용한 것으로, 그 앞부분은 계율을 저버릴 수 없다는 뜻이고, 뒷부분은 隋兵을 청하여 고구려를 토벌하고자 함이 비록 살생을 유발하는 '악행'이긴 하나, 이는 국가와 군주에 대한 충성심의 발로인 동시에 악인들을 징벌하는 것으로, 말하자면 '살생유택'에 속한다는 의미가 들어 있다. 그러므로 걸사표를 작성하는 행위는 세속오계의 계율에 어긋나는 게 아니라는 것이다.[151]

유·불을 모두 숭상하고 장려하는 현상은 고구려에서도 나타났다. 소수림왕 2년(372)에 前秦으로부터 佛像과 經文을 전수받은 데 이어 太學을 세웠고, 동왕 3년에는 율령을 반포하였다.[152] 당시의 고구려는 전진과 교분이 매우 두터워서 불교는 물론 태학의 설립도 전진의 영향을 받았다고 생각되는데, 『晋書』 載記 苻堅의 "전진왕 부견이 고구려와의 교섭에 앞서 學校를 廣修하고 郡國의 학생을 모집하여 儒風을 진흥시켰다"라는 기록

---

150) 세속오계는 불가의 계율 형식을 빌었으나, 내용면에서는 유교의 五常과 연결된다고 했다. 이것은 고대 사상의 두 축인 불교와 유교가 고대국가의 체제정비 과정에서 고대인으로서 요구되는 덕목과 윤리관을 제시한다는 공통된 기능을 말해 준다 하였다(申東河, 「古代 思想의 특성」, 『傳統과 思想』 4, 1990, 정신문화연구원, 18~19쪽).

151) 黃有福·陳景富 저, 권오철 역, 「중국학의 한국 전파」, 『韓-中 佛敎文化交流史』, 도서출판 까치, 1995, 140~141쪽 참고.

152) 『삼국사기』 권18, 고구려본기26, 소수림왕.

은153) 이 같은 사실을 뒷받침해 준다.

이상의 사실들을 종합해 볼 때 유·불을 대립구도에서 파악하는 태도는
지양되어야 한다는 생각이다. 왜냐하면 불교는 중국을 통해 전래되고
수용되었으므로, 애당초 중국에서는 불교에 대해 중국 문화와 사상이
가미된, 이른바 중국적 이해과정을 거친 후 발전했음을 유의해야 하기
때문이다. 불승들이 '德'과 같은 유교정치이념을 표방한 데 주목하여,
종래에는 통치의 대상이었으나 바야흐로 하급관인이나 外位로 진출하여
국가에 의해 정치적으로 인정받기 시작하는 士類들과 정치적 입장을
공유할 수 있었다거나,154) 신라 사회에서 불교에 대한 이해가 깊어지기
시작하면서 많은 승려가 중국에 유학하였고,155) 그 결과 불승들이 정치에
관여함은 물론 문화적 활동 내지 중국의 선진문물 수용 등을 통해 삼국시기
의 문화를 한 단계 발전시키는 데 기여하였다.156) 그리고 佛經이 중국에서

---

153) 본장 2절 유교 수용의 사회적 상황 참고.

154) 「蔚珍鳳坪新羅碑」에서 大舍帝智 이하의 관등을 소지한 인물들 중 文士層의 비중이
    높은 것은 국가에서 문자 이해층을 중시한 것이며, 당시의 士類들 가운데에는
    한문 이해 능력을 발전시킴으로써 국가와의 관계를 통해 자신의 기반을 유지하려
    는 인물도 생겨났을 것으로 보았다(남희숙, 「新羅 法興王代 佛敎受容과 그 主導勢
    力」, 『韓國史論』 25, 1991, 31쪽).

155) 신라에서는 6세기 중반 무렵부터 중국 유학승들이 나오기 시작하였다. 최초의
    중국 유학승은 진흥왕 10년(549) 梁의 사신과 함께 佛舍利를 가져온 覺德이며(『삼국
    사기』 권4, 진흥왕 10년 및 『해동고승전』 권2, 각덕), 진평왕대에는 智明, 圓光,
    曇育, 安弘(安舍)과 같은 고승들이 대거 중국에서 유학하고 돌아왔다(『삼국사기』
    권4, 진평왕 및 『해동고승전』 권2 참고). 이후 신라 사회에는 西學熱이 일기 시작했는
    데, 『삼국유사』 권4, 義解5, 圓光西學에 의하면 원광 이후 서학하러 간 이가 끊이지
    않았으니, 원광이 길을 열었다고 전한다. 원광의 留學은 당시의 유학생 파견을
    상징하는 것으로, 儒學을 습득함이 원래의 목표였다는 점에서 당시 사회의 분위기
    를 감지할 수 있다.

156) 이기백, 「圓光과 그의 사상」, 『창작과 비평』 10, 1968 ; 『신라시대의 국가불교와
    유교』, 한국연구원, 1978 ; 앞 책, 1986 ; 권덕영, 「삼국시대 신라 求法僧의 활동과

漢譯될 때 유교사상이 가미되었으며, 당시의 불교 수용은 불교만을 목표로
한 것은 아니었고 이를 통한 중국 고대문화의 수입이란 이중적 성격을
가졌다는 점, 또 불교 자체가 폐쇄적이거나 배타적인 것도 아니어서
그러한 문화전달을 가능케 하였다는 점[157]은 이 문제와 관련하여 시사하
는 바 크다.

한편 유교와 육두품, 진골 간의 관계를 살펴보면, 이 시기의 육두품은
신라하대의 육두품과는 달리 진골귀족세력과의 유리도가 심하지 않았고,
그에 대응하는 성격도 두드러지지 않은 편이었다.[158] 그러나 기왕의
연구에서는 육두품 계층을 일반적으로 유교와 연결시키고, 이들을 反신라
세력으로 규정지음에 따라 신라 유교는 자연히 反신라적인 것으로 되고
말았다. 이와 같이 육두품 계층을 모두 반신라적인 집단으로 간주하는
것은 신분과 그들의 사상적 성향을 동일시하는 데에서 생긴 명백한 오류이
다.

5. 맺음말

신라의 유교 수용에 있어 법흥왕대는 매우 주목되는 시기이다. 이
무렵 신라 왕실에서는 국가중심적 특징을 지닌 불교뿐만 아니라, 역시
국가중심이자 군주중심의 성격을 지닌 유교를 수용하기 위해 많은 힘을
기울였다. 그리하여 梁으로부터 『孝經』을 수용한 것인데, 이는 孝의 강조를

역할」,『淸溪史學』4, 1987 ; 이수훈,「新羅僧官制의 성립과 기능」,『釜大史學』
14, 1990.
157) 김철준, 앞 책, 1975 ; 최병헌,「東洋佛教史上의 한국불교-중국불교와의 관계를
중심으로-」,『한국사시민강좌』4, 일조각, 1989.
158) 김철준, 위 책, 213~215쪽.

통해 국가와 군주에 대한 忠을 유도하기 위함이었다. 이러한 법흥왕대의
對梁交涉은 지증왕대의 漢化政策에 이어서 율령반포와 백관의 공복 제정,
建元이라는 중국식 연호사용의 배경이 되었다.

 이후 신라는 대외 팽창으로 인해 커다란 정치 이데올로기의 변동을
겪게 된다. 이러한 정치 이데올로기의 진전은 한편으로 불교를 공인하면서
眞種說을 채용하고, 다른 한편으로는 중국으로부터 王道思想을 받아들인
데 따른 것이었다. 특히 신라 역사상 최대의 판도를 이룬 진흥왕대에는
광활한 영토와 인민을 통합하기 위한 방책으로 유교정치이념인 王道思想
을 표방하였다. 이는 신라 사회에서 전통적인 족장들의 선민사상을 대신해
서 제왕의 덕인 仁과 신하의 본분인 忠의 관념이 새롭게 대두되었음을
의미한다. 그리고 이러한 사상에 대한 이해는 고대국가의 지배체제가
일단락되는 진평왕대에 와서 본격적으로 이루어지기 시작하였다.『삼국
사기』열전에는 이 무렵부터 유교경전의 구절이 보다 많이 인용되면서
유교사상을 깊이 이해하는 사람들이 등장하고 있다. 그런데 아직 강수와
같은 문장가가 나오지 않았다는 점에서, 종래 이를 중대 사회에 가서
정리된 사실로 의심하는 경향도 있었다. 그러나 진평왕 때 이미 유신·후직
과 같은 인명이 등장하고, 또 문장에 출중한 불승이 많았던 점으로 미루어
열전의 내용은 당대인의 인식이 반영된 것으로 봄이 옳다.

 이처럼 중고기 말 신라의 지배계층이 유교정치이념을 포함하여 유교경
전의 이해에 노력을 기울인 데에는, 본격적인 對中外交가 전개됨에 따라
이를 담당할 실무자가 필요하였고, 전시상황의 장기간 지속이라는 사회적
배경이 작용하였다.

 유교사상의 전개와 함께 진평왕대에는 新年賀禮 의례와 諫諍이 시행되
었다. 특히 儒家에서 중요시하는 간쟁은 군주가 잘못할 경우 이를 바로잡는

유일한 방법이었다. 그렇지만 간쟁은 현실적으로 지극히 어려운 일이어서, 간언자는 간쟁시 신변의 위험을 무릅쓰고 극단적인 언행으로 읍소하지 않을 수 없었다. 이러한 사실과 아울러 유가의 간쟁론 가운데 간쟁의 중요성을 가장 잘 표현한 것으로 알려진 『孝經』의 諫諍章도 그 大義가 '忠에 종속된 孝' 내지는 '孝로 분식된 忠'을 주장하는 것이어서, 사실상 간쟁은 왕권을 제약한다기보다는 오히려 왕권을 보완하는 측면이 강했다고 하겠다.

한편 불교는 중국을 통해 전래되고 수용되었으므로, 신라 불교는 당초 중국적 이해과정을 거친 후 발전하였다. 신라 역시 중고기 초에 수용된 유교사상을 통치이념으로까지 발전시킨 데에는 해박한 유교 지식을 갖춘 승려들의 역할이 지대하였다. 따라서 유·불을 대립구도 속에서 파악하는 태도는 지양되어야 할 것이다. 그리고 이 시기의 육두품은 신라 하대와는 달리 진골귀족세력과의 유리도 내지 그에 대응하는 성격이 두드러지지 않았다. 그런데도 종래 육두품계층을 유교와 연결시키면서 反신라 세력으로 규정지은 것은 그들의 사상적 성향을 동일시하는 데에서 생긴 명백한 오류이다.

이상의 사실들을 통해서, 신라 중고기에는 유교의 기본덕목인 忠과 信, 그리고 왕도사상에 대한 이해 수준이 기존의 상식과는 달리 상당히 높았음을 확인하였다. 선덕왕 9년(646)에 있었던 唐나라 國學에의 子弟 입학은 이러한 사회적 분위기에 압도되어 편승한 결과였다. 이처럼 유학에 대한 이해와 관심이 높았지만 중고기에 유학이 지배사상으로까지 발전되지 못한 이유는, 유교에서 말하는 부계중심의 종법질서는 거부하면서 골품체제를 그대로 사회조직원리로 삼았던 신라 사회 자체의 성격에 있는 것이다. 그리고 이러한 현상은 다음 단계인 통일기에 가서도 그대로 이어졌다. 전제적 왕권을 성립시킨 동륜계가 일면 聖骨이나 釋迦佛과 같은 선민의식에 의지하려는 경향이 있었던 것은 중고기 통치이념으로서의 유교의 한계를 단적으로 말해 준다고 하겠다.

VII. 진평왕 말기의 정국과 선덕왕의 즉위

1. 머리말

선덕왕 즉위 후 신라 조정에서 정치 운용의 문제가 간간이 거론된[1] 이유는 金春秋의 존재 때문이 아닌가 한다. 진지왕의 손자인 김춘추가 우여곡절 끝에 왕위를 계승하게 되자 비슷한 시기에 왕위를 계승한 일본 天智天皇(中大兄皇子 : 661~671)의 경우와 비견하면서, 김춘추가 좀더 일찍이 왕위를 계승하지 못한 데에 혐의와 초점이 두어졌다. 그것은 김춘추, 즉 태종무열왕(654~661)의 전대에 선덕·진덕이라는 신라 初有의 여성 왕이 연이어 등장했기 때문이다. 이에 대해 기왕의 연구에서는 선덕왕이 國人에 의해 옹립됨으로써 즉위와 동시에 국정 전반에 관한 권한의 상당 부분을 大臣 乙祭에게 위임했고, 이러한 왕권과 귀족세력 간의 타협으로 말미암아 선덕왕은 실권 없는 존재로 전락하고 말았다는 것이다. 그

---

1) 『삼국사기』 권5, 선덕왕 12년 9월, "唐帝가 사신에게 이르되, …… 그대 나라는 婦人을 임금으로 삼아 隣國의 업신여김을 받으니 (이는) 임금을 잃고 적을 받아들이는 격이라 해마다 편안할 적이 없다." ; 선덕왕 16년 정월 毗曇과 廉宗 등이 女主는 정치를 잘하지 못한다 하고 이내 모반하여 군사를 일으키다가 이기지 못하였다.

결과 선덕왕대에는 새로운 체제정비와 개혁이 제대로 이루어지지 못했고 정치는 귀족에 의해 좌우된 것으로 파악하였다.[2]

그러나 당시의 정황으로 미루어 볼 때 선덕왕의 왕위 계승은 합법적이었던 반면, 김춘추의 왕위 계승은 비상수단을 동원한[3] 것으로 보인다. 선덕왕은 진평왕의 장녀로서 왕위를 계승했으므로 장자상속의 범주에 들어갈 수 있다.[4] 이는 진평왕대 체제정비에 따른 왕권 강화 과정이 있었기에 가능한 일이었다. 그러므로 선덕왕도 이러한 과정의 연장선상에서 국왕의 위엄으로 국정을 수행했다고 여겨진다. 선덕왕의 즉위 문제를 검토하는 일은 선덕왕대 정치가 나름대로 특성을 유지하며 원활히 운영되었는지, 아니면 국정의 태반이 귀족에 의해 좌우되었는지, 선덕왕대 정치 운용상의 특질과 성격을 가늠하는 기초 작업이 될 것으로 기대한다.

2. 진평왕 43년 이후의 정치변동과 그 의미

진평왕대는 법흥왕과 진흥왕대에 추진된 일련의 왕권 강화책에 힘입어

---

2) 박해현, 「김춘추의 집권과정과 그 정치적 의미」, 전남대 석사학위논문, 1983 ; 김영하, 「신라 중고기의 政治過程試論」, 『泰東古典硏究』 4, 1988 ; 주보돈, 「김춘추의 외교활동과 新羅內政」, 『韓國學論叢』 20, 1993 ; 주보돈, 「毗曇의 亂과 선덕왕대 정치운영」, 『李基白先生古稀紀念 韓國史學論叢』 上, 일조각, 1994 ; 정용숙, 「신라 선덕왕대의 정국동향과 비담의 난」, 같은 책, 1994. 다만 정용숙의 경우 선덕왕의 집권 초반과 후반에는 정치의 실권이 귀족에게 있었으나, 집권 중반에는 왕권을 제대로 구사한 것으로 이해하였다.
3) 신형식, 「武烈王權의 성립과 활동」, 『韓國史論叢』 2, 1977 ; 『한국고대사의 신연구』, 일조각, 1984 ; 이기백·이기동 공저, 『한국사강좌』 고대편, 일조각, 1982, 306~308쪽 ; 노태돈, 「연개소문과 김춘추」, 『한국사 시민강좌』 5, 일조각, 1989 ; 주보돈, 앞 논문, 1993.
4) 이종욱, 『신라상대왕위계승연구』, 영남대 민족문화연구소, 1980, 155쪽.

중고기의 왕권 강화 작업이 거의 마무리되던 단계라고 할 수 있다.[5] 진평왕은 귀족세력을 압도해 나가기 위해 집권 초반과 후반에 걸쳐 관제정비를 단행하였고, 끊임없는 이데올로기의 창출을 통해서,[6] 그리고 왕권과 갈등을 유발하는 몇몇 세력과 이합집산을 되풀이하거나 그들 간의 이해관계를 조정하면서 왕권의 전제화를 이루는 데 성공하였다. 장녀인 德曼(善德王)이 왕위에 오를 수 있었던 것도 父王인 진평왕이 체제정비를 바탕으로 왕권 전제화를 이룬 덕분이었다.

　그런데 기왕의 연구에서는 선덕왕이 왕위를 계승하면서 왕의 권한이 급격히 줄게 되어 다시 귀족연합적 정치체제로 바뀌었다고 했다. 선덕왕은 여성, 그것도 신라 초유의 여성 왕이기 때문에 왕조 사회에서 근본적으로

---

5) 중고기 왕권 강화의 제1 단계는 법흥왕대(514~540)에 이루어졌다. 이 무렵 신라는 兵部의 설치, 율령반포와 백관의 公服 제정, 불교 공인, 상대등 설치, 금관가야의 병합, 연호사용 등 중앙집권적 귀족국가로의 통치체제를 갖추게 된다. 그리하여 蔚州 川前里書石 乙卯銘(법흥왕 22년, 535) 및 追銘(동왕 26년, 539)의 단계에서는 종래의 寐錦王 대신에 '大(太)王'이 사용되었다. 왕권 강화에 따른 王號의 변경을 엿볼 수 있는 것이다. 왕권 강화의 제2 단계는 진흥왕대(540~576)의 성공적인 영토확장 추진에 힘입은 것이었다. 특히 왕 27년(566) 銅輪의 王太子 책봉과 아울러 왕 29년(568)에 건립된 「磨雲嶺巡狩碑」에서 진흥왕 자신을 '帝王'이라 칭한 데에서 왕권은 절정을 이루었다. 그러나 진흥왕 33년에(572) 태자가 사망하고 왕위 계승 문제를 둘러싼 지배층 내부의 알력이 표출되기 시작하자, 진흥왕은 薨去할 때까지 불교에 몰입함으로써 그동안 추진해 왔던 왕권 전제화의 한계성을 드러내었다. 왕권 강화의 제3 단계라 할 수 있는 진평왕대(579~632)에 이르면 왕권 전제화는 어느 정도 이루어진 것으로 보이며, 이는 天賜玉帶 설화에 반영되어 나타난다.

6) 진평왕은 집권 초반에 實勢인 진골 귀족의 광범위한 지지를 얻기 위하여 정통 奈勿王家의 계승자임을 자처했으나, 제도정비를 통한 왕권 전제화가 이루어지자 智證王系의 獨尊的인 王族意識, 나아가 銅輪系의 血緣意識을 내세우기 시작하였다. 그리고 집권 후반에는 眞智系를 포괄함으로써 汎眞興王系라는 정치적 결속을 다지는 한편, 이 과정에서 동륜의 직계에 한정하여 협의의 왕가를 설정하고 聖骨觀念을 부여함으로써 왕가 위상의 극대화를 꾀하였다.

핸디캡을 지닐 수밖에 없음은 인정되나, 아무래도 이 같은 해석은 지나친 감이 있다. 진평왕 말기에 선덕왕이 왕위 계승권자로 결정되자, 진평왕 입장에서는 당대에 이루었던 전제화된 왕권과 정비된 정치체제가 다음 대에도 지속되기를 바랐을 것이다. 그런 만큼 여성 왕으로 덕만이 지닌 약점을 보완하고 국정을 원활하게 수행할 수 있도록 다방면으로 대책을 강구했을 공산이 크다.[7] 이러한 관점에서 볼 때 진평왕 43년(621) 이후에 나타나는 일련의 정치변동은 선덕왕의 즉위와 관련하여 시사하는 바 크다. 구체적인 내용 몇 가지를 지적하면 다음과 같다.

첫째, 진평왕은 재위 43년에 이르러 장녀 덕만(선덕)을 왕위 계승권자로 內定한 것으로 보인다.[8] 선덕왕이 여성이지만 왕위를 이을 만한 神異한 능력이 있음을 나타낸 것이 이른바 「善德王 知幾三事」[9]이다. 그 가운데

---

7) 고경석도 이 같은 사실을 지적하였다. 「비담의 난의 성격 문제」, 『한국고대사논총』 7, 1995, 265쪽.

8) 주보돈은 선덕왕이 즉위하기 일년 전인 진평왕 53년(631)에 伊湌 柒宿과 阿湌 石品이 모반하여 夷九族 당한 점으로 미루어 선덕왕의 즉위는 이 무렵에 이미 기정사실화 되었음을 알 수 있다 하였다. 그리고 당태종은 여성의 왕위계승을 희화하여 牡丹花圖와 씨앗을 보내 온 것이라 하였다(앞 논문, 1994, 220쪽). 진평왕 53년의 모반사건을 여왕 즉위에 대한 불만에서 찾으려는 견해는 정중환, 「毗曇·廉宗亂의 原因考」, 『東亞論叢』 14, 1977, 10쪽 및 「金庾信論」, 『歷史와 人間의 대응』 韓國史篇, 1985, 38쪽 ; 이종욱, 「新羅 中古時代의 聖骨」, 『진단학보』 50, 1980, 20쪽 참고. 이처럼 진평왕 말년에 덕만(선덕왕)의 왕위계승 움직임에 대한 반발이 일어났다면 그 결정은 보다 앞선 시기에 행해졌을 것이다. 이러한 점에서 진평왕 43년의 정치적 의미를 눈여겨볼 필요가 있을 것이다(주보돈, 앞 논문, 1994, 220쪽).

9) 『삼국유사』 권1, 기이1, 「善德王知幾三事」는 선덕왕의 예지 능력이라기보다는 왕에게 기대되는 탁월한 외교 내지 군사지휘 능력 면에서, 다시 말해 여왕의 능력에 대해 상상하기 쉬운 주술적인 면보다는 현실적 측면에서 받아들인 견해가 있어 주목된다(遠山美都男, 「新羅の王位繼承と女王－倭王權との比較を通して」, 『日本古代の王權·國家と東アジア(2)』, 國史學會 11月例會報告 要旨, 1997).

첫 번째가 향기 없는 모란꽃 이야기이다.[10] 唐 太宗이 보내 주었다는
세 가지 빛깔의 모란꽃 그림은 바로 진평왕 43년에 당나라 사신 庾文素가
來聘할 때 가져온 그림병풍[11]이 아닐까 한다. 선덕왕이 차세대의 왕위
계승권자로 결정된 기념할 만한 해에 자신의 능력과 자질을 검증할 수
있는 「선덕왕 지기삼사」의 첫 이야기가 당대인들에게 회자된 것으로
볼 수 있기 때문이다. 다만 이 이야기가 『삼국사기』 선덕왕 즉위년조에는
'진평왕 때' '당'에서 얻어 온 모란꽃 그림이라 되어 있으나, 『삼국유사』에는
'선덕왕 때' '당 태종'이 보낸 것으로 기록된 점, 또 그림병풍 이야기가
실려 있는 진평왕 43년은 唐 高祖 4년에 해당한다는 점 등에서 시기적으로
차이가 있다. 그러므로 이러한 차이를 전적으로 무시할 수 없겠으나,
그림병풍 이야기는 『삼국사기』와 『삼국유사』의 내용이 서로 연계된다는
점에서 신빙성이 있다. 관련된 내용을 인용하면 다음과 같다.

> A-1. 善德王이 즉위하니, 諱는 德曼, 眞平王의 長女이다. 母는 金氏 摩耶夫人
> 이다. 德曼의 性이 寬仁하고 明敏하였으며, 王(진평왕)이 돌아가고
> 아들이 없으매 國人이 덕만을 세워 聖祖皇姑란 號를 올리었다. 前王

---

10) 주보돈은 『삼국유사』 권1, 기이1 "畵花而無蝶 知其無香 斯乃唐帝欺寡人之無耦也"라
　　는 해설을 추종하여, 이 사건을 당 태종이 선덕의 왕위 계승을 희화한 것으로
　　보고 훗날 '女主不能善理'의 진원을 여기에서 찾기도 하였다(앞 논문, 1993, 25쪽
　　및 앞 논문, 1994, 210쪽). 그러나 건국 초창기부터 돌궐의 잦은 침략에 대처해야
　　했던 당의 입장에서 이웃 나라의 여왕즉위에 관심을 가지고 이를 희롱하기
　　위해 일부러 향기 없는 모란꽃 그림과 종자를 보냈다고 생각되지 않는다. 그보다는
　　牡丹은 百花를 능가하여 홀로 뛰어난다는 의미에서 花王으로도 불리웠듯이(『삼국
　　사기』 권46, 열전6 薛聰), 唐 이래로 世人들이 몹시 사랑했을 뿐만 아니라 富貴를
　　상징했음에 초점을 둠이 합당할 것이다(『古文眞寶』 後集, 周敦頤 「愛蓮說」 참고).
　　즉 당 태종은 신라왕실에 걸맞는 富貴를 상징하는 모란꽃 그림을 보낸 것이다.
11) 『삼국사기』 권4, 진평왕 43년.

(진평왕)때에 唐에서 얻어 온 牡丹꽃의 그림과 종자를 덕만에게
보였더니 덕만이 말하되 꽃은 아름다우나 향기가 없으리라고 하였
다. 왕이 웃으며 가로되, "네가 어떻게 아느냐"라고 하자 [덕만이
대답하되 이 그림에 蜂蝶이 없기 때문에 압니다. 대개 女子로서
國色이면 男子들이 따르고, 꽃으로서 향기가 있으면 蜂蝶이 따라
다니는 까닭인데] "이 꽃은 매우 곱기는 하나 그림에 蜂蝶이 없으니
이는 반드시 향기가 없는 꽃입니다"라고 하였다. 그 種子를 심어
보니 과연 그 말과 같았다. 그의 先見이 이러하였다.[12]

2. 제27대 德曼의 諡號는 선덕여대왕이니 性은 金氏요, 父는 진평왕이다.
貞觀六年 壬辰에 왕위에 올라 나라를 다스린 지 16년 동안에 미리
안 일이 세 가지가 있었다. 첫째는 唐 太宗이 붉은색, 자주색, 흰색의
세 가지 색깔로 그린 牡丹과 그 씨 서 되를 보내왔다. 왕은 그 그린
꽃을 보고 말했다. "이 꽃은 절대로 향기가 없을 것이다." 이내
씨를 뜰에 심었더니 그 꽃이 피었다가 떨어질 때에 과연 그 말과
같이 향기가 없었다.[13]

3. (진평왕) 43년 7월에 왕이 大唐에 사신을 보내어 方物을 朝貢하니,
(唐) 高祖가 친히 (遠路에 온 사신을) 위로하여 묻고, 通直散騎常侍
庾文素를 보내어 來聘할새 詔書와 그림병풍과 비단 3백 필을 (신라왕
에게) 주었다.[14]

---

12) 『삼국사기』 권5, 선덕왕 즉위년, "善德王立 諱德曼 眞平王長女也 母金氏 摩耶夫人
德曼性 寬仁明敏 王薨 無子 國人立德曼 上號聖祖皇姑 前王時 得自唐 來牧丹畵
圖幷花子 以示德曼 德曼曰 此花雖絶艶而必無香氣 王笑曰 爾何以知之 對曰 圖畵無蜂
蝶故知之 大抵女有國色 男隨之 花有香氣 蜂蝶隨之故也 此花絶艶 而圖畵又無蜂蝶
是必無香花 種植之果如所言 其先識如此".
13) 『삼국유사』 권1, 紀異1 善德王知幾三事, "第二十七 德曼(一作萬) 諡善德女大王
姓金氏 父眞平王 以貞觀六年壬辰卽位 御國十六年 凡知機有三事 初 唐太宗送 畵牧丹
三色紅紫白 以其實三升 王見畵花曰 此花定無香 仍命種於庭 待其開落 果如其言".

둘째, 진평왕 44년(622)과 46년(624)에 內省과 侍衛府를 각각 설치함으로써 측근정치를 지향하고 있음을 볼 수 있다. 이는 진평왕 자신을 포함하여 이제 막 왕위 계승권자로 내정된 선덕왕을 염두에 둔 조처였다.[15] 내성은 원래 三宮私臣이 나누어 맡던 업무를 통합하여 정식기구화 한 것으로, 그 주된 임무는 궁정업무의 총괄 내지 근시집단의 통솔이었다. 이처럼 왕실관련 사무를 통일하여 독립된 관서에서 처리하게 한 것은 행정상 하나의 진전으로 볼 수 있으며, 나아가 왕권의 전제력을 강화시킨 결과를 가져왔다고 할 수 있다.[16] 더욱이 三宮에 속한 왕실소유의 막대한 재물은[17] 국가의 公的 기구와 분리된 왕실의 私的 세력기반을 조성하는 데 기여하였다. 내성장관직인 私臣에 취임하는 자의 신분이 국왕의 근친[18]이면서 재임연한이 없었던 사실은 이 기구가 왕실의 사조직으로 존재했음을 말해 준다.

내성사신직에는 金龍春이 최초로 임명되었다. 익히 알다시피 김용춘은

---

14) 『삼국사기』권4, 진평왕 43년, "王遣使大唐租貢方物 高祖親勞問之 遣通直散騎常侍 庾文素來聘 斯以璽書及畫屏風 金彩三百段".

15) 하대 경문왕대에도 근시기구의 확장을 통해서 정치적 안정을 이룬 바 있으며(이기동, 「나말여초 근시기구와 문한기구의 확장」, 앞 책, 1984, 264쪽), 그러한 기반 위에서 진성왕이 즉위하게 되었다(정용숙, 「신라의 여왕들」, 『한국사 시민강좌』 15, 일조각, 1994b, 46쪽).

16) 노태돈, 「삼국의 정치구조와 사회·경제」, 국사편찬위원회 편, 『한국사』 2, 탐구당, 1981, 226~227쪽.

17) 本彼宮 소속의 財貨·田莊·奴僕을 양분하여 金庾信과 金仁問에게 상으로 하사한 데에서 이 같은 사실을 알 수 있다(『삼국사기』권6, 문무왕 2년 참조).

18) 內省私臣을 역임한 인물은 기록의 미비 때문인지 金龍春과 金邕-혜공왕 7년에 만들어진 聖德大王神鍾銘에는 그가 내성사신의 개정된 명칭인 殿中令을 역임했다고 되어 있다.- 2명을 확인할 수 있을 뿐이다. 이에 이문기는 三宮私臣과 애장왕대 내성에 버금가는 기구로 성장한 御龍省私臣까지 조사한 결과 이들은 모두 왕의 사촌 내지 庶兄, 왕의 숙부였음을 밝혔다. 私臣역임자는 이문기, 「신라 중고의 국왕근시집단」, 『역사교육논집』 5, 1983, 85쪽 <표 4> 참조.

진지왕의 폐위와 함께 왕위 계승에서 밀려난 舍輪系이다. 그러므로 그는 진평왕 25년 이전에 진평왕의 차녀인 天明과 혼인한[19] 외에는 오랜동안 정치활동을 할 수 없었을 것이다. 정치 사회적으로 이와 같은 처지에 있던 김용춘이 진평왕 후반에 단행된 권력구조의 재편과정에서 內省私臣의 지위에 오름으로써 권력의 핵심으로 복귀하게 된 것이다. 진평왕이 김용춘을 내성사신으로 임명한 데 대하여 혹자는 범내물왕권의 단합에서 그 의미를 찾기도 한다.[20] 그러나 이것은 진흥왕 직계의 중고왕권이 내물계를 포함해 餘他 귀족세력을 견제하기 위한 정치적 포석이 아닐까 추측된다. 즉 동륜계인 진평왕은 왕위계승 문제로 인해 근본적으로 사륜계와 갈등관계에 있었으나 중고왕권의 지속적인 안정을 위해서 김용춘을 '궁정관부'의 책임자로 임명하였다. 이는 진흥왕계의 家系內的 통합을 이룸으로써 '행정관부' 중심의 귀족세력으로부터 중고왕실을 보호하려는 조처인 것이다. 이로 인해 김용춘은 내성사신의 지위를 기반으로 새로운 정치세력을 형성할 수 있었고, 진평왕의 장기집권 하에서 기득권을 누려온 기성의 귀족세력과 대립하게 됨으로써 진평왕의 정치적 의도를 어느 정도 충족시켜 주었다고 본다. 그리고 侍衛府는, 禁衛兵으로써 국왕을 시위하고 宮城을 宿衛하며, 국왕을 扈從·警護하는 역할 수행을 통하여 전제화된 왕권의 군사적 배경이 되었다고 할 수 있다.[21]

---

19) 『삼국유사』 권1, 기이2 太宗春秋公에 의하면 김용춘과 천명부인의 소생인 춘추가 龍朔 元年(661)에 59세로 죽었다 하므로 이 해로부터 역산하면 김용춘은 진평왕 25년(603)에 출생했음을 알 수 있다. 따라서 용춘과 천명 두 사람의 혼인은 603년 이전에 이루어졌다 하겠다.

20) 신형식, 앞 논문, 1977 ; 앞 책, 1984, 113쪽.

21) 이인철, 「신라 골품체제사회의 兵制」, 『신라정치제도사연구』, 일지사, 1993, 345쪽. 박남수 또한 시위부는 단순히 왕궁의 시위로만 그치지 않았을 것이며, 왕권행사의 중요한 군사적 배경을 형성했을 것으로 보았다(「통일주도세력의 형성과 정치개

194

셋째, 진평왕이 추진한 이러한 일련의 조치는 餘他 귀족에게 위기감을
불러 일으켰을 것이며, 그들의 반발은 마침내 모반사건으로 이어졌다.22)
진평왕 53년(631)에 일어난 伊飡 柒宿과 阿飡 石品의 모반은 그 원인을
진평왕의 왕권 강화정책에 대한 반발23)에 두기도 하고, 신귀족 세력의
득세에 대한 불만24) 때문으로 보기도 한다. 그러나 왕실에 저항하는
세력집단에 대해 '夷九族'이라는 전례없이 혹독한 族刑을 가한 후 선덕왕이
즉위하게 된 점으로 미루어 선덕왕을 後嗣로 내정한 사실이25) 가장 주된
요인으로 작용하지 않았을까 한다. 따라서 난을 진압한 후, 진평왕은
덕만(선덕)에게 왕위를 물려주는 과정에서 발생할지도 모를 귀족들의
도전을 차단하기 위해서라도 강력한 왕권 수호책을 강구했을 가능성이
크다. 그리하여 선덕왕의 보좌 겸 후견인으로 大臣 乙祭를 內定해 둠으로
써26) 선덕왕의 즉위(632년)와 동시에 을제로 하여금 국정을 摠知케 할

혁」,『통일기의 신라 사회 연구』, 동국대 신라문화연구소, 1987). 이문기는 侍衛府
설치의 진정한 의도는 진흥왕대의 六停軍團 설치 이래 계속 증가된 군사조직이
골품제의 제약으로 진골귀족의 수중에 장악된 한계를 극복하려는 진평왕의
현실적 필요에서 나온 것으로 보았다(「신라시위부의 성립과 성격」,『역사교육논
집』 9, 1986, 25~38쪽).
22) 강봉룡, 「6~7세기 신라 정치체제의 재편과정과 그 한계」,『신라문화』 9, 1992,
142~153쪽.
23) 주보돈, 「新羅中古의 지방통치조직」,『한국사연구』 23, 1979, 26쪽 ; 박해현, 「신라
진평왕대 정치세력의 추이-왕권 강화와 관련하여-」,『전남사학』 2, 1988, 20쪽.
24) 신형식, 「金庾信 家門의 성립과 활동」,『이화사학연구』 13·14합집, 1983, 303쪽 ; 앞
책, 1984, 249쪽.
25) 三池賢一, 「『日本書紀』"金春秋の來朝"記事について」,『駒澤史學』 13, 1966 ; 三池賢
一,『古代の日本と朝鮮』, 1974, 208쪽 ; 정중환, 앞 논문, 1977, 10쪽 및 앞 논문,
1985, 38쪽 ; 이종욱, 「신라 중고시대의 성골」,『진단학보』 50, 1980, 20쪽 ; 이종욱,
「왕위 계승의 諸原理」, 앞 책, 1980, 182~183쪽 ; 김영하, 앞 논문, 1988, 18쪽 ; 주보
돈, 앞 논문, 1994, 220쪽 ; 정용숙, 앞 논문, 1994a, 243쪽.
26) 같은 맥락에서 태종무열왕 7년(660)에 김유신을 상대등에 임명한 것은 구귀족을

수 있었던 것이다.[27)]

3. 여왕 즉위의 논리

1) 聖骨論

진평왕이 薨去하자 金春秋의 父인 龍春이 건재했음에도 불구하고 '聖骨
男盡'의 명분으로 선덕왕이 즉위하였다.[28)] 관련 내용을 인용하면 다음과

도태시키기 위함이었다(박남수, 「통일주도세력의 형성과 정치개혁」, 『통일기의
신라 사회 연구』, 동국대 신라문화연구소, 1987, 127쪽 참고).

27) 고경석도 이러한 사실을 지적한 바 있다(앞 논문, 1995, 265쪽). 이와 달리 주보돈은
진평왕 10년(588) 首乙夫의 상대등 임명 이후 선덕왕이 즉위할 때까지 후임
상대등의 임명이 없었으나, 선덕왕이 즉위와 동시에 女主 반대세력의 대표자격인
乙祭를 상대등에 임명한 사실을 주목하여, 이를 반대파 귀족들의 반발을 무마하기
위한 정치적 타협으로 해석하였다(앞 논문, 1994, 225~227쪽). 정용숙 또한 선덕왕
은 즉위시 國人에 의해 옹립되었으므로 선덕왕 원년의 大臣 乙祭에 의한 국정운영
은 귀족세력과의 타협을 모색하려는 단계로 보았다. 그리고 이 같은 사실은
『삼국사기』권5, 선덕왕 원년 2월의 '以大臣乙祭 摠知國政'이란 기록에서 알 수
있듯이, 국정전반에 걸친 권한의 상당 부분을 을제에게 위임한 사실에서도 확인된
다고 했다(앞 논문, 1994a, 244~246쪽). 그러나 난을 진압한 즉시 반란자들에게
유례없는 족형을 가한 점으로 미루어 왕권이 귀족세력의 도전을 받아 女主
즉위 반대파와 타협한 것으로 보기 어렵다. 아울러 상대등의 직무가 처음부터
'摠知國事'였다는 점에서 대신 을제에 의한 국정운영을 왕권을 보좌하는 후견인
역할 이상으로 지나치게 확대 해석할 필요는 없다고 생각한다(『삼국사기』권4,
"法興王 十八年 夏四月 拜伊湌哲夫爲上大等 摠知國事 上大等官 始於此 如今之宰
相").

28) 이에 대해 今西龍은 龍春의 母, 즉 眞智王妃의 혈통에 어떤 강등 사유가 있는
것으로 추측하였고(「新羅骨品考」, 『新羅史硏究』, 近澤書店, 1933, 211쪽), 武田幸男
은 선덕·진덕여왕 통치의 정당화라는 정치적 요인을 들어 진덕여왕이 죽은
지 얼마 지나지 않은 시기에 성골을 추존한(聖骨追尊非在說) 것으로 보았다(「新羅
骨品制의 再檢討」, 『東洋文化硏究所紀要』 67, 1975, 153~156쪽).

같다.

> B-1. 제27대 善德女王. 이름은 德曼이다. 아버지는 眞平王, 어머니는 麻耶夫
> 人 金氏이다. 聖骨의 남자가 끊어졌으므로 여왕이 즉위하였다. 왕의
> 배필은 飮葛文王이다.[29]

사료 B-1에서 선덕왕의 즉위는 '聖骨男盡' 현상에 따른 비상조처였음을
알 수 있다. 즉 성골 신분의 남자가 하나도 남지 않았기 때문에 차선책으로
여성인 덕만이 왕위를 계승했음을 알 수 있다. 한편 선덕왕의 즉위를
전하는 또 다른 기록인 『三國史記』와 『新唐書』에서는 여왕 즉위의 배경을
'聖骨男盡'이 아닌 다른 이유로 설명하고 있어 주목된다. 그 내용은 다음과
같다.

> B-2. 선덕왕이 즉위하였다. 諱는 德曼, 진평왕의 장녀이다. 어머니는
> 金氏 摩耶夫人이다. 덕만은 성품이 寬仁하고 明敏하였다. (진평)왕이
> 돌아가고 아들이 없으매 國人이 덕만을 세웠다. 聖祖皇姑란 號를
> 올리었다.[30]

> 3. (貞觀 五年) 이 해에 眞平이 죽었는데, 아들이 없어서 딸 善德을
> 세워 왕으로 삼고, 大臣 乙祭가 권력을 잡았다. 詔書를 내려 진평에게
> 左光祿大夫를 추증하고, 賻物 二百段을 하사하였다. (정관) 9년에
> 사신을 보내어 선덕을 책봉하여 父의 封爵을 세습케 하니, 나라

---

29) 『삼국유사』 권1, 왕력1, "第二十七 善德女王 名德曼 父眞平王 母 金氏 麻耶夫人
    聖骨男盡 故女王立 王之匹飮葛文王".
30) 『삼국사기』 권5, 선덕왕 즉위년, "善德王立 諱德曼 眞平王長女也 母金氏 麻耶夫人
    德曼性 寬仁明敏 王薨 無子 國人立德曼 上號聖祖皇姑".

사람들이 聖祖皇姑라 불렀다.[31]

사료 B-2, 3에서 진평왕 死後 선덕왕이 즉위하게 된 요인은 왕실에서 성골 신분의 남성이 없었다기보다 진평왕이 無子였기 때문이었다. 이러한 관점에 서면 '聖骨男盡' 현상은 성골 남성이 멸절되었다고 볼 것이 아니라, 성골 신분으로 왕위 계승의 자격을 갖춘 진평왕 직계의 남자가 끊겼다는 뜻으로 풀이할 수 있을 것이다. 부연 설명하자면 前王인 진평왕과의 혈연관계가 당시 왕위 계승자의 자격으로 가장 중시되었는데, 마침 진평왕에게 아들이 없었으므로 장녀인 덕만이 왕위에 오른 것으로 볼 수 있겠다.[32]

이상에서 살펴본 바와 같이 선덕왕은 성골관념에 의해 즉위할 수 있었던 것이다. 그러나 銅輪系의 후손만을 신성시하는 성골의식이[33] 권위를 지니기 위해서는, 강력한 왕권을 전제로 하지 않으면 안 되었다. 왕권이 뒷받침되지 않은 상황에서 자신들의 혈연적 신성성을 강조하고 나아가 이를 왕위 계승의 조건으로 삼는다면, 한낱 畵中之餠에 불과할 것이다. 같은 맥락에서 진평왕의 '天賜玉帶' 설화에 비친 王者意識의 고양은 단순히 상징적 의미로만 그치는 것이 아니라 실질적인 왕권의 성장을 반영한 것으로, 후일 장녀 덕만의 왕위 계승을 가능하게 한 요인으로 작용하지

---

31) 『新唐書』 권220, 신라전, "貞觀五年 …… 是歲 眞平死 無子 立女善德爲王 大臣乙祭柄 國 詔贈眞平左光祿大夫 賻物段二百. 九年 遣使者冊善德襲父封 國人號 聖祖皇姑".

32) 전미희, 「신라의 성골과 진골-그 실체와 王統의 骨轉換의 의미-」, 『한국사연구』 102; 1998, 129~130쪽 참고.

33) 이기동은 지증왕계 친족집단의 分枝化 추세 위에서 진흥왕의 직계인 銅輪太子의 직계비속으로 구성된 小리니이지집단이 배타적으로 나머지 왕실 친족집단의 구성원이 가지는 진골보다도 한층 높은 신분인 성골을 표방하게 되었다고 했다 (「신라 내물왕계의 혈연의식」, 『역사학보』 53·54합집, 1972 ; 앞 책, 1984, 84~89쪽 참고).

않았나 한다.[34) 이처럼 성골의식이 선덕왕의 왕위 계승 명분으로 활용된 점으로 미루어, 진평왕의 집권 후반 무렵에 왕권은 이미 상당한 권위를 지니게 되었음을 짐작할 수 있다.

2) 聖祖皇姑論

여왕 즉위에 이용된 또 하나의 논리는 聖祖皇姑였다. 선덕왕 즉위년의 기사 내용을 소개하면 다음과 같다.

> C. 선덕왕이 즉위하니 휘는 德曼, 진평왕의 장녀이다. 母는 김씨, 마야부인 이다. 덕만의 性이 寬仁하고 明敏하였으며, 왕(진평왕)이 돌아가고 아들이 없으매 國人이 덕만을 세워 聖祖皇姑란 號를 올렸다.[35)

종래에는 '聖'이라는 단어에 집착하여 성골왕 내지 성골의 존속기간을 논하기도 하였다.[36) 그러나 '上號聖祖皇姑'에 대한 합당한 해석은 '聖祖의 皇姑라는 號를 올렸다'이다. 字典的 해석으로는 '聖祖'는 거룩한 天子의 祖上을 가리키며, '皇姑'는 祖父의 姉妹 또는 大姑母, 돌아간 시어머니를 일컫는다. 이를 '前代의 祖上'이란 뜻으로도 풀이할 수 있겠으나, 바로 앞부분에 "王薨 無子 國人立德曼"이란 구절이 나오므로 문법구조상 그 대상을 선덕왕으로 보는 것이 옳으며, '姑'라는 용어 역시 이러한 사실을

---

34) 고경석, 앞 논문, 1995, 247~249쪽 참고.

35) 『삼국사기』 권5, "善德王立 諱德曼 眞平王長女也 母金氏 摩耶夫人 德曼性 寬仁明敏 王薨 無子 國人立德曼 上號聖祖皇姑".

36) 문경현, 「신라왕족의 骨制」, 『신라사연구』, 경북대출판부, 1983, 197쪽 ; 정용숙, 앞 논문, 1994a, 240쪽 ; 신종원, 「『三國遺事』善德王知幾三事條의 몇 가지 문제」, 『新羅와 狼山』, 신라문화제학술발표회논문집 17, 1996, 45~48쪽.

뒷받침해 준다. 다만 聖祖皇姑는 '聖祖의 皇姑'로도 해석할 수 있으므로 聖祖를 진평왕, 皇姑를 선덕왕으로 대입시킨다면, '강력한 통치력을 구사했던 위대한 진평왕의 딸 선덕'이기에 여성으로서 왕위를 계승한 것이 된다. 즉 선덕은 父인 진평왕의 위업에 힘입어 여성임에도 왕위를 계승할 수 있었던 것이다. 그러나 여성이기 때문에 즉위에 앞서 태자 책봉의 수순을 밟는 일은 불가능했으므로 즉위시 '國人立'이란 형식을 취할 수밖에 없었다고 본다. 이처럼 선덕왕이 국인에게 옹립되었다는 점에서 선덕왕대 왕권의 구조적인 취약성을 지적하기도 하지만,[37] 화백회의에서의 결정은 강력한 왕권하에서는 대체로 왕의 의지가 그대로 반영되는 현실을[38] 감안한다면, 왕과 귀족집단을 대립 또는 갈등관계로만 상정할 것이 아니라 이들을 정치적 동반자로 인식하는 것이 옳을 것이다. 다만 상대등의 경우 유력귀족 가운데서도 가장 영향력이 컸으므로 왕권이 미약하거나 왕과 의견이 맞지 않을 경우에는 왕권을 견제하는 역할을 수행했을 가능성도 있다.[39]

---

37) 주1) 참고.

38) 법흥왕은 진흥왕을 왕위 계승자로 정하였고(李晶淑, 「진흥왕 즉위에 대한 몇 가지 문제」, 『부산여대사학』 12집, 1994, 254~257쪽 참고), 진흥왕은 왕태자제도를 설립했다. 진평왕은 집권 후반에 장녀 덕만을 後嗣로 내정하였다. 이 같은 사실로 미루어 볼 때 중고기에 강력한 왕권을 구사한 법흥왕·진흥왕·진평왕은 자신의 治世에 후계자를 선정해 둔 공통점이 있다. 그리고 화백회의를 통해 합법성을 보장받지 않았나 한다. 정용숙은 앞 논문, 1994b, 45쪽에서 유사한 견해를 피력한 바 있다. 國人의 추대라는 형식으로 선덕왕이 즉위했다 하더라도, 여기에는 진평왕의 의지가 강하게 작용했을 것이라 하였다.

39) 고경석, 앞 논문, 1995, 265쪽 주76) 참고.

3) 진평왕대 대일교섭과 여왕 즉위론

일본에서 최초의 여성왕 推古가 등장한 것은 593년으로, 신라 진평왕 15년에 해당한다. 일본 推古王(593~628)의 경우, 前王인 崇峻(587~592)이 사망하자 대등한 자격을 갖춘 왕위 계승자가 다수여서 어느 한 사람을 후계자로 지목할 수 없었다. 추고는 이러한 政況에서 결정된 中繼者였다. 부연하자면 당시 일본의 집권세력은 蘇我氏였는데, 이들이 聖德太子로 대표되는 왕족과 정치적 타협을 함으로써 다음의 남성 왕이 결정되기까지 과도기 조치로 추고를 즉위시켰던 것이다.40) 추고 이후의 여성왕 皇極 (642~645), 齊明(655~661) 역시 유력한 왕위 계승 후보자인 中大兄皇子(즉 天智天皇 : 661~671)41)가 존재했음에도 불구하고, 또 여성은 본래부터 정치·외교·군사에는 익숙하지 않다는 통설마저 극복하면서 왕으로 옹립 되었다. 이 또한 일본 내부의 사정으로 인한 것인데, 중요한 이유 중의 하나는 中大兄皇子가 혼인 과정에서 타부를 범했기 때문이라 했다.

이와 같이 6세기말~7세기 중반에 걸쳐 일본에서의 추고, 황극, 제명 등 여왕의 등장은 비슷한 시기의 신라 선덕왕(632~647)과 진덕왕(647~ 654)의 즉위에 어떤 형태로든지 영향을 미쳤을 것이다. 물론 신라의 경우 여왕이 등장하게 된 정치적 여건이 일본과는 거리가 있을 것으로 생각되 나,42) 어쨌든 여왕 즉위의 명분만은 일본의 사례를 참작했을 가능성이

---

40) 直木孝次郎, 「古代國家の成立」, 『日本の歷史』 2, 中公文庫 : 東京, 1985, 50~51쪽.
41) 일본에서는 오랫동안 황태자를 大兄이라 칭하였으나, 聖德太子에 대해서는 大兄이 라 칭한 사실이 없다. 聖德太子의 경우 『日本書紀』 卷22, 推古紀 元年 夏4月에 "攝政으로 하여 萬機를 모두 맡겼다"고 되어 있어 '摠持國政'했음을 알 수 있으며, 中大兄皇子 또한 孝德·齊明王의 집권기에 정치에 깊숙이 개입한 사실이 있다. 兩者는 황태자 신분으로 정치를 행한 선례를 이루는 것으로, 그 이전에는 황태자 혹은 태자라고 하여도 다음 천황의 후보자에 불과할 뿐, 직접 정치에 관여하지는 않았다(山田英雄, 『日本書紀』, 敎育社, 1979 참고).

인정된다. 진평왕 43년(621)에 奈末 伊彌買가 일본에 파견되어 교섭하는 모습이 보이기 때문이다.

> D. 이 해에 신라가 奈末 伊彌買를 보내 조공하였다. 글을 올려 사행의 뜻을 奏하였다. 무릇 신라가 表를 올린 것은 아마 이때부터인가.[43]

사료 D 이외에도 『일본서기』에는 신라와 일본 간의 국교 수립과정 및 교섭관계를 알려 주는 기사가 풍부히 실려 있다. 그 내용에 의하면 6세기 전반 大和정권의 외교는 백제 일변도였으나, 560년 신라가 왜국에 사신을 파견한 것을 계기로 하여 6세기 후반부터는 삼국과 교류하는 다면외교로 바뀌었음을 볼 수 있다.[44] 그것은 무엇보다도 가야지역을 차지함으로써 한반도와 일본간 해상교통로를 장악한 신라가 먼저 공식적으로 사절을 파견함으로써, 일본과 교류를 시도한 때문이었다. 일본과의 교류에는 해상교통로의 장악과 더불어 신라의 우수한 조선기술이 뒷받침

---

42) 신라에서 선덕·진덕여왕이 옹립된 사정과 김춘추(武烈王)가 오랫동안 즉위할 수 없었던 사정이 표리관계를 이루고 있듯이, 같은 시기의 倭國에서도 皇極(=齊明)이 옹립됨으로써 中大兄皇子(天智天皇) 역시 오랫동안 즉위할 수 없었다. 그리고 春秋와 中大兄의 즉위가 연기된 사정도 양인이 모두 혼인에 있어 타부를 범하여 집권층에게 기피되었기 때문이라고 하였다(註9의 遠山美都男, 발표요지 참고). 그러나 선덕왕 즉위는 일본의 두 여왕 및 진덕왕과는 그 사정이 다르다고 할 수 있다. 선덕왕의 즉위 무렵 김춘추는 나이가 서른에 이르렀지만 정치 활동 또한 두드러지게 나타나는 바가 없기 때문이다. 말하자면 김춘추가 아직은 유력한 왕위 계승자로서의 역량을 갖추지 못했다는 이야기가 된다. 앞에서 언급했듯이, 선덕왕의 즉위는 부왕인 진평왕의 왕권 강화정책의 결과로 받아들이는 편이 순리적이지 않을까 한다.

43) 『日本書紀』 권22, 推古天皇 29년(621년), "是歲 新羅遣奈末伊彌買朝貢 仍以表 書奏使旨 凡新羅上表 蓋始起于此時歟".

44) 김은숙, 「6세기 후반 신라와 왜국의 국교성립과정」, 『신라의 대외관계사 연구』, 신라문화제학술발표회논문집 15, 1994 참고.

된 것으로 보인다. 신라의 조선술과 항해술은 이미 오래 전부터 일본내에
알려진 바 있는데, 新羅系 造船工 猪名部의 도래 경위[45]와 木工 韋那部眞根
의 뛰어난 기술이 묘사된[46] 부분에서 그러한 사실을 유추할 수 있다.
이처럼 5세기 초 일본에 도래한 신라의 造船 技術者가 5세기 후반에
활약하던 점으로 미루어 신라의 조선기술은 우수하지 않았을까 한다.[47]
그리하여 가야가 신라에 복속되는 진흥왕대를 전후한 무렵에는 신라의
항해술이 왜국을 압도하게 되며,[48] 진평왕 5년(583)에 船府署를 설치하게
되었던 것이다.[49]

6세기 중반 이후 시작된 羅·日 간의 교류는 그 후 몇 차례 기복을
겪기는 하였으나, 양국이 계속해서 외교 교섭을 시도한 것을 보면[50]
일본 국내의 사정을 신라가 파악하고 있었음이 틀림없다.『삼국사기』에도
그러한 사실을 방증할 만한 내용이 보인다.

    E. 領客府는 본명은 倭典이었는데, 진평왕 43년에 領客典으로 개칭하였
      다.[후에 또 따로 倭典을 설치하였다]. 경덕왕이 또 이를 司賓府라
      고쳤고, 혜공왕이 다시 전대로 하였다.[51]

---

45) 『日本書紀』 應神 31년 秋 8월.
46) 『日本書紀』 雄略 13년 秋 9월.
47) 東湖,「古代朝鮮との交易と文物交流」,『日本の古代』3, 中央公論社, 1986.
48) 今西龍,「慈覺大師入唐求法巡禮行記を讀みて」,『新羅史硏究』, 國書刊行會, 1970
    참고.
49) 『삼국사기』 권4, 진평왕 5년 정월.
50) 羅·日間의 교류는 560년대와 570년대에 집중적으로 보이며, 그 내용은『日本書紀』
    권19,「欽明紀」 21년 秋 9월·22년·23년·32년 및 권20,「敏達紀」3년 11월·4년
    夏 4월 및 6월·8년 冬 10월·9년 夏 6월 등에 게재되어 있다. 아울러 김은숙,
    앞 논문, 1994, 197~203쪽, 208~210쪽, 215~217쪽, 219쪽 참고.
51) 『삼국사기』 권38, 職官志 上 領客府, "領客府 本名倭典 眞平王四十三年 改爲領客典(後
    又別置倭典) 景德王又改爲司賓府 惠恭王復故".

사료 E에 의하면 영객부의 본명은 倭典이며, 일본에 사신이 파견된 진평왕 43년에 領客典으로 바뀌었음을 알 수 있다.[52] 여기서 진평왕 43년에 對倭관계를 취급하는 官府의 위상에 모종의 변화가 있었으며, 이는 사료 D의 『일본서기』 기사와도 밀접하게 관련된 것으로 보인다.[53] 이를 계기로 진평왕대 후반부터는 이전 시기와 차원을 달리하는 羅·日 간의 활발한 교류를 想定할 수 있겠으나,[54] 『삼국사기』 신라본기에는 오히려 唐과의 관계가 본격화되었음을[55] 알려 주고 있어 이 부분에 대한 세밀한 검토가 요구된다.

이상의 사실들을 종합해 본다면, 선덕왕이 왕위 계승자로 부각될 무렵 이웃 나라 일본에서 여왕 등장 소식이 전해졌고, 이는 어쩌면 여왕 즉위 문제를 놓고 이견이 분분하던 신라 조정의 분위기를 반전시키는 데 일조했을 것이다. 그리하여 진평왕을 위시한 여왕 지지론자들은 聖骨男盡과 聖祖皇姑 이외에도 또 하나의 유력한 명분을 얻게 된 것이 아닌가 한다.

4. 맺음말

이상에서 선덕왕이 즉위하게 된 배경을 살펴보았다. 선덕왕의 즉위는 직계에 의한 왕위 계승이라는 진평왕의 강력한 의지에 따른 것이었다. 논의된 내용을 요약하면 다음과 같다.

---

52) 이와 관련되는 기사는 『삼국사기』의 같은 해에는 보이지 않는다. 다만 진평왕 13년(591)조에 領客府令 2인을 두었다고 되어 있다.

53) 주보돈, 앞 논문, 1994, 219쪽.

54) 일반적으로 羅·日관계가 본격화되는 시점을 646년 내지 647년의 김춘추의 渡日 이후로 보고 있다.

55) 李晶淑, 「신라 진평왕대의 대중교섭」, 『부산여대사학』 10·11합집, 1993 참고.

법흥왕 이래로 추진되어 온 중고기의 왕권 강화는 진평왕대에 이르러 정치·제도 및 관념까지 뒷받침되면서 귀족세력을 압도해 나가기 시작했다. 그리하여 재위 43년(621)에 無子임에도 불구하고 장녀 덕만을 왕위 계승자로 내정함으로써 왕권에 대한 근본적인 약점을 극복할 수 있게 되었다. 당시로서는 대단히 파격적이라고 할 수 있는 진평왕의 이 같은 행위는 오랫동안 다져 온 왕권 안정으로 인한 자신감에서 나온 것이 아닌가 한다. 그러므로 진평왕 43년 이후에 나타나는 일련의 정치변동은 선덕왕의 왕위 계승 사실과 밀접한 관련이 있는 것으로, 말하자면 여성으로 선덕왕이 지닌 약점을 보완하고 국정을 원활하게 수행할 수 있도록 하기 위한 대책 마련인 동시에 진평왕에 의한 왕권 강화 작업의 마무리 단계라고 할 수 있을 것이다.

한편 선덕왕의 즉위 논리로 이용된 것이 聖骨論과 聖祖皇姑論, 진평왕의 대일교섭 과정에서 전해진 이웃 나라 일본에서의 여왕즉위론 등이다. 먼저 聖骨論은 진평왕이 薨去하자 聖骨男盡이라는 이유로 선덕왕이 즉위하였다. 성골남진 현상은 성골 남성이 멸절되었다고 볼 것이 아니라, 신분적으로 성골이고 왕위 계승 자격이 있는, 말하자면 진평왕계의 남자가 끊어졌다는 뜻이 된다. 당시의 왕위 계승은 前王인 진평왕과의 직접적인 혈연관계가 무엇보다도 중시될 만큼 진평왕은 강력한 왕권을 구사하였는데, 이러한 성골관념에 의해 덕만이 왕위에 오를 수 있었던 것이다. 다음으로 聖祖皇姑論은 이를 '聖祖의 皇姑'로도 해석할 수 있으므로 聖祖를 진평왕, 皇姑를 선덕왕으로 대입시킨다면, '강력한 통치력을 구사한 위대한 진평왕의 딸 선덕'이기 때문에 여성으로서 왕위를 계승한 것이 된다. 즉 선덕은 父인 진평왕의 위업에 힘입어 여성임에도 왕위를 계승할 수 있었던 것이다. 마지막으로 선덕왕이 왕위 계승자로 부각될 무렵 이웃 나라 일본에서 여왕이 등장한 점도 선덕왕의 즉위에 어떤 형태로든 영향을 미쳤을 것이다. 이는 진평왕을 위시한 여왕 지지론자들에게 또 하나의 유력한 명분을 제공하였으리라 본다.

Ⅷ. 결 론

이 책에서는 중고기 정치, 사회, 사상 및 제도정비, 대외교섭, 동아시아 국제환경 등 전반에 걸쳐서 살펴보고자 했다. 신라 중고시대는 中代 전단계의 시대, 신라발전의 계기를 마련한 시기, 삼국통일의 원동력이 된 시기, 국가적 체제정비가 일단락된 시기 등으로 정의되고 있다. 천년의 세월을 이어간 신라사에서 중고시대 140년은 부여받은 이름 만큼이나 차지하는 비중이 매우 크다고 하겠다. 각 장에서 다루었던 내용들을 정리함으로써 결론을 맺고자 한다.

Ⅱ장에서는 진흥왕의 즉위와 더불어 파생되는 몇 가지 문제를 분석하였다. 논의의 핵심은 진흥왕의 즉위 연령과 섭정 문제, 정국운영의 주도세력 세 가지로 압축되며, 이는 서로 맞물려 있다 하겠다.

진흥왕은 통일기 이전 신라 역사상 최대의 판도를 이룬 정복군주이다. 따라서 진흥왕 및 그 治世에 대한 연구는 전쟁과 영토 확장에 집중되는 경향이 있었다. 그런데 『삼국사기』 기록에는 진흥왕대 본격적인 군사활동은 재위 9년부터 시작되며, 그 이전에는 주로 정치에 관한 내용으로 점철됨을 볼 수 있다. 이는 진흥왕이 비교적 어린 나이에 즉위함으로 인해 섭정기를 거친 때문이 아닌가 하였다. 바야흐로 진흥왕의 親政이 시작되면서 사방으로 영토 확장에 나섰고, 고구려·백제를 상대로 신라는 진흥왕 11년을 기해 守勢의 입장에서 벗어나 攻勢로 전환하였다. 이러한 자신감은 진흥왕 12년에 開國이란 연호 사용과 國史 편찬으로 나타났다. '국사가 군신의 선악을 기록하는 것'이라는 이사부의 上奏文을 고려할 때 國史는 현실의 중고 왕통의 정통성을 천명하고, 유교 정치사상에 입각하여 王者의 존엄을 과시하는 성격의 史書로 규정지었다.

Ⅲ장에서는 6세기대 신라 사회의 변모와 우륵 망명의 상관관계를 규명하고자 했다. 6세기에 이르러 신라 사회는 율령적 지배체제의 강화와 민에 대한 새로운 인식을 토대로 전국적인 力役動員이 이루어지고 포고문이 유행하였다. 그런데 교화의 직접적 대상인 일반민 대다수는 문맹이어서 그들을 상대로 國策을 전달하고 실행하려면 특별한 수단이 필요했다. 그것은 바로 음악이었다. 노래는 가장 손쉽게 동조를 끌어낼 수 있는 잠재력을 지니면서 정서적 파급력이 만만치 않아 일반민을 선도하기에 매우 효율적일 수 있다. 진흥왕이 신료들의 반대를 무릅쓰고 우륵과 그 음악을 받아들인 이유를 짐작케 한다.

신라는 대가야 음악을 수용하면서 한동안 토속적인 基調를 그대로 유지하다가 왕명에 의한 전수 과정에서 유가의 雅正한 음악으로 한 단계 도약하였다. 이것은 신라 사회에 퍼지기 시작한 유교적 가치기준의 영향을 받은 결과였다. 그러나 신료들의 불만을 눅일만한 경지에는 이르지 못하고 우륵의 음악은 일종의 리메이크 하는 선에서 그치고 말았다. 진흥왕은 우륵의 음악을 大樂으로 삼기까지 했으나, 자신의 의도대로 음악정책을 유도해 나갔고, 그 과정에서 우륵이 일정한 역할을 담당하였다. 진흥왕이 목표한 지향점은 예악이었다. 법지 등 3인의 연주 이후 한바탕 소동을 겪었던 신라 음악은 이제 더 이상 일상의 사연을 노래하는 民歌로서의 '風'이 아니었다. 선왕의 덕을 드러내고 세상을 경계하는 '雅·頌'으로 전환을 보게 된 것이다. 때마침 이 무렵에 왕도정치를 표방하는 진흥왕순수비가 건립됨으로써 예악사상과 함께 진흥왕대 정치철학의 한 축을 이루게 되었다.

IV장에서는 진평왕 즉위를 전후한 政局推移를 살피고자 하였다. 문제의 발단은 진평왕이 왕위계승상 최적의 혈통을 지녔음에도 불구하고 등극하기까지 우여곡절을 겪었다는 점이다. 그것은 父 동륜이 요절함으로써 傍系인 眞智가 왕위에 올랐기 때문이다. 이 같은 왕위계승의 사연으로 인해 진지왕이 居柒夫의 무력을 배경으로 왕위를 찬탈했다는 논리가 한동안 통설화 되다시피 하였다. 당시 거칠부는 나라 안팎으로 활약한 실세였고, 진흥왕 死後 왕위계승 과정에서 모종의 역할을 한 것으로 보인다. 그런데 거칠부가 방계의 사륜을 지지한 이유는 지증왕계 직속비속에 의한 권력독점이란 현실에 제동을 걸어 왕권의 약체화를 노린 것이었다. 결국 그는 진흥왕 死後 왕위계승에 적극 개입함으로써 지증왕계 왕권중심 체제가 아닌 범내물왕계 귀족연합체제로 복귀시켰다.

진지왕대에 일시적으로 노정된 왕권의 약화는 진평왕이 즉위하면서 극복되었다. 진평왕은 가장 먼저 관제정비를 단행하고, 석가불신앙과 유교 정치이념을 확산해 나감으로써 왕권의 전제화를 도모하였다. 그리고 동륜의 직계에 한정해 '협의의 왕가'를 설정한 후 '聖骨관념'을 부여함으로써 왕가 위상의 극대화를 꾀하였다. 진평왕은 왕위를 되찾음으로써 정통 奈勿王家의 계승자임을 자처했으며 天賜玉帶 설화를 통해 이 같은 사실을 재삼 강조하였다. 內政이 일단락되자 진평왕은 外治에도 힘을 기울였다. 고구려·백제의 잦은 침략에 대처함과 동시에 적극적인 대중교섭을 전개해 나가기 시작하였다.

Ⅴ장에서는 진평왕대 수·당 통일제국의 등장으로 인한 동아시아 국제환경의 변화와 대중교섭을 중심으로 살피고자 하였다. 진평왕대는 정치 경제 외교 등 다방면에서 많은 변화가 일어난 시기였다. 정치적으로는 왕위계승을 둘러싼 지배층 내부의 알력을 극복하고 왕권의 전제화를 이루었으며, 경제적으로는 前王代의 영토 확장에 힘입어 신라 역사상 최대의 판도를 차지함으로써 막대한 富를 확보하였다. 그리고 대외적으로는 중국에 隋·唐 통일제국이 들어섬으로 인해 삼국을 포함한 동아시아 전체에 지각변동이 시작되고 있었다.

이와 같은 대내외적 상황 하에서 진평왕은 왕권 강화를 배경으로 대중교섭을 적극적으로 추진해 나갔다. 재위 54년간 南朝의 陳을 필두로 수·당과의 외교 관문을 확장시켰으며, 특히 수제국의 등장 이후 신라의 사신 파견 회수가 급증한 것은 이전과 차원이 다른 신라 사회의 내적 성장을 의미한다. 고구려가 수·당과의 긴장 관계를 반복하는 동안, 그리고 백제가 고구려와 중국의 틈새에서 양면책을 쓰는 동안, 신라는 親隋·唐 정책을 지속해 나감으로써 후대의 통일 외교로까지 이어갈 수 있었다. 이러한 외교적 면모는 신라 사회의 내적 성장을 가늠할 수 있는 기준이 된다.

Ⅵ장에서는 중고시대 유교의 확산과 儒·佛의 상호 관계를 살피고자 하였다. 삼국기 사상의 두 축을 이루는 유교와 불교는 법흥왕대에 이르러 원형을 탈피하면서 한 차원 높은 경지로 거듭났다. 신라는 법흥왕 8년(522)에 梁과 국교를 수립하면서 『孝經』을 수용하고, 국가 차원에서 효경 교육을 중요시했다. 그것은 孝의 강조를 통해 국가와 군주에 대한 忠을 유도하기 위함이었다. 한편 영토와 인민이 확대됨으로 인해 새로운 王者像을 제시하지 않을 수 없었다. 그것은 바로 초부족적 통치이념을 표방하는 王道思想이

었다. 「眞興王巡狩碑」에는 신라 중심의 세계관과 함께 왕도정치의 이념이 강하게 드러나는데, 그 배경에는 중앙집권적 통치체제에 따른 왕권 강화와 남북조 교섭으로 인해 동아시아에서 신라국의 위상이 높아졌기 때문이다. 법흥왕·진흥왕대를 거쳐 신라 관제의 기본틀이 형성된 진평왕대에 이르러 유교이념에 대한 이해가 확대되고 유교사상을 표방하는 사람들이 나오기 시작했음은 이 점과 관련하여 시사하는 바 크다.

한편 중고기 말 신라의 지배계층이 유교정치 이념을 포함하여 유교경전의 이해에 노력을 기울인 데에는 본격적인 대중외교가 전개됨에 따라 이를 담당할 실무자가 필요하였고, 전시상황의 장기간 지속이라는 사회적 배경이 작용하였다.

Ⅶ장에서는 신라 최초의 여성왕 등장에 대한 배경을 신라국 內政은 물론 동아시아 삼국과 연계해 살피고자 하였다. 선덕왕의 즉위는 직계의 왕위계승이라는 진평왕의 강력한 의지에 따른 것이다. 당시 조정에서는 김춘추가 부각되고 있었으나 진평왕의 장녀 덕만이 왕위를 계승하였다. 왕실의 직계이자 장자상속의 논리에 의한 것이었다. 기왕의 연구에서는 선덕왕이 國人에 의해 옹립됨으로써 즉위와 동시에 국정의 태반을 大臣 乙祭에게 위임했으며, 왕권과 귀족세력간의 타협으로 말미암아 선덕왕은 실권 없는 존재로 전락하고 말았다는 것이다. 그 결과 선덕왕대의 국정은 귀족에 의해 좌우된 것으로 파악하였다.

그러나 당시의 政況으로 미루어 볼 때 선덕왕의 왕위계승은 합법적이었던 반면, 김춘추의 왕위계승은 비상수단을 동원한 것으로 보인다. 즉 선덕왕은 진평왕의 장녀로서 왕위를 계승했으므로 장자상속의 범주에 들어갈 수 있으며, 이는 진평왕대 체제정비에 따른 왕권 강화가 있었기에 가능한 일이었다. 그러므로 선덕왕도 왕권 강화의 연장선상에서 국왕의

권위를 가지고 국정을 수행했다고 여겨진다. 선덕왕의 즉위 문제를 검토하
는 일은 선덕왕대 정치가 나름대로 특성을 유지하며 원활히 운영되었는지,
아니면 국정의 태반이 귀족들에 의해 좌우되었는지, 선덕왕대 정치운영상
의 특질과 성격을 가늠하는 기초작업이 될 것으로 기대한다.

동아시아 역사 속에서의 정치와 신화

1. 머리말

신화와 역사는 어떤 관계에 있는가. 신화 속에는 신화가 만들어진 시대의 상황이 잘 반영된다. 그런 까닭에 신화를 통해 역사를 재구성하려 하거나, 역사 해석을 새롭게 시도한 연구가 적지 않다. 어떤 국가든지 고대의 역사는 신화의 형식을 빌어 전승되는 것이 일반적이다. 따라서 역사가들은 신화 속에 반영된 역사적 사실을 걸러내어 과거의 역사를 해석하거나 보완하기 위해 오랫동안 노력해 왔다. 이것은 신화 자체가 상상이나 허구의 산물이 아니라 어디까지나 역사적 존재임을 전제로 한다는 의미이다. 이처럼 신화 그 자체가 역사이기도 하지만, 신화의 사회적 기능이나 양상 또한 마찬가지로 규정될 수 있다. 그런데 기왕의 논의는 신화를 역사적 산물로 보고 그 자체의 역사성을 해석·보완하는 데 치중되었고, 신화의 사회적 기능과 양상에 관해서는 그다지 주목하지 않았다.

잘 알려져 있듯이 동아시아에서 신화라는 용어가 이전부터 있었던 것은 아니다. 신화라는 말은 근대 사회에 들어와서 일본이 서구의 용어를

번역하면서 쓰이기 시작하였고, 번역어인 신화는 중국이나 한국 같은
한자문화권에 도입·통용되었다. 신화라는 용어의 유래가 시사하듯이,
동아시아의 신화는 근대에 와서야 서구 신화를 전제로 그것과 대비되는
선상에서 인식·연구되어 왔다. 제2차 세계대전 종료 이후 동아시아 각국에
서 신화는 이전과 비교되지 않을 정도로 활발하게 연구된 것이 사실이지만,
서구의 신화가 동아시아의 신화를 이해하는 준거가 되었다. 이러한 경향은
아직도 사라지지 않았다.

　신화는 동아시아에서도 신화라는 이름으로 불리기 전부터 이미 존재해
있었다. 동아시아 신화를 동아시아 고유의 맥락에서 파악하는 방법은
여러 가지일 것이다. 본고도 그 가운데 하나로 동아시아 여러 나라에서
신화가 역사적으로 각국의 해당 사회 내에서 어떻게 사회를 정책적이고
의도적으로 이끌어가는 데 이용했는지, 다시 말해서 정치적 기능을 중심으
로 살피고자 한다. 이러한 연구 목적은 다음과 같은 문제의식에 바탕을
둔다.

　첫째, 국적에 따른 신화의 경계짓기에 대한 의문이다. 가령 중국의
신화를 담고 있는『山海經』은 전통시대에 중국에서만 읽혔던 것은 아닐
것이다. 분명 한반도에서도 읽혔을 것이고, 일본열도에도 전해졌으리라
짐작된다. 왕조시대에 漢文을 읽고 쓸 수 있었던 중원의 지식인이 소수라는
점을 상기한다면,『山海經』에 실린 신화를 딱히 중국신화라고 한정짓기
어렵다. 이 때문에 한·중·일 동아시아 삼국의 신화를 한눈에 조감할 필요가
있다. 동아시아 삼국의 신화 연구는 국내학계의 연구사 정리를 통해
적잖이 소개되었다. 다만, 현 단계의 연구성과는 대부분이 신화의 국적에
따른 연구사 정리에 치우쳐 있어, 국가간 신화의 비교연구는 아직 미흡한
실정이다.

둘째, 동아시아는 어느 지역보다 사회변화에서 정치가 第一義的 요소로 작용했다. 왕조시대의 지식인들이 안으로 덕을 함양하고 밖으로 천하에 뜻을 펼친다는 이른바 '內聖外王'의 관료지향적 존재였다는 점도 그러한 측면을 잘 보여준다. 따라서 동아시아에서 신화는 정치와 밀접한 관련 하에 존재했다고 말할 수 있다. 본고 또한 신화의 정치적 기능에 초점을 맞추어 논의를 전개할 것이다. 동아시아 삼국은 전통시대부터 서로 별개의 왕조권력을 수립해 있었으므로, 각 왕조가 신화를 필요로 하던 시대의 정치·사회적 상황이나 여건이 반드시 같을 수는 없었다. 이 같은 사실을 유념하면서 동아시아 각국 별 정치 목적과 지향점, 시대에 따른 신화의 변이 양상을 추론하고자 한다. 근대에 들어서면 신화의 정치적 필요성은 동아시아 삼국이 처한 상황에 따라 뚜렷이 달라지게 된다. 따라서 신화의 양상이나 내용에서도 서로 달라진 점을 구명할 것이다. 말하자면 국가별 신화와 정치의 관계를 살피되 그 존재양상의 相似와 相異를 가늠하면서 동아시아 신화의 특징을 추출하려는 것이다.

셋째, 신화가 어떻게 유통되는가 하는 점이다. 신화의 생산 혹은 기록과 전승은 그동안 신화 연구에서 중요시한 포인트였다. 그러나 신화의 유통에 대한 관심은 적었다. 신화의 유통에 대하여는 특히 근대 이후를 주목하고자 한다. 근대사회로 들어오면서 신화가 신화로 인식됨과 동시에 이전과 비교할 수 없을 정도로 광범위하게 유포되었기 때문이다. 신화의 유통문제 는 정치 상황과 교육제도, 지식인의 위상과 관련시켜 이해해야 한다. 근대는 전통시대 이상으로 신화를 정치적 필요성에 종속시켰고, 근대 교육제도는 '국민'의 창출에 결정적인 역할을 했으며, 또한 지식인의 존재 양상을 규정했기 때문이다.

필자는 이상의 세 가지 문제의식을 토대로 고대에서 근대에 이르는

동아시아 신화의 정치성을 개관하고자 한다. 이를 위해 동아시아 삼국의
신화의 존재양상을 전통사회와 근대로 나누어 시기별 비교하는 방식으로
전개해 나가려 한다.

2. 전통시대의 왕권과 신화

1) 인문적 세계관의 구축과 중국의 신화

중국에서 신화의 문자화는 기원전 8세기 중엽이라는 매우 이른 시기에
시작되었다. 그 이전 殷·周시대부터 민간전설이 문자로 기록되기는 했으
나, 사소하고 단편적인 수준에 머물렀다. 처음에는 木簡이나 竹冊, 이윽고
帛紙에 이르기까지 말을 글로 기록하는 자는 길흉사나 卜辭를 적는 貞人
또는 史官이었고, 巫師, 巫覡들에 의해 '人神交往'의 신화도 만들어졌다.
그 후 春秋戰國期에 이르러 神權정치가 뒤로 밀려나면서 기록의 세계에서
도 변화가 일었다. 貞人의 입지는 약화되고 합리적으로 사고하려는 史官들
이 득세함에 따라 서사시적인 형식보다는 사실 위주의 편년체를 중시하는
풍조가 생겨난 것이다.[1] 그 영향으로 『論語』, 『書經』, 『史記』 등에서는
'怪異', '虛妄之言', '神怪之說', '古今語怪之祖'와 같은 몇 마디 어휘만으로
'神怪'를 고증하거나 설명하였고, 신화와 관련된 내용은 기껏해야 역사의
공백을 메우는 데 사용될 뿐이었다. 이제 신과 인간은 분리되어 인간의
세계는 『論語』로 대표되는 경전에, 신의 세계는 『山海經』 등의 逸書에
각각 따로 기록되어 존재하게 된 것이다. 또한 신화는 『莊子』, 『淮南子』,

---

[1] 劉節 저, 신태갑 역, 『중국사학사강의』, 신서원, 2000, 60~62쪽 ; 增井經夫, 『中國の
歷史書』, 刀水書房, 1984, 26~28쪽.

『老子』 등에서 철학적이고 종교적인 이야기로 변형된 채 단편적으로 흔적을 남기게 되었다.

戰國時代를 휩쓴 인문주의와 합리주의는 초자연계의 신격이나 동·식물 신을 인간의 모습을 한 제왕이나 영웅으로 전환시켜 버렸다. 이른바 신화의 역사화가 본격적으로 진행됨에 따라 많은 신화들이 황당무계한 이야기로 폄하되어 삭제되는 운명을 겪게 된다.[2] 말하자면 중국 내에서 口傳되던 신화가 본격적으로 문자화되는 시점에서 신화는 이미 정치적 효용성을 상실하게 되어 기록을 담당하는 식자층의 관심 밖으로 밀려난 것이다. 그 당시의 인문주의와 합리주의를 극명하게 보여주는 것이 『史記』 였다. 『史記』의 저자 司馬遷이 「報任安書」에서 "전인의 사적을 고증하고 ……" "일의 시말을 종합하여 ……" "사회발전의 객관적 규율을 밝힌다 ……"라고 한 편집 의도는 이후 역사서의 전형이 되었다. 漢代 이후 유가사 상을 정통으로 하는 중국사가 전개됨에 따라 중국 고대의 신화는 점차 역사로 편입되어 갔다. 게다가 신화의 원형은 널리 알려지지 않았을 뿐만 아니라 산실된 것도 적지 않았다.

유가사상이 왕조의 이데올로기가 되었다고 하나, 비합리주의적 요소가 말끔하게 가실 리는 없었다. 유가의 정통인 經書에 대응하는 緯書가 생겨난 것도 비합리적 사고방식의 강인한 생명력을 말해 준다. 緯書는 經書에 가탁하여 미래의 일을 설명했는데, 이것은 天文으로 길흉화복을 예언하는 讖言과 결합하여 讖緯說이 되면서 漢代에 풍미하였다. 참위설은 황제의 권위를 절대시하고 신비적 위엄을 설명하는 데 활용되었다. 정통 유가의 군주관만으로는 황제의 절대적 권위와 신비적 위엄을 대표하거나 설명할

---

2) 선정규, 「중국의 신화관과 신화연구의 과제」, 『중국학보』 39, 한국중국학회, 1999, 2~4쪽.

수 없었고, 覇道에 대비되는 王道가 전부였다. 왕도사상은 군주가 수양한 덕에 근거한 인격 위에 형성된 것이고 天命은 이 같은 有德者에게 부여되는 것이었다. 이와 같이 유가의 군주관이 인격적이었던 만큼 불가사의하고 신비적인 권위가 필요했다. 때마침 신비적인 권위를 제공한 것은 참위사상이었다. 漢왕조의 지배력이 점차 약해지자 왕조의 중흥을 도모하려는 움직임이 있었고, 그러한 노력 가운데 하나가 讖緯說에 근거한 再受命의 논리였다.[3]

참위의 내용으로는 神意에 가탁하여 經을 해석한 것, 史를 서술한 것, 천문·曆數·지리를 논한 것이 있었고, 신령의 괴이함을 찬양한 것도 많았다. 예컨대 "赤龍 한 마리가 圖를 물고 강속에서 나오자 노인 5명은 流星으로 변하여 ……" 하는 식으로 堯·舜의 선양을 서술하였다.[4] 이 때문에 참위설은 일부 포함된 자연과학 지식과 古史 전설을 제외하고는 대개 황당무계한 미신망언이며 견강부회하여 임의로 해석한 것이라고 평가되기도 했다.[5] 그러나 王莽과 劉秀는 新이나 後漢 왕조를 새로이 세우는 과정에서 여러 차례 참위를 활용하여 황제의 자리에 올랐고, 개혁을 실행하는 도구로 삼았다. 이따금 조령의 반포, 관리의 등용에 참위를 이용하기도 했다. 인문적이고 합리주의적인 유가사상이 일상적이고 통상적인 정치공간을 지배했다면, 참위설과 같은 신비주의 철학은 비정상적으로 권력을 탈취할 때 홀연히 등장하여 정치적 위력을 발휘하다가 짧은 수명으로 끝났다. 그것이 퇴장하여 되돌아가는 곳은 신화가 숨쉬고 있는『楚辭』,『搜神記』,『西遊記』,『封神演義』와 같은 문학 내지는 민간종교의 세계관이었다.

---

3) 이춘식,『중국고대사의 전개』, 예문출판사, 1986, 295~297쪽.
4) 顧頡剛 저, 이부오 역,『중국고대의 方士와 儒生』, 온누리, 1991, 207쪽.
5) 翦伯贊, 이진복 외 역,『中國全史』上, 학민사, 1990, 199쪽.

2) 記紀神話와 일본의 고대왕권

일본 신화는 『古事記』(712년)와 『日本書紀』(720년)에 나온다. 『고사기』에
는 神代로부터 스이코(推古 : 554~628) 천황에 이르는 황실 연대기와 계보,
설화가 실려 있다. 『일본서기』는 일본의 초대 천황인 진무(神武 : B.C.660~
585)로부터 지토(持統 : 645~702) 천황에 이르기까지 편년체로 기술한
30권의 역사서로, 중국에 일본의 우수함을 알리려는 취지에서 겐쇼(元正)
천황의 명에 따라 도네리 신노오(舍人親王)가 편찬했다. 이 밖에도 일본
신화는 『風土記』에도 나온다. 이 책은 713년에 일본 정부가 전국의 지방
관청에 명하여 그 지방의 특산물과 지명 유래 등을 조사, 보고하도록
해서 만든 일종의 지리서이다.[6]

대다수의 연구자들은 지역별로 산재한 고대 일본의 다양하고 개별적인
신화들이 6세기 무렵 정치적 목적 아래 체계화하면서 記紀神話[7]로 집약되
었다고 보았다. 이때 『고사기』의 편자는 다카마가하라(高天原)와 그곳의
통치자인 아마테라스 오오미카미(天照大神)를 신화의 중심에 놓았다. 그러
나 『일본서기』의 편자는 그와 같은 『고사기』의 입장에서 한걸음 뒤로
물러섰는데, 이는 『일본서기』가 중국풍으로 각색을 하는 과정에서 생겨난
결과로 간주되고 있다. 즉 『일본서기』는 중국이라는 타자를 염두에 두고
일본인의 아이덴티티를 찾고자 한 시도였다. 그 결과 원래 한 지방의
토속 농경신이었을 아마테라스에 대한 관심은 『고사기』에 비해 약화될
수밖에 없었다.[8] 천황이 중앙집권적 정치세력으로 자리잡으면서 각 씨족

---

6) 김화경, 『일본의 신화』, 문학과 지성사, 2002, 29~42쪽.
7) 記紀神話란 『고사기』 상권과 『일본서기』 1·2권에 실려 있는 신화를 말한다.
8) 박규태, 「신화·역사·아이덴티티 : 일본 記紀神話의 古層」, 『정신문화연구』 2000년
   봄호, 79~80쪽.

이 독자적으로 전승하고 있던 신화를 황실신화로 복속시켜 통합해 낸
것, 이것이 신화를 편찬한 역사적 의미이다. 가을의 수확제가 왕권과
결부된 제사가 되면서 일체의 제사권이 왕권으로 집중화되어 갔다. 이에
따라 地方神이 황실 제사의 체계 안에 편성되어 갔다. 즉 중국왕조를
본떠서 강력한 중앙집권국가와 천황제를 확립하려는 정치적 요청에 부응
한 것이 『일본서기』와 『고사기』의 편찬이었다.9)

일본의 고대국가는 12세기말 武士가 정권을 잡게 되면서 막을 내리고
이후 19세기까지 무인정권이 지속되었다. 천황은 그림자에 불과했던
幕府정권기를 통틀어 記紀神話에 관심이 고조된 때는 13세기말과 18세기
말의 두 차례이다. 전자는 기타바타 케치카부사(北畠親房)의 『神皇正統記』
(1339)로, 후자는 모토오리 노리나가(本居宣長)의 『古事記傳』(1798)으로
대표된다. 남북조 내란기에 남조 고다이고(後醍醐)천황의 충신 기타바타
가 전장터에서 기술했다는 『神皇正統記』는 태양신 아마테라스 오오미카
미의 후손이라는 神國사상을 극명하게 표출하고 있다.

중국문명의 소화 흡수 결과 17, 18세기에는 유학자들이 합리주의적
태도를 견지하면서 記紀神話를 액면 그대로 믿지 않고 비유를 통해 이해하
는 것이 대세를 이루었다. 여기에 반발하여 모토오리는 『고사기』야말로
문장도 꾸미지 않고 古語 그대로 '올바른 옛날 전설'을 전해 주는 최상의
'史典'이라 했으며, 중국 영향을 받기 이전의 순수한 일본정신인 야마토
고코로(大和心)가 여기에 기록되어 있다고 주장했다. 모토오리는 국학
가운데에서 역사와 사상을 대표하는 전형적인 인물이었다. 그를 중심으로

---

9) 황패강, 『일본신화의 연구』, 지식산업사, 1996, 208~239쪽. 이러한 점 때문에
　 일본의 신화를 '국가적 신화'라고 보는 견해가 많다(梅澤伊勢三, 「日本神話の成立
　 と構造」, 『講座 日本の神話2 ; 日本神話の成立と構造』, 有精堂, 1976, 149~150쪽
　 참고).

하는 국학자들은 고대주의적 혹은 복고주의적 성향을 지녔던 탓에 유교적 역사관을 부정했다.[10] 일본의 자아 찾기의 지적 표현인 국학파는 記紀神話를 중요한 재료로 활용했던 것이다.

3) 단군신화와 조선왕조

한국 민족을 상징하는 신화는 단군신화이다. 단군신화가 게재된 가장 오랜 문헌은 13세기 후반에 간행된 『三國遺事』와 『帝王韻紀』인데, 그 중 『삼국유사』는 가장 체계적이고 원형을 비교적 잘 간직한 것으로 평가된다. 13세기 이전 『三國史記』에서는 단군이 한국의 國祖로 인지되지 못하였다. 단군은 평양의 지역 시조신일 뿐이며, 고구려와 관계 있는 존재 정도로만 인식되고 있었다.[11] 『삼국사기』(인종 23, 1145)는 안으로 문벌귀족 간의 갈등과 밖으로 신흥하는 金의 위협에 직면한 시대적 과제를 안고 편찬된 관찬사서로서, 12세기초 유교문화의 난숙기를 배경으로 하고 있다. 그런 만큼 형식과 역사인식 면에서 유교의 합리주의 정신이 강하게 발휘되고 있다. 그러나 '無徵不信'이라는 전거주의 정신과 '怪力亂神은 말하지 않는다'는 유교적 作史態度는 신화에 대한 비판정신을 야기함으로써 결과적으로 단군조선을 삭제하게 만들었다. 『삼국사기』의 연표 첫머리에 겨우 한두 줄에 걸쳐 기자조선과 위만조선이 실재했다고 언급할 뿐이다.

단군이 국가 시조, 역사공동체의 시조로서 숭배 대상으로 바뀌기 시작한

---

10) 박규태, 앞 논문, 81~84쪽.
11) 『삼국사기』 권17, 고구려본기 5, 東川王 21년조에 "평양은 본래 '仙人王儉(단군)의 宅'이라"는 기록을 언급하고 있다. 단군 인식에 대한 『삼국사기』의 편찬태도와 관련하여 주목되는 점이다(서영대, 「단군숭배의 역사」, 『정신문화연구』 32, 1987, 24~25쪽 참고).

것은 13세기말 몽고간섭기에 들어간 때였다. 당시 고려는 이민족 지배 하에서 민족의 정체성을 확인함과 아울러 민족 내부의 결속을 다지기 위한 새로운 역사인식이 절실하였다. 단군은 이러한 시대적 요청에 가장 잘 부합하는 인물이었다.[12] 그리하여 민간에 전해 내려오던 단군에 관한 전승이 새롭게 조명되기 시작한 것인데, 적어도 13세기에는 단군이 개국의 시조로서 널리 인식되고 있었던 셈이다. 일연과 이승휴는 그 시대를 대표하는 지식인으로, 『三國遺事』(1285년경)와 『帝王韻紀』(1287년)를 통해서 어쩌면 황당무계할지도 모르는 신화 속의 단군과 그가 건국했다는 단군조선을 인정했다. 또 나아가 단군과 고조선은 우리 민족 最古의 군주와 국가임을 밝혔다. 단군에 관한 이러한 인식의 전환은 당시 고려사회가 처한 현실 즉 이민족의 지배라는 상황 하에서 삼국 계승의식을 극복하면서 성립된 것이다.[13]

유교를 통치이념으로 하는 조선왕조는 왕조정치의 정통성을 확보하기 위해 단군을 국조로 받들게 됨에 따라 단군을 더 이상 신화상의 인물이 아니라 실존 인물로서, 역사적 사실로 인식하기 시작했다. '조선'이란 국가 명칭은 고조선 계승의 의미를 지니며,[14] 조선왕조 건국 직후부터 거론되어 오던 단군 제사 문제는, 마침내 세종조에 이르러 단군사당의 설치와 함께 실현되었다(세종 11, 1429). 또 조선초기에 편찬한 관찬 사서에도 단군과 단군조선은 민족의 시조요, 우리 역사의 서장을 연 최초의

---

12) 박혜령, 「민족주의 전통담론과 단군의 수용」, 실천민속학회 편, 『민속문화의 수용과 변용』, 집문당, 1999, 120쪽.

13) 나희라, 「단군에 대한 인식 ― 고려에서 일제까지」, 『역사비평』 19호, 역사비평사, 1992, 216~217쪽 참고.

14) 정도전은 『朝鮮經國典』(태조 3년, 1394)에서 '조선' 국호 사용의 의미를 고구려·백제·신라라는 지역분립 국가를 넘어서는 국가공동체이자 유구한 역사공동체라고 했다(『三峯集』 권7, 朝鮮經國典 上, 國號).

국가로 서술됨으로써, 단군과 단군조선은 이제 국가 차원에서 인식대상이
되고 있음을 나타냈다.[15] 단군에 대한 조선왕조의 이러한 입장은, 15~16
세기에 걸쳐 완성된 『東國與地勝覽』에 이전에 보이지 않던 단군의 무덤을
기록한 것으로도 알 수 있다. 단군의 실재를 입증하기 위한 것임을 짐작케
하는 대목이다.[16] 이와 같이 조선초기에 들어와 유가들에 의해 고조선
건국신화 고유의 신격기능체계가 해체되는 방향으로 나아갔던 것은,
다름 아닌 중세적인 현상이었다.[17]

16세기에 들어오면서 단군에 대한 관심과 주목이 조선초기에 비해
크게 축소되는 경향을 보이기 시작하였다. 그것은 사림세력이 등장하고
존화사대의식이 팽배하면서, 단군보다는 기자조선의 문화에 대한 연구가
활기를 띠었기 때문이다. 단군은 민족시조임이 틀림없지만, 夷風을 벗지
못한 저열한 문화단계에 머물렀고, 중국황제의 책봉을 받지 못한 비합법국
가라는 것이다.[18] 박세무의 『童蒙先習』(16세기)과 오운의 『東史纂要』(선조
39, 1606)가 그 대표적 사서이다.

조선후기에는 왜란, 호란으로 인한 충격으로 민족의식이 강화되면서

---

15) 권근의 「應製詩」 이후 『東國世年歌』 『三國史節要』 『東國通鑑』 등 관찬 사서에서는
   1천 년 이상 살았다는 단군의 나이를 단군의 자손이 세습적으로 나라를 다스린
   연수로 이해하였다(서영대, 「단군신화 이해의 기본구조」, 『한국종교의 이해』,
   1985).

16) 『世宗實錄地理志』에는 아직 단군의 무덤에 대한 언급이 없으나(강만길, 「이조시대
   의 단군숭배」, 『이홍직박사화갑기념한국사학논총』, 1969), 『新增東國輿地勝覽』
   권55, 평안도 江東縣 古跡에는 "大冢이 둘 있는데, (강동)현의 서쪽 둘레가 410척인
   무덤이 단군의 것으로 전해진다"고 하였다.

17) 조현설, 「동아시아 건국 신화 재편의 논리」, 『동아시아 건국 신화의 역사와
   논리』, 문학과 지성사, 2003, 407~410쪽 참고.

18) 한영우, 「단군신앙과 민족의식의 성장」, 『한국의 문화전통』, 을유문화사, 1988
   참고.

고대사에 대한 관심과 함께 단군도 새롭게 조명되기 시작했다. 홍만종은
『東國歷代總目』(1705)에서 단군이 백성에게 머리털을 땋고 머리를 덮도록
가르쳤다(敎民編髮盖首)고 했다. 여기서 '편발(編髮)'이라는 수사는 중국이
전통적으로 東夷를 규정하는 '피발(被髮)'과 대립관계를 형성하는 것으로,
피발이 야만을 표상한다면 편발은 문명을 표상한다.19) 홍만종이 편발과
같은 단군문화를 거론한 것은 당시의 지배적 담론인 소중화론을 인식했기
때문이다. 소중화론은 중화문명의 초월성을 그대로 수락한 채, 대상만을
중국에서 조선으로 이동함으로써 中華·夷狄의 구별을 더욱 완강하게 견지
한다.20) 홍만종의 이러한 인식은 기자의 교화만 인정하고 단군시대의
문화에 대해서는 관심을 기울이지 않았던 이전 시대의 주장과 많은 차이를
보이는 것으로, 이후 학자들에게 큰 영향을 끼쳤다.21)

한편 왕조 정부와 지식인에 의해 외면당했던 단군의 신화적·초인간적
측면을 강조하는 단군인식은 기층사회에서 꾸준히 계속되었다. 기층사회
에서 인식한 단군은, 개국시조로서의 단군보다 신격 즉 신앙의 대상이었는
데, 이는 훗날 일제식민지 하에서 大倧敎가 일어나는 토양이 되었다.

4) 동아시아 국가별 신화 기록 양상과 의미

일본은 신화가 『일본서기』와 『고사기』에 집중된 반면에 중국과 조선은
여기저기 散在하였다. 그리고 신화가 기록되는 시점은 중국의 경우 기원전

---

19) 조현설, 「근대계몽기 단군신화의 탈신화화와 재신화화, 그리고 민족 신화의
   생성에 관한 단상」, 2003년 한국구비문학회 추계학술대회 발표요지, 5~8쪽.
20) 고미숙, 『한국의 근대성, 그 기원을 찾아서─민족·섹슈얼리티·병리학』, 책세상,
   2001, 37쪽.
21) 나희라, 앞 논문, 1992, 219쪽 ; 박광용, 「대단군 민족주의의 전개와 양면성」,
   『역사비평』 19호, 역사비평사, 1992, 227~228쪽.

8세기경이고 일본은 8세기 초반, 조선은 13세기 후반으로 시간적인 간격의 큰 폭을 확인할 수 있다. 이러한 신화 기록의 존재양상과 기록되는 시기적 차이는 무엇을 의미하는 것인가.

중국 고대사회에서 신화와 정치의 상관관계는 한마디로 회의적이라 할 수 있다. 중국 고대사회에서 신화는 그 전반을 압도하는 諸子百家의 체계화된 사상에 경도된 나머지 백가의 사상적 체질에 맞는 최소한의 이야기를 제외하고는 대부분 제거될 수밖에 없었다. 신화적 思惟나 이야기는 미신이나 국가통제에 적합하지 못한 의식으로 치부되었고, 유교가 국교화하면서 신화적 세계는 그 존재마저 위협당하였다. 그리하여 신화는 민간으로 흘러들어가 잠복하게 되었다.22) 이제 신화는 역사에서 밀려나 정치 무대에서 퇴장 당한 후 문학과 민간종교 속에서만 살아 숨쉬게 되었고, 신화의 낭만성과 환상성은 문학작품에 둘도 없는 소재로 남았다. 그 일례로서 屈原의 『楚辭』는 신화를 이용하여 하늘과 땅을 자유롭게 넘나드는 환상을 잘 그려낸 것으로 평가된다. 말하자면 고대 중국사회에서 신화가 정치적으로 이용되지 못한 것이다. 讖緯說이 있긴 했으나 漢代라는 한정된 시기에, 그것도 왕위찬탈의 명분으로 잠시 이용되는 데 그쳤다. 이후 새로운 왕조의 개창 때 참위설이 이용되는 경우는 거의 찾아보기 힘들다.

유가사상을 중심으로 하는 중화문명의 세계는 마치 용암을 뿜어내는 활화산과 같이 주변지역으로 흘러 넘쳤고, 한반도는 중화문명을 수용하기에 지리적으로 유리한 위치였다. 한반도에서 생성하여 산발적으로 전래되던 신화가 이제 막 체계적으로 기록화되려는 시점에서 중화문명의 강력한

---

22) 빈미정, 『중국 고대 起源神話의 분석적 연구』, 서울대 박사학위논문, 1994, 34~35쪽.

힘은 신화를 제거하고 말았다. 인문과 합리주의적인 중화문명의 관점에서 신화가 관심의 대상이 되지 못했음은 『삼국사기』에 신화의 기록이 대단히 소략하다는 점으로도 충분히 입증된다.

반면에 일본은 조선보다도 중화문명의 변방에 위치했고 그런 만큼 중화문명의 수용을 통해 비중국화를 도모하기가 용이했다. 일본 記紀神話의 성립은 두 가지 의미를 지닌다. 하나는 일본이 중화문명권의 일원으로 편입한 것이고, 다른 하나는 고대 왕권을 확립한 것이다. 이러한 이중적인 역사적 의의가 신화기록의 집중화를 만들어 냈다.

기기신화에는 유교적 요소와 토착적 요소가 기묘하게 혼합되어 있다. 편년체의 서술양식은 도입하면서도 '怪力亂神'은 말하지 않는다는 유가사상에 대해 탄력적으로 대응함으로써 궁정이 중심이 되어 각 씨족의 신에 관한 이야기를 종합해 내었다. 이는 고대일본이 중화문명의 자장 속에 들어서고자 하는 강한 욕망이 있었음을 보여줌과 동시에 전통적인 토착문화의 힘은 중화문명을 쉽사리 자기식으로 변용할 수 있는 흡인력을 가졌음을 뜻한다. 『일본서기』 神代卷 앞의 천지개벽에 관한 부분은 『淮南子』 등 漢籍의 문장을 그대로 借用하면서도,[23] 『일본서기』, 『고사기』에 고대왕권 성립 이전의 지방 신화가 그대로 살아있는 것이 단적인 예이다. 이처럼 중화문명에 대한 조선과 일본의 반응이 각기 다른 것은 중화문명의 세계가 인문적 합리주의적 세계라면, 조선은 그러한 세계에 거의 편입되었던 반면, 일본은 비인문적 비합리주의적 세계가 강건하게 남아 있었던 데에서 빚어진 결과이기도 하다.

일본과 달리 신화에 무관심했던 조선은 몽고의 지배를 당하면서 이러한

---

23) 伊藤清司, 「日本神話と中國神話」, 『講座日本の神話11 ; 日本神話の比較硏究』, 有精堂, 1977, 29~30쪽.

분위기는 반전되었다. 이민족 지배 하에서 민족의 정체성을 확인하고 내부 결속을 다지기 위해 단군과 단군신화에 대한 새로운 인식이 절실해졌다. 그러한 사정은 조선시대나 근대사회에서도 마찬가지였다. 이민족과의 대결의 장에서 고통받을 때에 단군은 역사의 전면에 부상하여 민족을 하나로 결집시키는 구심점이 되곤 하였다. 특히 조선왕조는 왕조의 정당성 문제와 연계시켜 신화를 정치적으로 매우 잘 활용한 예에 속한다. 조선왕조에 들어와 단군신화가 재편된 원초적 요인은 권력의 문제에서 비롯된다고 할 수 있다. 권력의 헤게모니를 장악한 사대부들이 문자와 역사서술을 독점하게 되면서 그들의 신화에 대한 태도는 인식차원에 머물지 않고 고조선 건국신화의 구조적 재편으로까지 이어진 것이다. 그것은 사대부가 전시대의 건국신화를 통하여 자신들의 통치이념을 표현하려 했기 때문인데, 여타의 사상과는 달리 유교가 권력의 중심부적 담론 형성이라는 중세적 특징을 지니고 있었기에 가능한 일이었다.[24] 조선조에 들어와 신화에 대한 인식이 높아진 것은 사실이나, 그 범위는 어디까지나 실용적이고 합리주의적인 유교문화의 테두리 안에서였다.

양란 이후에는 '小中華論'이 조선의 지배 담론으로 등장하였다. 소중화론은 明이 없는 동아시아 세계에서 조선만이 유일한 '中華'라는 자부심에서 나왔다. 조선이 중화라면 淸은 금수와 같은 夷狄의 국가일 뿐이라는 강한 자의식은, 기자의 교화만 인정하던 『삼국사기』 이래의 유학적 정통론을 뒤엎는 것이다. 말하자면 '소중화론'은 조선의 '탈중국화를 위한 중국화'인 셈이다. 조선은 영향력이 강한 중화문명 아래에서 살아남기 위해 적극적으로 그것을 수용하면서도 동시에 비슷하지만 같지 않은 차이를 만들어 냄으로써 중국의 정치적 압력을 피하고 기존의 문화나 정치체제를 보존하

---

24) 조현설, 앞 논문, 2003 참고.

려는25) 역사적 경험을 지녔다. 자기보존을 위한 주체적 전략 차원에서의 중국화가 조선후기에 이르러 소중화론으로 나타난 것이 아닌가 한다.

3. 근대의 국가주의와 신화

1) 明治정부의 국가주의적 신화

에도(江戶)시대의 일본은 幕藩체제로 幕府의 將軍이 실질적인 패자이었고 전국은 大名들이 지배하는 蕃으로 구성되었다. 말하자면 중국이나 조선에 비해 상대적으로 지방분권적인 정치구조였다. 메이지유신의 주체들이 19세기 중엽 '尊王攘夷'의 기치를 내걸고 江戶막부 타도에 나설 때만 해도 '존왕'은 뚜렷한 실체가 없는, 막부를 부정하는 명분에 불과했다. 막부를 타도하고 새로운 정권을 창출한 주체들은 자신들의 정당성을 '王政復古'에서 찾았고 그 때문에 천황을 정점으로 하는 국가의 형태를 취하지 않을 수 없었다. 그들에게 천황은 권력의 집중화에 둘도 없는 도구이기도 했다. 문제는 천황의 권위를 어떻게 부여하여 상징적 존재로 만들 것인가 하는 것이었다. 메이지유신 정부의 핵심 멤버인 이토 히로부미(伊藤博文), 시마다 사부로(島田三郎), 이노우에 고와시(井上毅), 이와쿠라 도모미(岩昌具視) 등은 천황을 앞세운 중앙집권적 국가권력을 창출하기 위해 천황의 존엄화에 신화를 접목시켰다. 즉 메이지 초년에 천황의 지배와 그 정당성을 강조하는 '人民告諭'를 반포했는데 여기서 "천자님께서는 아마테라스 오오미카미(天照大神)님의 자손으로 이 세상이 시작될

---

25) 이성시, 「동아시아 문화권의 형성」, 『만들어진 고대』, 삼인, 2001, 183~185쪽 참고.

때부터 일본의 주인이었으며 …… 참으로 신보다 존귀하여 한 뼘의 땅, 한 명의 백성까지 모두 천자님의 것"이라고 설명되었다.[26] 그 후 야노 하루미치(矢野玄道)의『三條大意』(1870)에 "우리 천황만은 천지개벽과 함께 탄생한 천자님이라고 하듯이, 大神宮(伊勢神宮 곧 아마테라스 오오미카미)의 적통이시다" 하여 민중의 伊勢信仰과 연결하여 그 최고신을 받드는 아마테라스 오오미카미의 직계라는 최고의 귀종성으로 천황의 존재를 정당화시켰다.

그러나 이러한 告諭나 이론만으로 대중들에게 신화를 광범위하게 수용하도록 만들기는 어려웠다. 1889년 2월 11일 紀元節에 메이지 헌법이 발포되었는데, 이 헌법에 일본은 萬世一系의 천황이 통치하는 나라임을 주창하였다. 아울러 국가가 장악한 교육제도를 통하여 그것을 대중화하고 확산시켰다. 1872년에 學制가 공포되어 의무교육이 강조되었다. 여기서 소학교는 6세에 입학하도록 하였고, 상등과 하등 각 4년으로 나누어 8년제로 하였다. 소학교는 겨우 몇 년 만에 2만6천 개가 설립되었는데, 대부분이 국가의 재정이 아닌 에도시대의 테라코야(寺子屋)를 전용한 것이었다. 테라코야는 개인이 경영하는 서민의 유아교육기관이었다. 입학의 강요는 취학연령이나 취학기간을 크게 단축하지 않으면 안 될 정도로 민중의 반발을 사게 되어, 1890년의 小學校令에서 3~4년을 수학기간으로 하는 의무교육으로 후퇴하였다. 동시에 교육에서 국가주의를 중시하는 방향으로 바뀌었고, 교육에 대한 통제도 한층 강화해 나갔다.

1890년 10월 30일 천황이 직접 국민에게 내리는 말씀이란 형식으로 '교육칙어'가 반포되었는데, 그것이 일회적 선언으로 끝나지 않고, 실제로 초·중등학교에서 도덕교육의 기초로 활용되었다. '교육칙어'에서 강조하

---

26) 스즈키 마사유키 지음, 류교열 역,『근대일본의 천황제』, 이산, 1998, 29쪽.

는 천황의 절대적인 이미지 역시 일본의 기원신화와 천황 중심의 역사관을 기반으로 하고 있었다.27) 초등학교의 일본사 교육이 '忠君 愛國'國體의 근본'을 알게 하는 학교교육의 요체였고, 제도적으로 1881년의 '小學校校則綱領'에 이어서 교육칙어가 발포된 다음해인 1891년의 '小學校校則大綱', 그리고 1903년 국정교과서의 제정, 1926년 교과명 '국사'로의 개칭으로 계속 이어졌다. 특히 1891년의 '소학교 교칙대강'에서는 신화교육이 한층 중시되어 내용도 건국의 역사, 皇統의 無窮, 역대 천황의 치적, 忠良賢哲의 形跡, 국민의 武勇, 일본 문화의 유래 등이 언급되었다. 이후 교과서 개정 때마다 황국사관의 색채가 강해지고 일본은 神國이라는 식의 기술은 늘어갔다.28)

이와 같이 헌법, 칙어, 학교교육을 통해 신화가 날로 확산됨에 따라서 신화 연구도 당연히 활기를 띠었을 것으로 추론되나, 반드시 그런 것은 아니었다. 1892년 구메 구니타케(久米邦武)가 쓴 「神道は祭天の古俗」이라는 논문이 신화 연구의 효시라 할 만큼 신화 연구는 정치적 활용에 비하여 상당히 늦은 편이었다.

이후 1899년에는 일본민족의 남태평양 기원을 주장한 다카야마 초규(高山樗牛)의 「古事記神代卷の神話及歷史」가 일본신화학의 출범을 의미할 정도로 논쟁을 불러왔다. 1910~1930년대에는 일본의 신화를 중국, 조선, 동남아시아와 비교하는 연구가 두드러졌다. 시라토리 쿠라기치(白鳥庫吉), 츠다 소우기치(津田左右吉) 이외에 타가기 토시오(高木敏雄)의 『比較神話學』(1904)과 『日本神話傳說の研究』(1925), 미시나 쇼우에이(三品彰英)의 『建國神話論考』(1937)와 『日鮮神話傳說の研究』(1943), 패전 이후 출간된 마

27) 조명철, 「일본의 황국사관」, 『한국사 시민강좌』 27집, 일조각, 2000, 235~236쪽.
28) 윤건차 저, 하종문 외 역, 『일본-그 국가·민족·국민』, 일월서각, 1997, 121~122쪽.

츠무라 타케오(松村武雄)의『日本神話の硏究』등이 대표적인 연구성과이
다.

　메이지정부 수립 이후 신화는 천황제와 결합하여 사회에 넘쳐나는데,
학계의 신화 연구에 대한 사회적 관심이나 반응은 싸늘하여 이해하기
어려운 현상이 일어났다. 학자들의 신화 연구에 대하여 "사회의 반응도
없고 일반 독자들은 '무슨 필요가 있어 신화에 관하여 논의하지? 신화학은
과연 무슨 효용이 있어?'"하면서, 일본신화학의 건설자라 불리는 타가기
토시오(高木敏雄)의 논문을 게재한『帝國文學』을 냉소하는 자까지 있었다
고 한다.29) 일본의 패전 이후에는 전시 중의 광신적인 신화관에 대한
반동으로 인해 신화에 대한 무관심이나 편견마저 생겨났다.30)

　제국주의 시기 일본에서 신화가 광범하게 유통되었지만 신화 연구와
그 연구에 대한 관심이 저조했던 것은 일본사회 내 지식소비의 이중구조에
서 원인을 찾을 수 있다. 정치학자 마루야마 마사오(丸山眞男)에 의하면
일본 파시즘의 사회적 담당자는 소공장주, 소지주, 승려, 학교교원 등
소시민 내지는 중간계층이었다. 그는 이를 擬似인텔리 혹은 亞인텔리라
부르고, 이들이 이른바 국민의 소리를 만들어 내었다고 했다. 이들은
국민의 중견층을 형성하고 각자의 일터에서 마치 군대 안의 하사관과도
같이 대중에게 가부장적이고 권위적으로 존재했다는 것이다. 국가적
이데올로기는 이들을 통과하며 이들에 의해 친밀하게 번역된 형태로
최하부의 대중에게 전달되었다. 일본의 知的 文化를 '岩波文化'와 '講談社文
化'로 구분한다면, 단편적인 지식만으로 지방의 박식가로 행세하는 이들은
講談社文化의 소비계층이다.31) 이러한 설명을 끌어온다면 신화학자들의

---

　29) 次田眞幸,『日本神話の構造と成立』, 明治書院, 1985, 210~211쪽.
　30) 大林太良 저, 兒玉仁夫 외 역,『신화학입문』, 새문사, 1996, 11쪽.

신화 연구는 岩波文化的 지식이어서 擬似인텔리인 소시민과는 거리가
멀었고, 국가적 신화가 소학교의 교과서 혹은 저널리스트적 신화 논설을
텍스트로 하고 이들을 통하여 사회적으로 확산되고 소비되었던 것이다.

신화가 확산되는 공간인 소학교에서 교사들은 학력이나 지식이 입신출
세의 중요한 수단임을 누구보다도 잘 알고 있었다. 학력주의와 학력사회에
서 서민들에게 교사란 직업은 입신출세할 수 있는 유용한 사다리였다.
수업료를 내지 않는 사범학교 졸업장 혹은 무시험 檢定으로 교단에 선
그들은 보다 나은 사회적 지위를 위하여 통신교육 등을 통해 또 다른
자격증을 취득하고자 열심이었다. 그러한 자격시험 과목 가운데 修身,
교육, 역사, 국어 등이 들어 있었다.32) 당연히 이 과목들의 내용 속에는
신화가 필수로 자리잡고 있었다. 이렇듯 신화는 입신출세를 꿈꾸는 서민들
이 국가주의적 의무교육에서부터 시작되는 학력이나 자격증을 취득하기
위한 시험 등 제도적 장치를 통하여 유통되고 확산되었다. 반면에 신화를
연구한 학자들은 메이지 시기만 하더라도 센세이(先生)로 존경받는 최고급
지식인이었다. 즉 교수는 고래의 심오한 지식의 대가로서 센세이라는
이미지에 더하여, 서양의 학문과 과학에 대한 지식을 통해 조국의 구원과
번영을 가져다 줄 근대적 전문가라는 이미지가 겹쳐 있었다.33) 신화학자
구메 구니타케(久米邦武)가 메이지 정권의 주역인 이와쿠라 도모미(岩昌具
視), 이토 히로부미(伊藤博文)와 함께 구미시찰이라는 체험을 공유한 점은
그가 메이지 일본을 만든 주역과 어깨를 나란히 한 최상층의 존재임을

---

31) 丸山眞男, 「일본 파시즘의 사상과 운동」, 차기벽 외 편, 『일본현대사의 구조』,
　　한길사, 1980, 300~307쪽.
32) 天野郁夫, 『學歷の社會史-教育と日本の近代』, 新潮社, 1992, 172~182쪽.
33) 마리우스 젠슨 외, 정명환 편역, 『일본의 근대화와 지식인』, 교학연구사, 1981,
　　112쪽.

보여준다.[34] 이들도 교육제도의 확대로 고등교육을 받은 인구가 늘어나면서 威信이 하락해 갔지만, 그들의 학문적 연구란 최고 수준의 존경받는 위상만큼이나 대중이 범접하기는 결코 쉬운 대상이 아니었다.

2) 半식민지 중국과 黃帝신화

중국의 경우, 정치적 상황은 일본과 거꾸로 흘러갔다. 중국의 마지막 왕조 淸朝는 秦제국 이래 2천 년에 걸친 지혜의 축적으로 중앙집권적 정치시스템이 가장 완비된 수준에 달했다. 그러나 체제 피로가 서서히 진행되면서 청조는 아편전쟁 이후 약화 일로를 걸었다. 1850년대에 중국 남부 일대를 10여 년이나 휩쓸며 독자적인 왕조를 세운 太平天國은 중앙집권적 왕조체제에 위기가 닥쳤다는 명백한 표시였다. 태평천국의 진압에 중앙정부가 제대로 대처하지 못하는 사이에, 지방의 유력계층(紳士)과 관료가 중심이 된 자위세력이 가까스로 태평천국의 진압에 성공하였다. 이로 인해 지방세력의 발언은 이전에 볼 수 없을 정도로 커졌고 중앙정계에서도 무시할 수 없는 존재가 되어 버렸다. 이들은 반란 진압과정에서 서양의 위력을 실감하고 서양문물의 수입(洋務運動)에 나서게 되었다. 양무운동은 중국근대화를 지향한 하나의 방식이었으나 지방에서 반독자적으로 추진됨으로써 중앙권력의 약화, 지역세력의 강화라는 현상을 동반하였다. 결국 1911년에 청조는 무너졌고 군벌이 각지에 난립했다. 1920~1930년대의 南京 국민정부 역시 전국에 통치력이 미치지 못했다.

---

34) 그가 공동집필한 『국사안』은 일본 최초의 일본통사라고 하는데, 이 책은 진무(神武) 천황 이래 메이지(明治) 천황에 이르는 역대 천황의 휘, 칭호, 재위연수, 연호 등을 열거한 萬世一系의 표부터 시작되었다(이성시, 「근대 국가의 형성과 '일본사'에 대한 고찰」, 앞 책, 2001, 198~201쪽).

이러한 가운데 1931년에 만주사변, 1937년에 중일전쟁 그리고 1945년 이후의 내전 등으로 전쟁이 연속되었다. 이러한 분권화를 매듭짓고 중앙집권 국가를 수립하게 된 해가 1949년이었다.

근대중국의 시대상황을 요약하자면 구심력보다 원심력이 강했다고 할 수 있다. 이러한 정치구조가 신화의 필요 여부를 결정했다. 일본의 경우에서 보듯이 근대 국민국가의 형성에 천황은 상징적 존재로 활용되었고 여기에 신화는 중요한 부가장치였다. 그러나 중국은 아편전쟁 이래 연이은 외세의 침략과 내적 붕괴로 인해 망국의 위기에 처하게 되었다. 청조가 일본과 비견하면서 왕조의 유지를 꾀할 의도가 없었던 것은 아니다. 1878년 필라델피아 박람회에서 일본관에는 '帝國日本'을, 중국관에는 '大淸國'이라는 편액을 붙였던 것이 일례이다.[35] 그런데 여기서 일본이 제국이라는 야망 섞인 국가관을 지향하는데 반해, 淸은 그저 광대하다는 大淸國에 그쳤다. 淸朝人에게 근대세계는 아직껏 전통적인 天下에 머물고 있었던 것이다. 전통적인 천하관 하에서는 달리 새로운 신화가 필요하지 않았다. 황제라는 자리, 그 자체가 곧 신화 이상의 존엄과 권위의 상징이었기 때문이다. 뿐만 아니라 아편전쟁 이래로 지속된 열강의 중국침탈은 그 자체가 중국인의 민족주의적 감정을 들끓게 하는 外因으로 작용했기 때문에, 내부적으로 국민을 결속시킬 구심력으로서의 상징조작이 굳이 필요하지 않았다.

오히려 신화는 망국의 위기에서 나라를 건져 내지 않으면 안 된다는 反淸 세력에게 필요했다. '驅除韃虜', '滅滿興漢'을 내세운 漢族 민족주의자들은 漢族의 종족근원을 밝히기 위해 종족 문제에 주의를 기울이게 되었다.

---

35) 하세봉, 「20세기전환기 박람회에서 동아시아 각국의 인식과 시선」, 『동아시아 문화와 사상』 6, 2001.

여기에다 만주족의 연호를 부정하고 黃帝紀年을 사용함으로써 한족의
기원에 관심을 갖게 되었고, 전통시대 중국인들이 三皇五帝와 夏·商·周
삼대의 성현들이 다스렸다는 이상적 황금시대를 역사적 實在로서 받아들
이고자 했다. 모두가 황제의 자손이라는 주장은 유구한 역사에 대한
자부심에 더하여 漢族으로서의 정체성을 고무하는 데 적합한 소재였다.
그런데 그들의 황제연호 채택은 일본의 皇紀年號 사용에 대한 모방이라
할 수 있다. 반청 혁명주의자들의 신화에 대한 관심은 1903~1906년 사이에
黃帝紀年을 채택하여 잡지에 사용하거나 황제의 그림을 싣는 정도에
그칠 뿐, 중국신화의 수집이나 연구 혹은 재해석을 시도한 흔적은 보이지
않는다.

청국이 일본에 유학생을 파견한 것은 청일전쟁 패배 직후인 1896년이었
다. 이 해 유학생 13명이 선발되었고, 유학 개시 후 1904년에는 1300명,
10년째 되는 1905년에 일본에 유학한 중국 학생은 약 8천 명에 이르렀다.
이처럼 1905년에 유학생이 급팽창한 것은 과거제 폐지와 함께 귀국 유학생
을 대상으로 '留學畢業生考試'를 실시하여 합격자에게 進士 등의 자격을
부여했기 때문이다. 중국 유학생으로 말미암아 근대 동아시아 세계 내부에
국제적으로 거대한 지적 교류가 개시되었다. 유학생들이 흡수한 지식은
중국의 지식 세계에 지각변동을 가져왔다. 일본이나 서양에 대한 관점뿐만
아니라 특히 중국 자신에 대한 관점과 인식의 변화가 초래된 것이 더욱
중요한 의미를 지닌다. 비로소 중국 지식인은 "도대체 중국은 무엇이었던
가", "무엇인가", "무엇이 될 수 있을 것인가"를 과거, 현재, 미래형으로
처절하게 고민하기 시작했다.36) 황제기년의 사용은 중국이 무엇이 될

---

36) 佐藤愼一,「留學ブームと思想的開國－20世紀初頭の中國人日本留學生」, 加藤祐三
編,『近代日本と東アジア』, 筑摩書房, 1995, 85~101쪽.

수 있을 것인가, 어떻게 되어야 하는가에 대한 하나의 해답이기도 하다. 그것은 일본과 같은 새로운 국민국가로서의 중국이고, 漢族을 응집시키기 위해서 일본의 皇紀처럼 黃帝紀年이 유용하다고 본 것이다. 그러나 1911년 청조 붕괴 이후 국민을 만들어 내야 할 국가권력은 한동안 존재하지 못했고, 그것은 신화를 필요로 하는 국가권력의 부재를 의미했다.

물론 청조 붕괴 이후 근대적 교육제도를 마련하려는 시도가 없었던 것은 아니다. 일본의 경우에서 보듯이 근대적 교육제도는 국민의 정체성을 만들어 내기 위한 다양한 방안을 동원했는데, 신화도 그 가운데 하나로 포함될 수 있었을 것이다. 1905년 과거제도가 폐지된 후 1912년에는 보통교육임시법(普通敎育暫行辦法)을 공포하여 국가가 교육을 실질적으로 관리 감독하고자 했다. 의무교육 실시, 교과서 검정제, 교원 자격검정 등 교육제도의 정비를 도모하였다. 그러나 어수선하고 불안한 상황 속에서 안정된 국가권력이 수립되지 못한 마당에 이러한 제도의 정비는 口頭禪에 불과했다. 중앙과 지방을 불문하고 투하된 교육비 액수는 극히 적었고 교육계는 만성적인 재정 결핍에 시달렸다. 몇 달치에 이르는 급여를 체불하거나 아예 지급하지 못했고, 교직원의 파업이 빈발했다. 소학교 교원에 대한 대우가 낮아 그 봉급은 노동자와 상인보다 못한 경우가 많았다.37) 교과서에서 국민의식을 강화시키기 위한 내용이 없을 리 만무하나, 열악한 처지의 교원이 열성적으로 그것을 학생들에게 전달하기를 기대하기는 어려웠다.38) 말하자면 근대중국에서는 신화를 재생산할 정치

---

37) 堀川哲男 外 저, 하세봉 역, 『아시아역사와 문화 5 : 중국사─근현대』, 신서원, 1996, 174~178쪽.

38) 고힐강은 청소년기에 겪었던 학교의 교사들을 이렇게 회고하였다. "10여 년래 신식학교에서 수업받는 학생들의 불만에 찬 말을 듣기도 한다. 학교 교원의 지식은 대개 확실하지 못하고 그들 자신도 학문에 대하여 별다른 낙을 갖지

적 여건이 구비되지 못했을 뿐 아니라 신화를 대중적으로 유통시킬 공교육
제도도 미비했던 것이다. 이러한 상황은 중국에서의 신화 연구는 물론
신화가 설 자리도 좁게 만들었다. 신화는 신화라는 이름으로 명명되기
이전의 상태 그대로 이를테면 '神怪'나 각종 逸書로 남아 있었다.

　한편 "중국은 과거에 무엇이었던가"에 관심을 가질 때 중국인은 중국사
를 총체적으로 파악할 필요를 느꼈다. 擬古學派의 대표자인 구셰강(顧頡剛)
은 소년시절에 잡지『中國魂』에 실린「방관해서는 안 된다(呵旁觀者文)」와
「中國의 武士道」를 읽으며 구국의 책임을 느끼고 비분강개했고, 국수학파
의 잡지인『國粹學報』를 어렵사리 구해 읽었다고 회상했다.[39] 국수학파의
한 사람인 장빙린(章炳麟)은 민족을 고찰할 때 반드시 '동일한 역사를
가지고 있는가'라는 기준에 따라 구분하지 않으면 안 된다고 하였다.
그만큼 민족주의자들에게 있어 '역사의 공유'는 민족의식을 만들어 내는
데 중요했다. 중국에서 '민족정신', '국혼', '민족혼' 등의 새로운 용어가
자주 나타났던 시기가 1902~1903년경이었다. 국수학파의 인물들은 이
같은 國性, 즉 민족정신이 黃帝에서 유래한다고 여겼다. 당시 '黃帝魂'이라
는 말이 유행했는데, 황제는 漢민족 공동의 조상일 뿐 아니라 중국의
정신 즉 國魂을 상징하는 존재였다. 당시 혁명파들이 황제를 추앙하고
黃帝紀年을 사용하려 했는데, 황제를 한민족의 공동 祖先으로 하는 한족의
역사는 國粹의 가장 중요한 부분으로 민족정신의 원천이 되었다.[40] '민족'
'국가' 등의 근대주의와 관련된 단어가 일본유학생에 의해 중국에 수입되어
사용되었는데, '黃帝魂'이라는 단어가 '大和魂'에 대응하여 만들어진 조어

　　못하고 있어서, 내가 보건대 그들이 제대로 믿음을 받지 못하여 수업에서 얻을
　　것이 거의 없는 것이다"(顧頡剛, 앞 책, 85~86쪽).
　39) 顧詰剛 編著,「自序」,『古史辨』第1冊, 臺灣影印本, 1970, 11~12쪽.
　40) 천성림,『근대중국사상세계의 한 흐름』, 신서원, 2002, 35~36쪽.

임을 쉽사리 짐작할 수 있다. 일본으로부터 받은 신화 연구의 영향은 용어에 그치지 않았다. 보다 후일인 1928년에 출간된 셰루이이(謝六逸)의 『神話學ABC』는 신화 연구의 입문서로, 외국의 연구서를 정리하여 출간했다. 저자 셰루이이(謝六逸)는 책의 말미에 대부분 서구의 연구서인 참고서적 십여 종을 소개하였으나, 서언에서 "이 책의 대부분은 니시무라 신지(西村眞次)의 『神話學槪論』과 타가기 토시오(高木敏雄)의 『比較神話學』을 이용했다"고 밝히고 있어, 1920~1930년대 중국의 신화 연구는 일본 신화 연구의 자장 하에 놓여 있었음을 보여준다. 말하자면 중국의 신화 연구는 서구의 연구를 직수입하기도 하지만, 이 무렵까지만 해도 일본을 통하여 서구의 연구를 중계 수입하고 있었던 것이다.

3) 亡國과 단군신화

한국은 19세기 중엽 이후 안으로 중세 사회체제를 극복하고 근대 사회체제를 이루어나가야 했으며, 밖으로는 서구 열강의 침략을 막고 국권을 수호해야 하는 시대적 과제를 안고 있었다. 당시의 사회세력들은 자신이 처한 계급의 입장에서 사회모순을 인식하고, 나름대로 해결방식을 구하고자 했는데, 그 귀결은 하나같이 국민주권국가와 자본주의 체제라는 근대 국민국가를 건설하는 데에 있었다.[41] 그러나 조선인들에 의한 근대 국민국가 건설은 외세의 개입으로 인해 처음부터 순탄하지 못했다. 일본을 비롯한 서구 열강은 상호 영향력 확대를 견제하면서 조선에 밀려들었고, 이에 대한 대응책으로 고종은 1897년 대한제국을 수립하여 개혁정책을

---

41) 이영학, 「한국근대사의 기점과 제국주의」, 한국역사연구회 편, 『한국역사입문』③, 풀빛, 1996.

실시하였다. 개화파도 독립협회를 만들어 근대화를 향한 개혁운동을
시도하였다.

근대 국민국가 건설에는 무엇보다 근대 민족으로서의 자기확립(정체
성)이 중요했다고 보는데, 그런 점에서 1894년 갑오개혁에 의해 과거제가
폐지되면서 실시된 근대적 학교 교육이 주목된다. 대한제국 시기의 교육
근대화 작업은 국가 주도로 추진되었다. 근대 교육을 주도적으로 담당할
만한 사회계층이 아직은 미성숙했기 때문이다. 그런데 교육 근대화 작업은
대한제국 정부가 제국주의 열강의 침투라는 위기상황 속에서 진행했기
때문에 출발부터 한계가 있었다. 자연히 황실권력의 유지를 꾀하는 방향으
로 나아간 것이다. 황실권력의 유지와 관련해서는 1895년 2월 2일 전국민에
게 내려진 '敎育立國詔書'가 주목된다. 이는 유교를 근본으로 한 국민
교화에 초점을 맞춘 것으로, 황실과 국가가 동일시되면서 그것의 안정을
위한 정치적 배려에서 국민교육이 표방되었다.[42] 또 황실의 이익을 위해
정부가 추진한 신식 전문교육은 기술관료를 양성하기 위한 것이었고,
정부파견의 留學도 군사훈련과 외교관 양성에 초점이 맞추어졌다.[43]

이와 같은 지적 분위기에서 신화는 설 자리가 없었다. 정치엘리트,
지식인들이 근대학문을 선호하며 문명개화를 부르짖는 사이에 민족 신화
는 관심권 밖으로 밀려나 교과서 안에서 단편적으로 언급될 뿐이었다.
學部를 통해 출간한 교과서는 한일합병 전까지 수십 종이었는데, 단군과
고조선의 역사에 대해 기술하고 있는 것은 주로 역사 교과서였다. 『朝鮮歷
史』(1895) 이래 대부분의 역사 교과서가 단군을 건국 또는 민족의 시조로

---

42) 김경태, 「한국 근대교육 형성의 사상적 배경」, 『이화사학연구』 10, 1978, 6~8쪽 ; 노
   인화, 『대한제국시기 관립학교 교육의 성격 연구』, 이화여대 박사학위논문, 1989,
   34쪽.
43) 김기석, 「개화기의 신식 고등교육」, 『한국사 시민강좌』 18, 일조각, 1996.

서술하였다. 그런데 흥미로운 것은 교과서의 단군 관련 기술들이 1905~
1906년 무렵을 전후해 神人계열에서 有人계열로 전환해서 정착된다는
사실이다. 교과서에서 단군은 더 이상 神人이 아니라, 인간 환인의 손자로
조선을 세운 훌륭한 인물일 뿐이다. 단군이 탈신화화·탈신성화 함으로써
역사적 인물로 재탄생하게 된 데에는 19세기말~20세기초를 풍미한 계몽
주의 영향이 컸다. 단군에 대한 인식이 주술적 세계로부터 근대적 이성이
지배하는 문명화된 세계로 빠져 나오는 데 방향타가 된 것은 다름 아닌
계몽기의 근대적 학교 교육과 교과서였던 것이다.[44] 그러나 계몽의 측면에
서는 기자문화에 모든 개화정책을 결부시켜 서술했기 때문에 단군조선에
서 이어지는 역사공동체 의식은 크게 평가 절하되었다.[45] 심지어 일본
식민사학의 침투로 임나일본부설, 신공황후 신라정복설도 함께 교과서에
실렸다.[46] 신채호는 『대한매일신보』에 연재된 『讀史新論』(1908)에서 계몽
기 교과서의 단군 인식과 식민사학적 경향을 신랄하게 비판하였다.

　만성적 재정부족으로 학교 유지에 큰 어려움을 겪는 가운데 일제의
침략으로 근대 학교교육은 오래지 않아 중단되고 말았다. 이는 민족
신화가 그나마 제도교육권 안에서 확산될 수 있는 통로가 차단되었음을
의미한다. 이제 조선에서 신화의 공적인 확산은 일제 식민지교육의 장에서
나 가능하게 되었다. 당시 일제에 의해 편찬, 발행된 교과서에는 식민통치
의 교육이념이 깃들어 있기 때문에 신화의 서술양태를 파악함에 있어
대단히 중요하다. 특히 신공황후의 신라정벌담은 일제가 조선을 강점하기

---

44) 조현설, 앞의 발표요지문, 2~7쪽 참고.
45) 박광용, 앞 논문, 229쪽.
46) 계몽주의 역사서술에서 일본의 식민사학이 반영된 역사서로는 김택영의 『歷史輯略』
　　(1905)과 현채의 『東國史略』(1906)이 대표적이다(조동걸, 「근대초기의 역사인식」,
　　『한국의 역사가와 역사학』 하, 창작과비평사, 1994, 17~18쪽).

훨씬 이전인 1850년대부터 일본 아동들에게 교육하기 시작한 것인데, 1945년 패망하기 직전까지 빠지지 않고 교과내용에 들어 있는[47] 단골메뉴였다. 이는 신공황후와 한국과의 관계를 내지인이나 식민지인 모두에게 각인시킴으로써 조선지배를 정당화하려는 의도였다.

한편 정부와 지식인들에게 외면당했던 신화적·초인간적 단군에 대한 인식은 기층사회에서 꾸준히 지속되어 오다가, 1909년에 이르러 檀君敎(1910년 7월 30일 大倧敎로 개칭)를 탄생시켰다. 출범 당시 단군교는 종교 자체가 목적이었다기보다는 독립투쟁을 위한 것이었다. 식민지가 된 국가의 독립투쟁을 위해서는 민족의식을 고양할 구심점이 필요했던 것이다.[48] 따라서 단군교의 단군은 태생적으로 강력한 민족주의적 표상을 지닐 수밖에 없었다. 계몽기의 교과서 단계에서 벗어나 이제 단군은 그야말로 신앙의 대상, 즉 신격이 아니면 안 되게 되었던 것이다. 이러한 취지에 걸맞게 단군신앙의 입장에서 단군을 이해한 것이 김교헌의『神檀實記』(1914)였다.[49] 제도교육권에서 신화의 유통망이 차단된데에다 亡國으로 인한 민족의 역사와 신화가 왜곡되고 있었지만, 대부분의 지식인은 실력양성에만 매달린 나머지 신화에 대해서는 관심이 적었다. 게다가 한일합병 이후 한반도 내에서의 단군의 신성 담론은 금지된 상태였다.[50]

---

47) 노성환, 「신화와 일제의 식민지교육」, 『한국문학논총』 26, 2000, 343~363쪽 참고.

48) 대종교의 창립은 일본 神道의 건국신 숭배방식에서 충격을 받은 조선 민족종교계의 대응이기도 했다.

49) 한영우, 『한국민족주의역사학』, 일조각, 1993, 105쪽.

50) 1920년대 초에 편찬된 것이긴 하나 식민지 조선에서 사용된 총독부 주관의 『아동용 보통학교국사』 교과서 상권(大正 12년, 1923)에는 부분적으로 조선의 역사와 관련된 항목이 삽입되었다. 전체 32개 과 가운데 박혁거세왕, 신라 一統, 왕건, 대각국사, 조선의 태조 등 모두 5개 과였는데(대만학자 周婉窈도 이 같은 사실에 주목한 바 있다. 「歷史的統合與建構」, 『臺灣史研究』 10卷 1期, 2003, 44~55쪽 참고), 신화와 관련하여 볼 때 단군의 不在가 눈에 띈다.

이 같은 현실에 대한 반작용으로 대종교가 일어났던 게 아닌가 한다. 단군 자체에 신앙체계를 세운 종교가 대종교였던 만큼 대중의 정서를 쉽게 움직일 수 있었고, 단군은 대중 속에 자리하게 되었다.

단군이 다시 담론의 자장으로 들어온 것은 1920년대였다. 그 중심에는 신채호, 김교헌과의 사유에 줄을 대고 있던 최남선이 있었다. 최남선은 바로 이 단군교의 신화적 단군 인식을 근대적 신화학의 차원에서 신화화하려 했던 최초의 인물이었다. 최남선의 단군론은 시대 상황에 따라 變轉되었다. 근대 문명의 위력에 굴복한 지식인들이 제국주의도 근대 문명의 필연적 내지 자연적 현상으로 인정하면서 민족주의를 제국주의에 포섭시키는 결과를 낳았듯이, 최남선의 단군론도 그와 비슷한 과정을 밟아갔다. 1920년대 문화정치기의 식민지 공간에서는 그의 논리가 단군민족주의의 상징이었지만, 1930~1940년대에는 일선동조론, 대동아공영론을 지지하고 있었다. 최남선의 단군론이 이처럼 反민족주의적 성격으로 변전된 데에는 日人학자들을 통해 받아들인 근대 학문의 영향이 컸다. 최남선이 단군 연구에 원용한 신화학·민속학·인류학·언어학·종교학 등의 학문적 특징은 하나같이 역사 이전의 원형을 추구하는 보편주의에 토대를 두고 있었다. 자연히 그의 단군론도 보편주의로 기울게 되면서, 결국 식민지적 논리에 동조하기에 이르렀다고 본다.[51] 최남선에서 시작된 보편주의적 논리는 『揆園史話』, 『桓檀古記』, 『檀奇古史』 등의 재야사학에도 부정적인 영향을 미쳤다. 이 三書는 내용상으로는 모두가 대단군주의를 강조하고 있지만, 실제의 의미는 韓日文化同原論과 韓日民族同祖論을 표방한 것으로

---

51) 이영화, 「최남선 단군론의 전개와 그 변화」, 『한국사학사학보』 5, 2002, 18~34쪽 참고. 최남선의 단군론에 대한 상세한 비판은 한영우, 「민족사학의 성립과 전개」, 『국사관논총』 3, 1989 및 박광용, 앞 논문 참고.

대일본주의와 연결되고 있었다.[52)]

4) 동아시아에서의 神話의 擴散과 還流

근대에서는 전통시대의 정치구도가 역전된 모습으로 나타났다. 정치적으로 일본은 지방분권적 사회에서 중앙집권적 사회로 전환되었으나, 중국은 고도의 중앙집권적 사회에서 지방분권적 사회로 권력의 중심이 이완되다가 결국은 半식민지적 상황을 맞이하였다. 말하자면 근대에 일본은 구심력이, 중국은 원심력이 강했다. 한편 조선은 중국과 유사하게 중앙집권적 왕조권력이 현저히 약화되다가 식민지로 전락했다.

이러한 정치적 상황의 차이는 신화의 존재양상을 결정했다. 중앙집권적 明治政府의 권력 집중화, 천황 절대화에 신화는 극히 유용한 題材였다. 헌법에, 백성을 향한 告諭에 신화로써 천황의 존엄성을 규정하는 등 국가는 신화를 국가권력의 상징화에 적극적으로 활용했다. 그러나 구심력이 약화된 중국과 조선은 달랐다. 중국과 조선은 중앙집권적 권력이 약화된 만큼 신화를 국가 차원에서의 정치적 상징으로 이용하지 못했다. 근대사회에까지 이어진 전통적인 천하관에서는 황제라는 자리 그 자체가 신화를 필요로 하지 않는 존엄과 권위의 상징이었다. 衛正斥邪論이 보여주듯이 조선도 중화주의적 천하관과 유교적 합리주의의 강력한 자장 속에서 신화가 입지할 여지는 좁았다. 이 무렵 東道西器論과 같은 사회개혁 방안이 쏟아졌으나 전통시대의 사상과 체제를 온존시키려는 면에서는 위정척사

---

52) 박광용, 「대종교 관련문헌에 위작 많다 -『규원사화』와 『환단고기』의 성격에 대한 재검토」, 『역사비평』 1990년 가을호 ; 박광용, 「대종교 관련문헌에 위작 많다 -『신단실기』와 『단기고사』의 성격에 대한 재검토」, 『역사비평』 1992년 봄호 ; 조인성, 「단군에 관한 여러 성격의 기록」, 『한국사 시민강좌』 27, 2000.

론과 같은 입장이었다. 왕권의 추락 속에 '大韓帝國'이라는 국호를 새로이 만들면서, 중앙집권적 국가권력의 갱생을 시도하였지만 권력의 상징화를 꾀할 여유를 갖지 못한 채 일본에 강점당하고 말았던 것이다.

따라서 일본은 국가권력이 신화를 필요로 했지만, 대조적으로 중국에서 신화를 필요로 한 것은 反國家=反淸 세력이었다. 망국의 위기에서 나라를 구하려는 이 세력들은 黃帝紀年을 끌고 와서 漢族으로서의 정체성을 고무시키고 滿洲族에 대한 적개심을 부추겨 일본과 같은 새로운 국민국가의 탄생을 염원했다. 그러나 1911년 신해혁명으로 청조가 붕괴된 이후 黃帝紀年의 효용성은 반감되어 관심이 사라졌고, 국민을 만들어 내야 할 국가권력은 여전히 약체였다. 조선의 경우는 동학 같은 反王朝 세력도 신화를 필요로 하지 않았다. 이 시기 신화는 국민국가의 수립이 필요한 상징적 장치라고 한다면, 동학농민전쟁은 근대성을 띤 혁명이 아니었기 때문이다. 더욱이 북학파나 개화파 같은 개혁세력도 문명개화의 거대한 파고 앞에서 전통 신화에 눈길을 돌릴 여지는 전무하다시피 했다.

신화의 유통과 확산에 근대 교육제도는 결정적인 역할을 했다. 일본은 근대 의무교육 제도를 1870년대에 가장 먼저 확립했다. 이어서 조선이 1894년에 과거제를 폐지하고 근대 학교교육에 착수했고, 중국은 가장 늦은 1905년에 과거제를 폐지하였다. 의무교육으로 시행된 학교에서 일본은 건국의 역사, 천황의 계통, 역대 천황의 치적 등을 가르치며 국가에 대한 학생들의 충성심을 고양시켰다. 누구나 예외없이 교육을 통하여 未久에 日本의 國民, 帝國의 臣民으로 만들어졌다. 조선에서도 근대적 학교교육 속에 단군신화가 등장했다. 구한말에 편집된 대부분의 역사 교과서에서 단군은 神이 아니라 조선을 세운 인물로 서술된 사실은 조선에서도 역사교육을 통한 국민 육성이 시도되었음을 보여준다. 근대적 학교제도에 관한 방침을 1912년에 공포한 중국의 경우, 국가적 의무교육을 실제로 추진할 국가권력이 미비하였기 때문에 중국 국민으로서의 정체성을 육성할 신화는 본격적으로 모색되지 않았다.

여기서 인지해야 할 사실은 근대 동아시아의 신화가 일본에서 발신하여 중국과 조선으로 환류되고 공명했다는 점이다. 1872년(明治 5)에 『日本書紀』에 전하는 진무(神武)천황의 즉위년을 紀元으로 하고 천황이 즉위했다는 正月朔日을 태양력으로 환산하여 축일로 삼고 다음해에는 紀元節로 삼았다.[53) 중국의 경우 黃帝紀年을 『江蘇』등의 잡지에서 사용한 것은 1903년에서 1906년 사이였다. 조선에서 1905년에 『황성신문』과 『대한매일신보』에서 檀紀를 사용했고, 신채호는 『讀史新論』(1908)에서 國祖기원을 주장했다. 紀年이 시간의 표상에서 국민을 시간의 주체자로 세우고자 하는 욕망의 표현이라면, 정신의 주체도 새롭게 설정되었다. 19세기에 일본의 일부 국학자들이 야마토 고코로(大和心)를 제기한 후, 거기에 상응하여 1902~1903년에 중국에서는 '黃帝魂'이 강조되었다. 조선에서는 1910년을 전후하여 '얼의 사관' '민족정기' '조선심'같이 民氣 혹은 國魂이 강조되었다.[54) 이와 같이 동일한 語法 속에서 용어만 바뀐 채 일본에서 발원한 국민주의적 신화 모티브가 동아시아로 환류된 것이다.

국민주의적 신화 모티브가 일본발로 동아시아에서 환류하게 된 것은 유학생을 통해 국제적으로 대규모 지적 교류가 진행된 사실과 연관된다. 明治 일본이 받아들인 최초의 유학생은 조선인이었다. 1876년 김기수 일행의 시찰단을 시작으로 하여 특히 1895년 청일전쟁 직후에는 180여 명에 이르는 유학생이 일본으로 갔다.[55) 중국인의 일본 유학은 보다

---

53) 石井進 외, 『詳說 日本史』, 山川出版社, 1997, 247쪽의 주1).
54) 한국역사연구회 편, 『한국사강의』, 한울, 1989, 26쪽.

늦은 1896년부터 시작되었지만 1905년에 8천 명에 이를 정도로 단기간에 유학생 수는 조선과 비교되지 않을 정도로 급증했다. 이러한 유학생은 일본의 근대적 지식이 동아시아로 유통되고 확산되는 파이프 구실을 했고, 동시에 국민국가를 만들기 위한 상징적 도구로 신화가 활용됨에도 주목하여, 지식인들이 조선은 조선대로 중국은 중국대로 이를 번안 각색해 내었다. 그것은 때로는 설익고 제대로 소화하지 못하여 애초의 의도와 상반된 논리를 채용하기도 했다. 구한말의 교과서에서 임나일본부설, 신공황후 신라정복설 같은 일본측 논리가 그대로 실린 것이 그 일례이다.

신화의 확산과 유통은 지식인의 존재양상과도 연관된다. 일본은 의무교육 체제가 완비되어 신화의 확산을 담당할 실무적 지식인이 광범위하게 존립할 수 있었다. 학벌사회에서 신분상승의 밧줄이라 할 수 있는 학력을 쌓은 지식인들은 신화의 수용과 보급에도 적극적이었다. 메이지정부 초기에 급조된 2만여 개의 학교가 대부분 에도(江戶) 시대의 테라코야(寺子屋)를 차용한 데에서 보여주듯이, 전통적인 교육 시스템은 비교적 순조롭게 근대적 교육제도로 전이되었다. 그러나 중국과 조선의 사정은 그렇지 못했다. 구한말 조선에서 舊來의 전통적 교육기관인 성균관, 서당 등은 근대적 교육체계에 흡수되지 못하고 이원적으로 병존하였다. 이것은 대한제국 정부가 오로지 일본을 통한 서구 근대교육의 도입에 주력한 데에서 빚어진 현상이었다. 그러나 한편으로 유생들의 반발을 의식한 측면도 작용하였다. 이러한 점은 중국의 경우도 대동소이했다. 南京 국민정부가 성립된 1920~1930년대에도 근대적 교육제도는 완성되지 못했고 한편으로는 조선의 서당과 유사한 義塾이 광범위하게 존재하여 전통적인

---

55) 김기석, 앞 논문, 1996, 74~79쪽 ; 永井道雄 外, 『アジア留學生と日本』, 日本放送出版協會, 1973, 46~73쪽.

漢學을 가르치고 있었다. 따라서 조선(그리고 식민지 조선)과 중국에서는 근대 교육제도를 통하여 근대적 지식인이 성장하였지만 여전히 전통적 지식인이 폭넓게 존재했다. 일본이 근대적 지식소비에서 인텔리(岩波문화)와 擬似인텔리(講談社문화)의 이중구조를 형성하고 있었다면, 조선과 중국은 전통적 지식과 근대적 지식의 이중구조를 형성함으로써, 양자의 간격은 일본의 경우보다 훨씬 넓었다고 하겠다.

4. 맺음말

이상의 논의에서, 동아시아에서는 전통시대의 왕조주의적 신화가 근대에 들어와서 국가주의적 신화로 전환됨을 알 수 있다. 그 전환은 전통시대와 근대의 단절이 아니라 연속선에서의 전환이다. 왕조권력이든 국가권력이든 정치권력과 깊은 함수관계를 가지며 동아시아에서 신화가 존재했다는 점에서 전통시대와 근대가 관통되고 있었다. 다만 전통시대에는 신화의 왕조주의적 성격이 중화제국의 중심에서 조선, 일본의 순서대로 변방으로 갈수록 강했다. 그것은 변방에 위치한 왕조 권력의 창립이나 위기시에 뚜렷하게 등장했다.

이러한 메커니즘은 신화의 존재양식에 뚜렷하게 드러난다. 일본은 신화의 기록이 집중되었던 반면 중국과 조선은 여기저기 분산되었다. 중국에서는 인문적이고 합리주의적인 세계관이 일찌감치 구축되어 신화가 자리잡을 여지를 그다지 허용하지 않았다. 중화문명과 지적의 거리에 있던 한반도도 마찬가지였다. 일본에서는 신화가 조선보다 일찍 그리고 집중적으로 기록되었는데, 그것은 고대왕권의 확립과 중화문명권으로의

편입이라는 역사적 의미를 가진다. 『일본서기』가 중국의 典籍을 인용하는
등 유려한 문장 속에 토착적 신화를 그려낸 것은 중화문명의 설익은
수용과 自國 전통의 강력한 힘을 보여준 현상이다. 또한 근래에 이루어지고
있는 동아시아 신화의 비교연구는 그 연구의 의도가 설사 전파설의 입장에
서 있다 하더라도 그 의도와는 무관하게, 동아시아의 신화가 오늘날의
국민국가의 시점으로 재단할 수 없는 越境的 존재임을 말해 준다.

왕조권력의 위기는 민중의 에너지를 동원해 낼 응집소를 필요로 했고,
이때 신화를 기억의 창고에서 끄집어내었다. 단군신화나 기기신화가
몽고의 침입으로 재기억하게 된 것이 그 일례이다. 이 재기억은 이후
한반도에서는 조선왕조의 통치이념으로 활용되었다. 이러한 지역적 신화
의 재기억은 중화문명화를 통한 非중국화에 중요한 응집소 역할을 했다.
고대에서 중세에 걸쳐 조선이나 일본은 중화문명의 흡수에 주력하여
중화문명권의 일원이 되고자 했다. 小中華사상 및 華夷變態, 조선초의
단군 제사 및 幕府시대의 국학파는 모두 다 중화문명화를 바탕으로 한
지적 자립화의 이중적 표현이나 다름없다. 다만 기기신화와 단군신화가
말해 주듯이 전근대에 변방의 신화는 지역(local)의 이야기, 지방에서만
통용되는 서사에 그치고 문명의 중심인 중원대륙으로 역류되지는 못했다.

근대는 전통시대 이상으로 신화가 정치적 필요 여부에 종속되었다.
근대 국민국가의 필수 요소 가운데 하나는 집권적인 국가권력의 성립이었
다. 일본은 분권적이던 국가권력이 메이지유신으로 인해 집권적 국가권력
으로 전환되었다. 근대에 들어서서 중국과 조선은 일본과는 상반된 길을
걸음으로써 국가권력의 이완, 분산 추세를 되돌리지 못했다. 일본의 경우
국가권력이 '국민'을 창출하는 데 신화는 더할 수 없는 好材였다. 반면
청조와 조선에서 황제(왕)는 단순히 현실 정치의 최고 권력자일 뿐 아니라

이념과 상징의 지배자이기도 했다. 인간뿐만 아니라 우주만물의 지배자라는 '황제'의 의미가 말하듯이, 황제(왕)는 '臣民'을 거느리는 '王土'에서 유가적 세계질서의 수호자이기도 했다. 말하자면 최고권력의 상징적 절대화 내지 존엄화는 이미 오래 전부터 이루어지고 의례화되어서, 신화가 필요하지 않았다. 그러나 뒤늦게 '신민'을 '국민'으로, '왕토'를 '국토'로 재창출해야 하는 절박한 상황으로 몰리면서 신화는 재조명을 받게 되었다. 이때 신화를 정치적 무기로 삼는 주체는 중국의 경우 청조가 아니라 反淸세력이었고, 조선의 경우는 신채호와 같은 민족주의자였다.

근대적 교육제도는 '국민'의 창출에 결정적인 역할을 했고 또한 지식인의 존재양상을 규정했다. 국가권력의 집중화가 앞섰던 일본은 그만큼 교육제도의 정비도 앞섰고, 근대 학교를 통해 신화가 모든 국민에게 확산되었다. 조선에서도 근대 학교제도 속에 단군신화가 잠시 등장했으나 포말같이 사라졌다. 일본에 간 중국유학생들이 기원절을 모방하여 黃帝紀年을 한동안 사용했지만 청조 붕괴 이후 황제기년을 비롯한 신화의 유용성은 상실되고 말았다. 근대적 학교제도의 미비로 말미암아 중국에서 '국민'의 형성에 필요한 신화의 유통도 적었지만 보급을 담당할 지식인도 약체였다. 학력과 학벌사회였던 근대 일본에서와 같은 교사층을 비롯한 실무적 지식인이 적극적으로 신화를 보급한 것과는 대조적이다. 식민지 조선에서는 일본의 신화가 유통되게 되었고 극히 일부의 조선신화는 구색을 맞추는 정도에 그쳤다. 신화는 근대적 지식 속에 편입되었을 때 유통되고 확산된다는 사실은 흥미롭다. 신화는 근대적 지식형태, 예컨대 학교나 국가적 의례 속에서는 유통되지만, 신화가 전통적(유교적) 지식인의 입으로 말해질 때, 그것은 박물관으로 가야 할 고루한 존재가 되어 버렸던 것이다.

근대에 들어와서 신화는 일본에서 발신해서 동아시아로 환류되었다.

이러한 환류의 담당자는 일본에 간 유학생들이었고, 일본에서의 국민주의
적 신화가 이들을 통해 중국과 조선에 전파되었다. 이 때문에 근대 동아시아
의 신화는 국민주의적 신화라는 공통성을 지닌다. 국민주의적 신화는
일본의 국가주의적 성격에서 중국의 종족주의적 성격에 이르기까지 다양
한 스펙트럼을 가졌지만, 어느 경우든 근대적인 국민의 창출을 기대하며
신화가 원용된 점은 동일했다. 말하자면 전통시대에 중화문명이 변방으로
환류되던 현상이 거꾸로 된 경로를 거치며 근대에 재현된 것이다.

■ 보론 II

신화와 일제 식민주의 교육

1. 머리말

동아시아에서 신화가 신화로 명명되기 시작한 것은 신화가 근대학문의 연구대상에 오른 19세기말에서 20세기초의 일이다. 동아시아에서 신화를 연구한 선두주자는 가장 앞장서서 근대적 학문 연구방법을 수용한 일본 학자들이었다. 그들은 1890년대 이후 1910~1930년대에 걸쳐 서구의 근대적 연구방법론을 도입해 일본을 비롯한 동아시아의 신화를 분석하였다. 중국에서 신화를 연구한 것은 일본보다 늦은 1920년대 후반의 일이며, 일본의 신화 연구 내용이 소개되면서 중국신화도 연구의 대상에 올랐다. 단군을 근대 신화학의 개념으로 의미를 부여한 최초의 인물로 최남선이 꼽히듯이, 한국인에 의한 신화 연구는 1920년대에 이르러 연구의 지평에 올랐다. 이 무렵 동아시아 각국 학자들은 신화학, 민속학, 인류학, 언어학 등의 연구방법론을 도입하여 신화의 보편적 원리와 구조를 찾아내는 데 초점을 맞추었다. 요컨대 신화학자들의 신화 연구는 민족주의나 국가주의적 성격보다 근대주의적 성격이 강했던 것이다.

그런데 잘 알려져 있다시피 근대 일본에서 일본의 신화는 출발부터 국가주의적 성격이 매우 강했고, 한국의 경우는 한일합방 이전의 교과서에서 단군신화가 민족주의 고양을 위해 일부 활용되었다. 중국의 경우도 20세기 초인 淸末에 黃帝紀年[1]같이 외세에 대항하는 민족주의의 구심점을 세우기 위해 신화가 도입되기도 했다. 이와 같이 동아시아에서 신화는 본격적인 연구의 지평으로 오르기 전에 이미 정치적으로 확산되고 있었다.[2] 이러한 사실은 신화의 학문적 연구와 신화의 사회적 존재양상 간에 상당한 거리가 있음을 말해 준다. 신화 연구는 한국 학계에서 1970년대 이후 본격적으로 진행되었고, 일본과 중국 학계에서도 이전의 연구를 계승하여 매우 다양하게 이루어지고 있다. 여기에는 몇 가지 갈래가 있고 국가별 경향이 다르기는 하나, 동아시아 각국의 신화 연구의 주류는 반드시 민족주의를 바탕으로 하는 것은 아니다.

그렇지만 오늘날 한국이나 북한의 단군신화 및 중국의 黃·炎帝 신화, 일본의 고사기 신화는 여전히 민족주의를 고양시키는 역사적 전통의 場으로 활용되고 있다. 이러한 현실은 신화가 어떻게 연구되었는가 하는 것 이상으로 신화가 사회에서 어떻게 유통되고 소비되었는지를 이해하는 것 역시 중요하다는 점을 시사한다.

본고에서는 식민지 조선과 대만의 경우를 비중 있게 다루면서 부분적으로 일본과 비교할 것이다.[3] 이를 통해, 20세기 전반기 동아시아에서 신화가 어떠한 메커니즘으로 대중의 의식 속에 자리잡고 행동으로 표출하게

---

1) 한국의 檀紀처럼, 전설상의 黃帝가 개국했다는 연도를 기준으로 한 연대표기법.
2) 이에 대해서는 李晶淑, 「동아시아 역사 속에서의 정치와 신화」, 『기호학 연구』 15, 한국기호학회, 2004 참고.
3) 대만의 식민지 경험과 20세기 대만사의 특수성에 대해서는 하세봉, 「대만의 식민지 경험과 정체성」, 『비교문화연구』 16, 부산외국어대학교 비교문화연구소, 2004 참고.

되었는지 검토하고 싶다. 여기서 필자는 신화 연구에서 일반적으로 사용하는 신화의 '수용' '전파'라는 개념을 버리고, '유통' '소비'라는 개념을 취하고자 한다. 한 민족에서 다른 민족으로 신화가 전파되고 수용되는 현상은 유통과 소비라는 용어로 달리 표현될 수 있다. '전파'와 '수용'이라는 개념은 주체와 객체를 전제로 하는 사고방식인데, 여기에는 主/客, 彼/我의 이항대립적인 논리가 깔려 있다. 반면에 '유통'과 '소비'라는 관점은 이러한 이항대립적 논리를 넘어서는 실마리가 될 수 있다. 더욱이 一國 혹은 帝國 내에서 민중 속으로 확산되는 신화를 '전파'나 '수용'이라는 용어로 지칭하는 것이 반드시 적합한 것은 아니다. 신화의 유통에서 소비에 이르는 과정에는 교육되는 신화부터 강제된 신화까지 광범한 폭을 갖게 된다. 신화 자체의 내용, 민족 간 전파 양상, 당해 사회에서의 유통, 소비되는 신화의 양상에서 신화의 사회적 기능과 정치적 의미를 물을 필요가 있다.

이때 필자가 주목하는 사회적 메커니즘은 근대적 교육제도의 실시와 확대이다. 동아시아에서 신화가 신화로 명명되기 이전에 신화는 전통적 교육의 수혜자인 상층의 일부에게 국한되어 전승되었고 또 의미를 지니고 있었다. 황제, 단군, 아마테라스 오오미카미(天照大神)와 같은 동아시아 삼국의 대표 신화들은 전근대의 백성들이 모두 공유하던 기억은 결코 아니었다. 그것이 전국민적 신화로 확산되는 데에는 근대 교육제도의 도입이 결정적으로 중요한 구실을 했다고 보기 때문이다.

그런데 어디까지 신화로 간주하여 서술 대상으로 삼을 것인가 하는 범주가 문제이다. 이것은 두 가지 층위를 가지고 있다. 하나는 신화의 국적이다. 조선과 대만 그리고 일본은 각기 신화를 가지고 있었다. 그런데 본고에서 다루는 시대는 일본제국에 의한 식민통치 시기이다. 일제의 침략에 의한 국경의 소실로 일본신화는 일본제국 전역에 걸쳐 국가 신화가 되었고, 조선과 대만의 신화는 지방 신화로 전락하는 한편 일부는 제국에 유통되기도 했다. 이 점은 20세기 전반 일본제국의 판도 속에서 유통된 신화의 특징으로, 그때의 신화는 오늘날의 국적같이 분명하게 분할된 것이 아니라 제국 내에서 流動했다. 또 다른 문제는 신화의 개념과 관련된 것이다. 이 시기 교과서에는 신화와 전설, 그리고 전래된 것이 아니라 조작된 신화 내지 유사신화가 등장하고, 국가권력에 의해 강요된 신화에 대항하여 새로이 신화가 만들어지기도 했다.

따라서 본고에서는 신화의 개념을 좁히지 않고, 神的 존재를 題材로 하는 경우는 모두 신화 속에 포함시켜 이 신화들이 어떻게 등장하는지 연구해 보고자 한다. 군국주의적 신화를 비롯하여, 역사적 인물이나 전설을 도입하여 형성되는 유사신화, 혹은 신화의 조작, 그리고 대항신화의 등장 등 신화의 다양한 양태가 근대 동아시아 신화의 유통과 소비의 특징을 극명하게 보여줄 것이다. 말하자면 신화의 개념과 범주를 먼저 획정하고 그 틀에 따라 서술하는 방식이 아니라, 신화라는 범주의 경계 안팎을 오가며 신화가 만들어지고 등장하는 사실 자체를 드러내 보이려는 것이다. 그렇게 함으로써 신화가 발현하는 현장에 주목하여 근대 동아시아에서 신화가 유통되고 소비되던 양상의 특수성을 밝힐 수 있을 것이다.

2. 초등교육의 확대와 신화

일본의 근대교육은 明治維新 이후 4년째인 1872년에 의무교육을 바탕으로 하는 새로운 학제를 시행하였다. 그 이듬해인 1873년에 이미 전국에 걸쳐 소학교가 1만2천5백 개에 이르렀는데 이때의 아동취학률은 28%에 지나지 않았다. 그러나 1883년에 51%, 1893년에 58%였고, 이후 가파르게 상승하여 1903년에는 93%, 1908년에는 약 98%로 거의 전원이 취학하기에 이르렀다.[4] 동서양을 막론하고 근대 교육제도가 갖는 기본 기능 가운데 하나는 양질의 노동력 공급에 있었다. 일본에서도 교육의 내용은 그러한 목표에 걸맞게 언어해독 능력을 비롯하여 근대적 지식의 보급에 치중되었다. 그런데 강력한 '근대화=구미화'를 추진한 메이지 정부는 1890년 「敎育勅語」를 공포하면서 일견 근대화와 모순되는 천황제 이데올로기를 강조하였다. 바로 이 교육칙어에서 신화는 필수불가결한 요소로 활용되었다. 10줄 가량의 짧은 글인 교육칙어는 "짐이 생각컨대 우리 皇祖皇宗이 나라를 여심이 대단히 오래되고 ……"로 시작된다. 충과 효의 천황제 절대주의 윤리를 확립하려는 「교육칙어」는 그것이 선언으로만 그치지 않고 그 취지를 교육하기 위해 '修身'과목을 둠으로써 '황조황종'에 대하여 보다 자세하게 설명하고 가르쳤던 것이다. 일본은 메이지 36년(1903)에 소학교 교과서를 국정제도로 전환하고, 국정교과서의 국가관리를 강화해 나가기 시작했다.[5] 이미 그 이전부터 교과서에는 일본신화가 삽입되고 있었다.[6] 1902년에 출간된 『歷史敎本 日本篇』[7]에는 1과 「神代」를 비롯해 2과 「神武天皇」, 4과 「日本武奠」, 5과 「神功皇后」, 6과 「仁德天皇」 등 일본신화의 주류가 망라되었다. 특히 1과 神代는 천지창조 이후 신들이 계승되어 오고 국토와 만물이 생긴 이후에도 각 지역에서 활약한 것으로 서술한 다음, 이를

---

4) 「學齡兒童百人中就學者累年比較」, 『日本帝國文部省年報』 33冊 上·下, 明治 43年.
5) 海後宗臣·仲新 編, 『近代日本敎科書總說 解說篇』, 講談社, 1969, 14~15쪽.
6) '신공황후의 삼한정벌' 이야기는 이미 1850년부터 에도시대 사설교육기관인 寺子屋의 교과서에 게재되어 아동들을 교육시키고 있었다(磯田一雄, 『皇國の姿を追って-敎科書に見る植民地敎育文化史』, 皓星社, 1999, 175쪽).
7) 藤岡繼平·槇山榮次 공저, 『歷史敎本 日本篇』, 東京 : 普及舍, 明治 35년(1902).

神代御略系로 표하였다.

「교육칙어」의 낭송과 '수신'은 당연히 일본의 식민지에서도 가르쳤으며 오히려 더욱 강조되었다. 일본의 첫 식민지인 대만에도 근대 교육제도를 이식했는데, 그것은 특히 식민지 통치를 위해서도 시급한 일이었다. 대만에서 公學校 교육이 실시된 초기인 1898년에 55개교에 불과하던 공학교가 1900년에는 117개교, 1906년에는 181개교에 달했다. 1933년에는 769개교에 학생수 약 31만 명으로 취학률은 37%였고, 1940년에는 824개교에 학생수 63만여 명으로 취학률은 약 53%로 증가했다.8) 학생들의 출석률은 당초에 50%에 육박하다가 1906년에 65%로 상승했고, 1910년대에는 90%를 넘어설 정도로 갈수록 양호해졌다.9) 그러나 일제당국은 성급하게 대만을 동화시키려 하지 않았다. 초기 공학교 교육의 主眼은 언어 소통의 장애를 극복하기 위한 것이었다. 1898년 공학교령 발포 당시의 교과목은 수신, 국어, 독서, 습자, 산술, 창가, 체조였지만, 이후 대체로 학년마다 수신 2시간, 국어 10시간, 산술 4시간, 한문 5시간, 체조 2시간으로 짜여졌다.

가장 수업시수가 많았던 국어 교과서는 1901~1913년에 걸쳐『臺灣敎科書用書 國民讀本』12권, 1913~1923년간에『公學校用 國民讀本』12권을 대만총독부가 편찬하여 교과서로 사용했다. 전자의 교과서에는 책마다 제1과는 황실이나 국가와 관련된 내용으로 꾸며졌다. 황실과 관련된 내용으로는 '天長節', '紀元節', '宮城', '臺灣神祉', '仁德天皇', '醍醐天皇', '明治聖代' 등 7개 과가 있었다. 역사 교과목은 따로 없었고, 이 안에 '우리나라의 역사'라는 단원명으로 4개 과를 두어 神武天皇부터 明治天皇까지 萬世一系

---

8) 臺灣教育史研究會 編,『日治時期臺灣公學校與初等學校 國語讀本 : 解說, 總目錄, 索引』, 臺北 : 南天書局, 2003, 7~8쪽.

9) E. Patrica Tsurumi, *Japanese colonial education in Taiwan, 1895-1945* ; 林正芳 譯, 『日治時期臺灣教育史』, 臺北 : 財團法人 仰山文教基金會, 1999, 16~17쪽.

임을 설명하였다.

수신의 교과목적은 국민정신의 함양, 순종, 성실, 근면이라는 4대 덕목의 육성에 있었다. 국민정신의 함양은 공학교 교육의 근본 요지였고 수신과목은 특히 여기에 치중하였다. 1920년대 후반부터 사용된 수신 교과서에는 권1「천황폐하」, 권2「천황폐하」「대만신사」, 권3「황후폐하」「명치신궁」, 권4「황태후폐하」「能久親王」「교육칙어」, 권5「우리나라 황실」, 권6「皇大神宮」「敬神」「교육칙어」 등이 실렸는데, 모두 일왕가의 신화와 관련된 단원으로, 국어와 마찬가지로 대개 교과서의 첫 단원으로 배치되었다.[10] 그러므로 대만의 경우, 수신과목에서 일왕가에 관한 교육이 집중되었고, 국어과목에서 그것을 뒷받침하는 역사와 신화가 동원되었다고 하겠다. 그러나 교육을 통해 일본신화가 유포되는 범위는 아직 협소했다. 가령 1904년 당시 대만의 인구는 일본인 5만3천 명을 포함해 308만 명으로, 그 중 취학연령인 6~15세의 아동은 61만 명이었다. 그런데 같은 해 공학교, 소학교, 국어전습소, 국어학교의 전체 재학생 수는 2만7천여 명이었다.[11] 따라서 학교에 입학하여 일본의 신화를 알게 된 학생은 전체 취학연령대 아동 수의 약 5%에 지나지 않았고, 전체인구로 볼 때는 1%에도 미치지 못했다고 할 수 있다.

조선은 근대적인 교육제도가 도입되고 시행되려는 순간에 식민지가 되었다. 국가권력의 약체는 의무교육 보급의 빈곤을 초래했을 뿐만 아니라 교육방침이나 목표를 수립할 기회마저 상실하게 했다. 여기에 사립학교가 운영되었지만, 국가적 교육 시스템의 빈곤 하에 사립학교가 개별적으로

---

10) 周婉窈, 「失落的道德世界－日本植民統治時期臺灣公學校修身敎育之硏究」, 『臺灣史硏究』 8-2, 2001, 18~19쪽.
11) 臺灣總督府官房文書課 編, 『臺灣十年間之進步』, 明治39年, 4~5쪽, 8쪽, 42~43쪽.

교과서를 만들고 사용할 수밖에 없었다.[12] 이러한 연유로 대한제국의
교육 속에 신화가 일관성을 유지하며 삽입되기는 어려웠는데, 단군신화에
서 그 단적인 예를 찾아볼 수 있다.[13]

　일제는 동화주의 교육정책을 수행하는 데 중추적 역할을 담당할 초등학
교의 증설을 식민지 全기간에 걸쳐 추진했으며, 그것이 본격화된 때는
1922년 제2차 조선교육령 제정 이후였다. 일제의 식민지 교육정책은
처음부터 국민교육을 표방하였으나, 1920년 이전에는 사실상 식민지
지배질서에 협력하는 일부 식민지 지식인을 육성하는 선에서 학교교육을
제한하고 있었다. 그리하여 1919년 무렵 보통학교의 조선인 학생 수는
해당 學齡의 아동 수에 비해 18%에 불과했고, 관·공립 보통학교의 수는
517개교에 지나지 않았다.[14] 이후 총독부는 동화교육의 진전으로 돌아서
면서 1922년에 신교육령을 제정하고 초등교육의 확충에 힘쓴 결과, 보통학
교의 수는 1928년에 176%가 증가한 1,425개교에 이르렀다.

　1910~1919년에 개설된 보통학교의 교과목에서 수신과 일어는 필수과
목이었는데, 대만과 마찬가지로 총독부는 조선에서의 초기 보통학교
교육의 주안을 언어 소통에다 두었던 것이다. '수신'과 '일어'를 제외하면
대부분 실업 위주의 과목이었다. 일본은 조선인들의 관료지향적 유교주의
의 폐단을 지적하면서, 조선 발전에 필요한 농업기술 중심의 실용교육을
강조하였다.[15] 그러나 일왕가와 관련된 교육만큼은 식민지지배 초기부터

---

12) 김봉희, 『한국 개화기 서적 문화 연구』, 이화여자대학교 출판부, 1999 참고.
13) 구한말 근대학문 선호와 문명개화라는 지적 분위기 속에서 단군신화는 관심권
　　밖으로 밀려나 교과서 안에서 단편적으로 언급되고 있었으나, 일제의 침략으로
　　그나마 차단되고 말았다. 이후 한반도 내에서 단군의 신성 담론은 금지된 상태였
　　고, 이에 대한 반작용으로 대종교가 일어남으로써 단군은 대중 속에 자리하게
　　되었다(李晶淑, 앞 논문, 2004, 214~218쪽).
14) 『施政二十五年史』, 584~585쪽.

주력하였다. 1915년 3월 사립학교규칙 개정에 따라 경상남도에서 내린
「사립학교 교원에 대한 道長官 훈시」 가운데 국가 祝祭日인 三代節 즉
紀元節, 天長節, 天長節祝日에 대한 의식 거행을 강조한 대목이 있어 주목된
다.16) 식민지 조선인의 민족동화정책에 한 몫을 담당한『초등용 수신
교과서』로서 1907~1909년에 걸쳐『보통학교 학도용 수신서』4권이 학부
에서 편찬되었고, 1913~1915년간에『보통학교 수신서 생도용』4권,
1923~1924년간에『보통학교 수신서 아동용』6권, 1930~1934년간에『보
통학교 수신서』6권이 조선총독부에서 편찬되어 교과서로 사용되었다.
이 수신서들에는 천황숭배, 국체, 칙어·칙서, 국헌·국가·국교에 관한 내용
이 끊임없이 나오는데, 천황과 관련된 내용이 가장 큰 비중을 차지하였
다.17) "일본은 神이 낳은 나라이며, 신의 후손인 천황이 신으로부터 통치권
을 위임받아 다스린다"는 이른바 '國體의 本義'를 설명하기 위해『記紀』로부
터 국토창생신화, 천조대신신화, 국토양도신화, 천손강림신화를 활용하
였다. 이러한 일본신화에 대한 관심은 1920년대에서 1930년대 초반에
걸쳐 조선총독부에서 편찬한 식민지 조선의 교과서에도 반영되고 있었다.
　『아동용 보통학교국사』상권18)은 본문에 앞서 御歷代表를 게재하고,

---

15) 梅根悟,『朝鮮敎育史』, 講談社, 1975, 242~244쪽 ; 保坂祐二,『日本帝國主義의 民族
　　同化政策 分析－朝鮮과 滿洲, 臺灣을 중심으로－』, 고려대학교 정치외교학과
　　박사학위논문, 1999. 12, 66~74쪽 ;『일본제국주의의 민족동화정책 분석』, 제이앤
　　씨, 2002.

16) 동래군수,「私立學校改定に關する長官訓示 等 配付の件 通牒」, 東庶發 2048호,
　　1915.9.8 ; 지호원,『일제하 수신과 교육 연구』, 부산대학교 교육학 박사학위논문,
　　1997, 21~22쪽 재인용. 기원절은 초대천황인 신무천황이 즉위 의식을 치른 날이
　　고, 천장절은 천황이 태어난 날이며 천장절축일은 그것을 축하하는 날이다.
　　모두 천황가에 관련된 기념일임을 알 수 있다.

17) 지호원, 위 논문, 부록「초·중등 수신 교과서 각 시기별 분류표」, 1~22쪽 참고.

18) 大正 11년(1922).

1과「天照大神」, 2과「神武天皇」, 3과「日本武尊」, 4과「神功皇后」, 5과「仁德天皇」신화를 단원으로 넣었다. 아동을 대상으로 하였기 때문에 사진을 방불케 하는 세밀화와 신화적 요소가 표현된 천황 개개의 상징적 삽화, 정벌루트를 標識한 지도가 본문내용과 함께 실려 있어 명확한 이해를 돕고 있다.[19] 또『보통학교 국어독본』권6[20]의 19과「紀元節」에는 기원절의 유래로서『記紀』에 실려 있는 神武天皇의 東征神話를 바탕으로 재구성된 이야기를 싣고 있다. 4년제『보통학교 조선어독본』권3[21]의 27과「신무천황」및『보통학교국사』권1[22]은 앞에서 언급한『아동용 보통학교 국사』상권과 순서는 물론 세밀화, 삽화, 지도를 포함하여 내용면에서도 대동소이하다. 그러나 조선의 역사는 삭제해 버렸다. 전쟁기에 접어들면서 1920년대의 교과서 내용과 달라지기 시작한 것이다.

조선과 비교해서 대만의 특이성은 '漢文'과목이 있었던 점이다. 한문과목은 대만인을 학교로 끌어오기 위함이었는데, 1학년에는『三字經』,『孝經』에서 시작하여 2학년에는『大學』과『中庸』, 3·4학년에는『論語』를 배우고 5·6학년에는 그것을 일본어로 학습했다.[23] 이와 같이 한문이 도입된 것은 대만의 전통 교육과 일제의 근대 교육이 적절한 지점에서 만난 절충이자 타협이었다. 한문을 근대 교육기관에서 受任함으로써 식민지 조선에서의 서당과 학교라는 이중구조와는 달리, 대만에서는 전통 교육기관이었던 書房이 곧바로 쇠퇴하여 소멸해 버렸다. 조선에서는 근대 교육의 장에서

---

19) 천조대신편의 皇大神宮 세밀화, 신무천황편의 東征지도와 함께 활을 들고 나아가는 삽화, 일본무존편의 검을 휘두르는 삽화와 東征지도, 신공황후가 아득히 신라쪽을 바라보는 삽화와 조선반도의 지도 등.

20) 大正 12년(1923).

21) 昭和 8년(1933).

22) 昭和 12년(1937).

23) E. Patrica Tsurumi, 앞 책.

전통 교육인 한문을 배제한 것이[24] 오히려 서당을 존속시키는 요인이 된 셈이다. 식민지 교육체험을 청취 조사한 보고서에 의하면 대개 조선인 지주의 가정에서는 장남은 서당에 보내고, 차남 이하는 보통학교에 입학시켰다고 한다. 이는 1934년 3월 이전에 태어나, 1945년 8월 15일 당시 국민학교 6년생 또는 그 이상의 연령으로 생각되는 자를 대상으로 한 조사보고서로, 조선이 독립될 경우 장남을 과거출신 관리로 만들기 위해 한문학습이 필요하다는[25] 뿌리깊은 인식에서 나온 것으로 추측된다.

대만의 또 하나의 특이성은 대만의 公學校는 '역사'를 교과목으로 하지 않았다는 점이다. 조선에서는 일제의 병합 직후 '일본역사'를 교과목으로 선정해서 교육한 반면 대만에는 오랫동안 '역사' 교육을 시행하지 않았다. 공학교에 일본역사와 지리가 도입된 것은 대만총독부의 통치정책이 동화주의로 전환한 후인 1922년의 대만교육령 개정 이후였다. 일본역사를 도입한 이후에도 1920년대의 교과서를 비교하면 조선과 대만은 큰 차이가 있었다. 이 시기 조선의 『보통학교국사』 교과서는 문어체로 쓰여진 '內地'의 국정교과서를 그대로 가져오고 약간의 보충교재를 더한 것이었다. 이에 반해 대만 공학교의 '국사'(최초에는 일본역사) 교과서는 삽화, 지도를 포함하여 내용면에서 '內地'의 국정교과서와 거의 일치했으나 교과서의 문체는 크게 달라서 평이한 경어체 구어를 채택하고 있었다.[26] 또 대만의

---

24) 조선에도 한문과목이 있었으나 내용면에서 대만과는 차원이 다른 한자 학습이었으며, 1919년 이후 교과목에서도 삭제되었다.

25) 片棟芳雄,「記憶された植民地教育－韓國·大邱での聞き取り調査をもとに－」,『植民地教育思想の再構成』, 皓星社, 1998, 76~78쪽 참고.

26) 磯田一雄,「皇民化教育と植民地の國史教科書」, 岩波講座『近代日本と植民地 4 : 統合と支配の論理』, 岩波書店, 1993, 123~124쪽. 평이한 경어체구어의 채택은 1920년대의 교과서로는 극히 이례적이다. 일본 본토의 국사와 지리, 이과 등의 국정교과서가 문어체에서 상용구어체로 바뀌는 시점은 소화 10년대에 들어와서이다.

역사 교과서는 조선의 경우와는 달리 대만 고유의 역사에 관한 기술이
일체 없었다. '内地' 교과서와 동일하게 대만의 일본 식민지화 과정을
제외하면 역사의 무대 위에 대만은 일절 등장하지 않았다. 조선의 경우
'역사' 교과서를 비롯해『국어독본』,『조선어독본』에 조선의 이름이 나오
고, 조선 고유의 역사적 사실을 부분적으로 삽입한 것과는 대조된다.
총독부가 편찬한 1920년대의 조선 교과서에는 박혁거세,[27] 석탈해,[28]
연오랑 세오녀,[29] 신라 瓠公,[30] 제주도 삼성혈[31] 등 신화 일부가 교과서에
실렸을 뿐만 아니라, 아동용『보통학교국사』상권과 하권[32]에 조선의
역사와 관련된 항목이 삽입되었다. 상권의 전체 32개 과(1~32과) 가운데
박혁거세왕, 신라一統, 왕건, 대각국사, 조선 태조 등 5개 과가 실렸고,
하권의 전체 20개 과(33~52과) 가운데에는 이퇴계와 이율곡, 영조와
정조, 조선의 국정 등 3개 과가 실렸다. 이 밖에 국어 교과서에 조선,[33]
신라 금관,[34] 석굴암[35]도 각각 하나의 단원으로 들어갔다.

  그러나 대만에서는 그러한 일이 전혀 없었다. 대만에 조선의 건국신화와
견줄 만한 대만 고유의 신화가 없었던 것은 아니다. 한 연구에 의하면
대만 원주민 가운데 일족인 阿美族에게는 인류의 기원에 관한 신화 20여

---

27) 조선총독부,『아동용 보통학교국사』상권, 대정 11년(1922). 박혁거세는 1930년대
   의 교과서에도 등장한다(조선총독부, 4년제『보통학교 조선어독본』권3, 소화
   8년(1933)).
28) 조선총독부,『보통학교 국어독본』권6, 대정 12년(1923).
29) 위 책, 14과「日神과 月神」.
30) 조선총독부,『보통학교 국어독본』권4, 대정 12년(1923).
31) 조선총독부,『보통학교 국어독본』권5, 대정 12년(1923).
32) 대정 11년(1922).
33) 조선총독부,『보통학교 국어독본』권5, 대정 12년(1923).
34) 조선총독부,『보통학교 국어독본』권7, 대정 13년(1924).
35) 조선총독부,『보통학교 국어독본』권8, 대정 13년(1924).

종이 전해져 내려왔으며, 이러한 아미족의 기원신화는 크게 創生신화와 發祥전설의 두 가지 계통으로 분류된다. 창생신화의 유형에는 天神이 강림하여 시조가 되었다는 유형과 돌이 낳아 시조가 되었다는 유형 두 가지가 있고, 마을의 기원과 發祥에 관한 전설은 高山 발상설, 평지해안 발상설, 외부섬 도래설 등 세 가지 유형이 있었다고 한다. 그리고 이러한 신화 전설은 당시 대만을 조사한 일본 인류학자들에 의해 이미 수집, 조사하여 파악된 상태였다는 것이다.36) 그렇지만 대만신화는 대만의 교과서 속에 일언반구도 없었다.

다만 대만 교과서에 등장하는 대만인은 吳鳳, 鄭成功, 曹謹으로, 모두 신화화한 한족계 대만인이다. 게다가 정성공의 경우 대만을 건국한 대만인 영웅으로서 부각되는 것이 아니라, 그의 어머니가 일본인이란 사실이 크게 부각되었다. 교과서 속에 등장한 정성공은 어디까지나 일본과의 혈연을 강조하기 위함이었다. 조근(1787?~1849)은 '公益'을 강조하기 위해 인용된 인물로, 가뭄 대책을 잘 세워 칭송받았다는 실존 인물이다. 그러나 조근은 1930년대 후반의 교과서에서는 사라지고 만다. 대만의 인물로 대만 교과서는 물론 일본과 조선의 교과서에도 등장하는 자는 오봉이다.37) 살신성인의 사례로 거론된 오봉 이야기는 대만의 토착 원주민의 살인풍습을 고치기 위해 자신의 머리를 바쳤다는 신화적 이야기로 윤색되어 실렸다. 오봉은 실존인물이긴 하지만, 교과서에 실린 사건은 허구였던 것이다.38)

1920년대의 '국어' 교과서 속에도 대만 역사는 언급되지 않았다. 국어 교과서에는 대만의 동식물, 향토경관, 향토생활, 산업과 자연 지리 등

---

36) 簡美玲, 「阿美族起源神話與發祥傳說初探」, 『臺灣史研究』 1卷2期, 1994, 90~96쪽.
37) 조선총독부, 『보통학교 국어독본』 권8, 대정 13년(1924), 제6과의 단원명이 오봉이다.
38) 周婉窈, 앞 논문, 27쪽, 50쪽 참고.

대만을 소재로 한 단원이 많았지만, 그것은 눈앞에 보이는 대만으로,
눈앞의 대만을 형성하게 된 과거는 의도적으로 언급을 피하였다. 이
때문에 대만의 어느 학자는 식민지시대의 대만에는 지리적 '공간'의 대만이
있을 뿐, 과거가 없는 그래서 "역사를 제거한 대만", "과거가 없는 향토"가
되었다고 진단하였다.[39)]

3. 전쟁시기의 신화 교육

1919년 1월 「대만교육령」이 공포되어 4월부터 시행되었다. 이는 대만인
교육에 대한 교육시행의 첫 명문화였다. 1920년 2월에는 새로운 대만교육
령이 칙령 제20호로 공포되어 '내지'준거주의를 채택하였다. 이에 제도상
으로는 '내지인'과 대만인의 차별이 없어졌으나, 편의상 일본인의 소학교,
대만인의 공학교 구별은 그대로 두었다. 그 후 1941년에 교육령이 개정되어
소학교와 공학교의 구별이 없어지면서 전부 국민학교로 바뀌었고, 1943년
에는 의무교육제를 도입하여 조선보다 먼저 의무교육제를 시행했다.

조선은 황민화 교육이 본격화되던 1930년대 말에서 1940년대 초반에
초등교육이 확대되었다. 제3차 조선교육령이 발포된 1938년부터 초등학
교의 취학률은 가파르게 상승하여 30%를 넘어섰고, 남학생의 경우 학령아
동의 절반에 가까운 수가 초등학교에 입학하기 시작했다.[40)] 황민화 교육은
전쟁수행을 위한 수단으로 교육을 악용했다고 말할 수 있는데, 천황제

---

39) 周婉窈, 『海行兮的年代』, 臺北 : 允晨文化出版, 2003, 262쪽.
40) 오성철, 『식민지 초등교육의 형성』, 교육과학사, 2000, 133쪽에 의하면 통계가
    나온 마지막 해인 1942년의 보통학교 취학률은 47.7%였고, 그중 남학생의 취학률
    이 66.1%에 달했다고 한다.

교육을 목표로 한다는 점에서 수신 과목은 매우 중요했다. 따라서 소학교의 매학년마다 1시간씩 부과되던 수신을 2시간으로 늘려 잡았고, 초등학교 수신 교과서에 대한 교사용 지도서를 빠짐없이 간행했다. 또 신사참배와 궁성요배도 강요하였다.[41)

조선총독부는 1941년 3월 31일 국민학교 규정을 공포, 황국신민임을 강조하였다. 1943년 3월 제4차 조선교육령에 따라 한국사 및 한국지리에 관한 교과가 완전히 배제되고,[42) 일본어, 일본도덕, 일본역사, 일본지리 등에 관한 교과는 '국민과'로 통합하여 종전보다 더욱 중시하였다. 4월부터 심상소학교는 일제히 국민학교로 바뀌었다. 총독부는 1943년 1월 '의무교육제도 실시계획'을 발표하고 1946년도부터 시행하기로 되어 있었으나 조선은 그 직전에 광복을 맞이하였다.[43) 조선과 대만에서 초등교육의 확충과 더불어 교육제도에 '내지'준거주의를 채택하여 '내지인'과 식민지인의 차별을 없앤 데 이어 의무교육제도를 실시한 목적은, 전쟁의 장기화에 대비하여 忠良한 제국신민을 대량으로 양성하기 위해서였다.

일본은 明治 36년(1903)에 소학교 교과서 정책을 국정으로 바꾸고, 昭和 16년(1941)에 초등학교 제도를 실시하였다. 그에 따라 교과목이 재편성되면서 교과서도 새롭게 편집되고, 국정교과서의 국가관리도 현저하게 강화되기 시작하였다.[44) 초등학교 교과서는 1940년대 초입 전운이 감돌던

---

41) 일본문부성에서 편찬한 5학년용 『심상소학 국어독본』 권10, 대정 15년(1926)의 제1과 「明治神宮참배」, 제23과 「太宰府참배」 단원에 신궁의 전경과 함께 그 내용을 상세히 묘사하고 있어 식민지보다 內地에서 먼저 신사참배, 궁성요배가 강요되었음을 알 수 있다.

42) 1937년에 편찬한 『보통학교국사』 권1은 1922년에 편찬한 『아동용 보통학교국사』 상권과 순서는 물론이고 삽화, 사진, 지도를 포함한 내용까지도 거의 흡사하나, 함께 실린 조선 역사만은 배제시켜 버렸다.

43) 保坂祐二, 앞 논문, 91~92쪽.

시기에 편집된 것이어서 내용은 국가주의적 색채가 농후하고 군사적
성향도 강했다. 교육방법상으로도 학과 수업보다 정신교육, 군사교육에
치중했다. 정신교육의 주된 방향은 일본은 세계의 평화와 번영을 위하여
영미에 선전포고를 하지 않을 수 없으며, 전국민이 그것을 지지하여
전쟁의 대열에 참가하고 聖戰의 승리를 쟁취해야 한다는 데 초점이 맞추어
졌다. 이 무렵 사회 분위기 내지 학교 풍경은 "당시 많은 軍歌가 만들어지고
학생과 사회인도 노래를 부르고 우리도 종이에 비행기와 전차, 군함을
그렸다"45)는 회상 속에 잘 나타난다. 이 같은 모습은 식민지와 '내지'의
구분이 따로 없었을 것이다.

전쟁수행을 위한 인적자원을 확보하기 위해 조선인의 일본인화를 주지
시키는 황국신민화 교육에는 일본신화가 대거 동원되었다.46) 그 중 가장
대표적인 것이 神武천황의 '팔굉일우' 사상이다.47) 전세계를 한 집안으로
화합시킨다는 뜻의 八紘一宇48)는 일제 말기의 『초등수신 제5학년』교과

---

44) 海後宗臣·仲新 編, 앞 논문, 14~15쪽.
45) 鄭淸文, 「私の戰爭體驗」, 『植民地文化硏究』 1, 植民地文化硏究會, 2002, 180쪽.
46) 황민화 정책을 뒷받침하기 위해 신화가 얼마나 중요했는지는 당시 수신교육의
   교사용 지침서에 다음과 같이 잘 나타나 있다. "우리나라의 신화는 우리 황실,
   국토, 국민 삼자의 일체관 위에 성립되는 우리나라 세계관의 근저를 이루고
   있는 것이어서, 이는 우리 국민신념의 결정체이며, 또 존엄한 우리 국체의 본의는
   이 신화 속에 말해지고 있다고 해도 과언이 아니다. 그러므로 素朴雄心한 신화
   속에 말해지고 있는 肇國정신을 철저하게 일본적 세계관의 소지로 배양하는
   것이 國民科修身 陶冶의 중점이다"(조선총독부, 『초등수신 제3학년 교사용』, 소화
   18년(1943), 51쪽).
47) 초등 및 중등 수신교과서에 출현하는 일본황실의 인물 가운데 神武天皇은 일제
   말기인 1938~1945년 사이에 집중되어 나타난다(지호원, 앞 논문, 96쪽 주211)
   唐澤富太郎의 분석표). 팔굉일우와의 연관성 때문이 아닌가 한다.
48) "신무천황이 大和의 橿原에 도읍할 때 六合(국내)을 하나로 도읍을 열고, 八紘(천하)
   을 덮어서 집으로 하는 것은 좋은 일 ……"(『日本書紀』 권3, 제1세 신무천황).

서[49]에 高倉天皇의 '四海爲宇'라는 詔를 통해, 明治天皇의 '四海'는 다 동포'라
는 御製를 통해 재현되었다. 해외침략을 미화하고 정당화하는 구실에
지나지 않는 이 같은 가족국가론은 국체사상의 핵심과도 맞닿아 있다
하겠는데, 일본 문부성이 발행한『國體의 本義』첫머리에 그 본질이 잘
표현되어 있다.

대일본제국은 萬世一系인 天皇皇祖의 神勅을 받들어 영원히 이를 통치
하신다. 이것은 우리의 만고불변의 國體이다. 그리하여 이 大義에 바탕하여
一大 가족국가로서 億兆가 一心으로 聖旨를 받들어 충효의 미덕을 충분히
발휘한다. 이것이 우리 國體의 精華로 하는 바이다. 이 국체는 우리나라가
영원불변하는 大本이고 國史를 관통하는 자루(炳)로서 빛나고 있다. 그래
서 그것은 국가의 발전과 함께 더욱 더 공고하고 하늘 땅과 함께 다하는
바가 없다.[50]

明治시대에 들어와『일본서기』에 실린 神武천황의 東征신화가 재구성
됨으로써 기원절이 정해졌고, 이후 기원절의 유래가 교과서 속에 반영되었
다.[51] 神武천황이 즉위했다고 하는 신유년 춘정월 庚辰 초하루를 紀元節이
라 이름 붙이고 태양력으로 산출한 2월 11일을 국가 제삿날로 정한 것이다
(明治 6년, 1873). 국가 기원을 公的으로 정한 것은 국민의식 함양에 매우
중요한 일로, 건국 2천6백 년에 해당하는 1940년에는 거국적으로 성대한

---

49) 조선총독부, 소화 19년(1944).
50) 일본문부성,『國體の本義』, 소화 12년(1937), 9항.
51) 조선총독부,『아동용 보통학교국사』상권, 「신무천황」(2과), 대정 11년(1922) ;『보
  통학교 국어독본』권5, 「기원절」(19과), 대정 12년, 1923 ; 4년제『보통학교 조선어
  독본』권3, 「신무천황」(27과), 소화 8년, 1933 ;『공학교고등과 국사』권1, 「신무천
  황의 창업」(2과), 소화 11년, 1936 ; 長沼賢海 저,『중학교용 황국사』제1학년용,
  제1장 「宏遠한 나라의 시작-신무천황의 공적」, 東京 : 三省堂, 소화 14년(1939).

축하행사를 거행하였다. 전쟁시기 아마테라스 오오미카미에서 神武천황으로 이념의 무게 중심이 이동하고 있음을 볼 수 있는 대목이다.

'신공황후의 신라정벌' 이야기도 1940년대에 이르면 이전의 것과는 전혀 다른 이유가 서술되기 시작한다. 1941년의 조선총독부, 『초등국사 제6학년』용 개정판에는 한반도의 고대국가들이 세력다툼으로 전쟁이 끊이지 않자 신공이 이들을 평정함으로써 안정과 평화를 찾았다는 식의 설명이 있고, 그것이 천황의 은공인 듯 표현했다. 1944년의 조선총독부, 『초등국사 제6학년』 재개정판에는 한술 더 떠 신공황후의 신라정벌은 천황의 은공이 조선에서 빛나는 일이며, 일본이 평화의 사도로서 불안한 한반도의 정국을 진정시키는 데 온 힘을 기울였다고 서술하였다.[52] 한편 '스사노오(素戔嗚尊=須佐之男命)의 조선강림'은 1920년대까지 교과서에 기술되지 않다가, 1932년에 발행된 『보통학교 국사』 권1에 간략하지만 처음으로 언급되었다. 그런데 1944년에 발행된 『초등국사 제6학년』 「임나의 정치」 단원에는 한국역사의 시작이 일본신 스사노오에 의해 시작되었다는 것으로 구체화된다.[53] 天照大神의 아우인 스사노오가 조선에 강림해 조선인의 시조가 되었음을 명시함으로써 일선동조론을 뒷받침한 것이다. 이 부분의 명확한 전달을 위해 조선총독부는 특별히 강의 방법까지 지시하였다.[54]

---

52) 노성환, 「신화와 일제의 식민지교육」, 『한국문학논총』 26, 한국문학회, 2000, 358~359쪽 참고 ; 磯田一雄, 앞 논문, 1999, 167~178쪽, 241~252쪽 참고. 그 밖에 조선총독부, 『초등국사 제5학년』 제6과(소화15년, 1940) 및 長沼賢海 저, 『중학교용 皇國史』 제1학년용 제2장(東京 : 三省堂, 소화14년, 1939)에도 신공황후 이야기가 나오는데, 내용은 대동소이하다.

53) "神代의 옛날, 스사노오노미코토는 다카마가하라(高天原)에서 조선지방에 내려가셔서, 황실의 은혜를 널리 퍼지게 하는 기초를 여셨습니다. ……"(18~20쪽 참고).

54) 조선총독부, 『초등국사(제6학년 교사용)』, 1943, 14쪽.

　장기간의 전시 상황은 신화의 의례화를 광신적 종교의식으로까지 극단
화시켰다. "신화는 우리 국민신념의 결정체"라는 언설이나, 학교 조회를
비롯한 갖가지 공적 의식 속에 일상적으로 사용된 '神國', '聖戰' 등의
단어는 국가종교화된 신화의 모습을 그대로 드러낸다. '神國'이라는 집단
적 광기를 만드는 데 신화는 필수불가결한 요소였던 것이다. 그리하여
"일본은 신이 낳은 나라이며, 신의 후손이 다스리고 보호하는 神國"이라는
내용이 교과서 속에 강조되었고,55) 만세일계의 천황임을 증명하기 위해
神代와 天照大神, 천조대신과 관련된 고토무케(こと向け : 順應)와 마쓰리
고토(まつりこと : 敬神)56)가 단원으로 들어갔다. 이러한 내용과 함께 이전
에는 드물던 萬世一系 皇室御系圖가 교과서의 첫머리 내지 맨 뒤에 자주
등장했다.57)

　전쟁시기 대만 국어 교과서의 특색은 황국의식을 강조하는 데 있었다.
몽고군이 일본을 공격하여 실패한 역사적 사실을 '神風'이란 과로 만들고,
전쟁을 고무시키기 위하여 '空中奮戰'을 묘사하거나 '西住大尉', '杉本中佐'
와 같이 전쟁 중에 부상 당하거나 사망한 군인의 영웅담을 실었다.58)

---

55) 조선총독부, 『초등수신 제3학년』, 1과 「皇國의 시작」, 소화 18년(1943).

56) 『초등수신 제3학년』 소화 18년(1943) ; 『초등국사 제5학년』, 소화 15년(1940) ; 『초등
　　국사 제6학년』, 소화 19년(1944) ; 『공학교고등과 국사 권1』 소화 11년(1936)(以上
　　조선총독부). 長沼賢海 저, 『중학교용 황국사』 제1학년용, 東京 : 三省堂, 소화 14년
　　(1939).

57) 조선총독부, 『초등국사 제5학년』, 소화 15년(1940) ; 조선총독부, 『초등국사 제6학
　　년』, 소화 19년(1944) 외 다수.

58) 許佩賢, 「戰爭時期的國語讀本解說」, 臺灣敎育史硏究會, 『日治時期臺灣公學校與初
　　等學校 國語讀本 : 解說, 總目錄, 索引』, 臺北 : 南天書局, 2003, 83~84쪽. 조선
　　교과서에도 西住大尉의 영웅담이 실렸다(조선총독부, 『초등수신 제3학년』, 19과,
　　소화 18년(1943)). 전쟁에 임하는 군인의 각오는 1920년대의 조선 교과서에도
　　등장하였다(조선총독부, 『보통학교 국어독본』 권8, 16과 「乃木大將」, 대정 13년
　　(1924)).

이 같은 사정을 반영하듯 1937년의 국어 교과서와 1942년에 출간된 국어
교과서의 항목을 비교한 연구에 의하면, 일본 사정이나 황국사관, 전쟁에
관한 단원이 43.8%에서 62.4%로 증가했고, 그 가운데서도 특히 전쟁과
관련되는 단원은 2배나 많아졌음을 볼 수 있다.59)

또한 이전의 대만교과서에서 대만인을 주인공으로 한 단원은 거의
없었는데, 전쟁시기의 교과서에는 대만 학생이 주인공으로 등장하는
「기미가요 소년」이 의도적으로 들어갔다. 이야기인즉, 1935년 대만에서
지진이 발생했을 때 某초등학교 3학년 아동이 중상을 입어 병원에 입원했
으나 이틀을 넘기지 못하고 사망하게 되는데, 마지막 순간에 '기미가요(君
が代)'를 불렀다는 것이다. 교과서에는 이 이야기를 토대로 소년의 일상생
활이 그려졌는데, 사고 당일 "아침에 일어나 세수한 후, 공손한 자세로
神宮大麻가 모셔진 神棚에 예배"하였고, 병원에서 치료 받을 때, "소년은
대만 말을 한마디도 하지 않고, 어떠한 의사를 말하려하든 시종 국어를
사용함으로써 일본인은 국어를 말하는 사람이라는 학교의 가르침을 그대
로 실천했다"는 내용이 주를 이룬다. 그리고 단원의 마지막을 "그날 아침
'기미가요'를 다 부른 소년은 부모와 여러 사람이 눈물을 흘리며 간호하는
가운데 평안하게 긴 잠에 빠져들었다"고 비장하게 마무리 지었다.

'기미가요 소년' 이야기는 일본 전역에 퍼져 모르는 사람이 없게 되었다.
그런데 대만총독부가 집집마다 神宮大麻와 神棚의 안치를 강요한 시기는
1940년대로, 사건이 난 1935년 당시에 민가에서 신붕을 설치한 집은
거의 없었다. 대만어 사용 금지 또한 1940년대의 일이었다.60) 지진으로
인한 소년의 죽음에 '기미가요'를 통해 비장미를 더하고, 주인공 소년의

---

59) 許佩賢, 앞 논문, 88쪽.
60) 周婉窈, 앞 책, 8~11쪽.

의식화된 종교 행위와 더불어 일본어 사용이라는 허구적 장치를 통해 그 죽음을 더욱 의미있는 신화로 만들어 낸 것이다.

전쟁시기에 접어들면서 조선과 대만 그리고 일본의 교과서는 내용상 이전보다 독자성이 약해지고 공통성이 높아진 것으로 보인다. 일본과 조선의 국어 교과서를 분석한 연구에 의하면 소재 면에서 식민지 특유의 단원은 감소했다. 교과서 속의 일본이 격증하는 것과는 대조적으로 교과서 속의 조선은 사라진 것이다.[61] 국사 교과서 또한 1937년 이후로 조선역사 항목을 완전히 배제시켰는데, 그 결과 조선에서 사용하는 초등 국사 교과서는 일본에서 사용한 문부성의 국정 국사 교과서와 단원을 비교해 볼 때 거의 구별되지 않았다.[62] 이 점은 대만에 있어서도 마찬가지였다. 일례로『公學校國史』권1(대만총독부, 소화 12년, 1937)은 1938년에 출간된 『초등국사』권1(조선총독부)과 단원의 순서는 말할 것도 없고 삽화, 지도까지도 매우 흡사하다[63]는 데에서 이 같은 사실을 확인할 수 있다.

4. 신화의 유통과 소비

중일전쟁에 이어 태평양전쟁으로 전쟁이 확대되면서 식민지를 포함한 일본제국 내에서는 지원병, 혈서지원 등 오늘날 도저히 이해하기 힘든 집단적 광기에 빠져 들었다. 이 같은 사정은 비단 일본뿐 아니라 조선과 대만에서도 마찬가지였다. 대만에서는 1930년대 후반부터 "天皇陛下萬歲"

---

61) 上田崇仁,「『國定讀本』と‘朝鮮讀本’の共通性」,『植民地敎育史硏究年報 3 : 言語と植民地支配』, 2000, 62쪽, 63쪽 주석 참고.

62) 磯田一雄, 앞 논문, 1993, 119쪽.

63) 대만의『공학교국사』는 그림이나 지도, 내용면에서 오히려 1923년 조선총독부에서 출간한『아동용 보통학교국사』상권과 보다 가깝다고 할 수 있다.

"日本皇軍萬歲"라는 혈서를 앞다투어 써서 서로 군인이 되고자 지원했고, 이러한 '혈서지원'은 일본과 한반도에서도 열화와도 같이 풍미했다. 1942년 대만에서 천 명 가량을 선발하는 육군지원병 모집에 42만여 명이 신청했는데, 이는 100명의 대만 남성 가운데 14명이 신청한 셈이다. 다음해에는 60만 명이 신청하였다.[64]

조선은 1938년부터 지원병제를 실시했는데, 1942년에는 25만여 명의 지원자 가운데 4천여 명이 선발되어 입대하였고, 1943년에는 30만여 명이 지원하여 6천여 명이 선발될 정도로 신청자가 많아서 경쟁이 치열했다. 패색이 짙어가는 전쟁터에 군인으로 자원하여 나간다는 것은 죽음을 뜻하며, 격심한 경쟁은 서로 앞다투어 죽겠다는 것이나 다름없다. 기왕의 연구에서는 지원자가 급증한 이유를 국가권력의 철저한 강제, 지원자 및 그 가족에 대한 우대책, 황민화 정책 등을 들고 있으나,[65] 반드시 그러한 이유 때문만은 아니었다.

戰勢가 바뀌어 출구가 보이지 않는 패전의 막다른 골목길로 몰릴수록 일본제국은 유사종교집단과 같은 광기로서 눈앞에 이른 패전의 현실을 외면했다. 전쟁이라는 극한 상황 속에서, 사망을 '散花'라고 한다든지, 유골의 송환을 '무언의 개선'이라고 하는 등 죽음을 미화하는 죽음의 미학이 횡행하면서 청년들은 '가미카제(神風) 특공대'가 되어 앞다투어 전쟁터로 달려나간 것이다. 그런데 이러한 집단적 광기가 하루아침에 돌연히 이루어진 것은 아니다. 그 바탕의 하나에는 신화의 삼위일체가 놓여 있었는데, 그것은 신화의 '교리화' '종교화' '의례화'이다.

---

64) 周婉窈, 앞 책, 138~139쪽, 143쪽.
65) 宮田節子, 『朝鮮民衆と「皇民化」政策』, 東京 : 未來社, 1985, 62~68쪽 ; 김경미, 「'황민화' 교육정책과 학교교육-1940년대 초등교육 '국사'교과를 중심으로-」, 방기중 편, 『일제 파시즘 지배정책과 민중생활』, 혜안, 2004, 147~185쪽 참고.

교리로서의 신화는 앞 장에서 살펴본 바와 같이 바로 교과서 속의 신화였다. 아마테라스 오오미카미, 신무천황, 신공황후 같은 신화는 마치 누구나 읽고 암송해야 하는 일종의 종교적 교리이기도 했다. 순수한 아동들에게 입신출세의 발판인 학교라는 공간에서 주입식 암기를 통한 천황가 신의 세계를 숭배하게 한 것은 정치적 이데올로기로서의 '천황제'를 넘어서 있었다. 대만의 청년들이 혈서지원을 할 때 일곱 번 태어나도 나라에 보답하겠다는 '七生報國'이나 '至誠報國' 등의 문구를 피로써 손수건에 적어 넣었는데, 당시 지원했던 청년은 후일 노인이 되어서도 그러한 문구는 수업시간에 자주 읽고 들었던 구절이라 회상하며, "당시 일본의 교육은 매우 성공했고 대부분 일본인에 '마취'되었고 나도 예외는 아니었다"라고 평가했다.66) 혈서지원의 열풍이 불 때 극심한 경쟁에서 병사로 선발되기 위하여, 교과서를 통해 각인된 기억은 쉽사리 동원할 수 있는 지적 자산이 되었던 것이다.

그러나 신화의 교리화가 교과서라는 인쇄문자의 세계 속에만 머물러 있었다면 그것이 종교적 교리로 비약하기는 어려울 것이다. 영화를 본 후 한낮에 영화관을 나왔을 때, 영화 속의 세계와 현실이 얼마나 동떨어져 있는지를 실감하는 것과 마찬가지 경우이다. 영화 속의 세계에서 나와 현실의 세계로까지 신화가 나돌아 다닐 때, 비로소 신화는 사람을 집단적 광기로 내몰 수 있는 것이다. 신화의 종교화는 이 지점에 서 있다고 하겠는데, 神祀와 神道(교파신도)67)가 교과서 바깥의 현실세계에서 천황

---

66) 蔡慧玉 編著, 『走過兩個時代的臺籍日本兵』, 臺北 : 中央研究院臺灣史研究所籌備處, 1997, 94쪽.

67) 유사종교들이 일본정부의 강권에 의해 그들의 교의를 천황제의 원리에 맞도록 변경함으로써 국가신도 속에 편입되고, 敎派神道로서 종교의 자리를 확보하였다 (최석영, 『일제하 무속론과 식민지권력』, 서경문화사, 1999, 73~74쪽).

가 신화를 종교적인 기능으로 떠받쳐 주고 있었다. 일본에서 일왕가를
중심으로 한 萬世一系라는 사상이 유지 전승된 것은 특이한 일이며, 그것이
오랜 세월에 걸쳐 유지 전승될 수 있었던 중요한 요소는 神社의 존재였다.
이 신사를 통해 일본의 신화는 전승되고 신화 속의 신들이 경배되었다.
그런 점에서 일본에서의 신사는 신화를 유지 전승하는 미디어(媒體)였다고
할 수 있다. 신사는 수많은 신을 모시지만 그 가운데서도 태양신인 아마테라
스 오오미카미는 중요한 경배 대상이었다. 정치적으로 필요할 때, 민간신
앙의 미디어인 신사가 손쉽게 정치적 공간으로 활용되는 것은 그다지
놀랄 일이 못된다. 明治천황의 사망 후 1915년에 明治神宮을 건립할 때,
그 토목공사에 전국에서 무려 1만6천 명의 청년이 참가했고, 10만 그루의
나무는 전국 각지의 학교, 관공서 등의 단체 또는 개인의 헌증으로 마련되었
다. 이것은 '敬神思想'을 육성한다는 취지에서 시작되었다. 이렇게 세워진
명치신궁은 1930년대 일본에서 우익들의 백색테러가 번져 나갔을 때,
테러분자가 범행 전에 참배하고 "우리 목적이 만약 불가능한 것이라면
이것을 이룰 수 있도록" 기도한 곳이었다.[68)]

대만에는 1897년 開山神社가 설립된 이래로 총 68社가 건립되었는데,
황민화운동 시기인 1937~1943년의 짧은 기간 동안에 38개가 건립되었다.
이것은 교과서에서 특히 신화가 부각된 것과 일맥상통하는 현상이다.
1938년 臺南州에서는 군수, 시장 등에게 '本州皇民化에 관한 건'이라는
통지문을 발송했는데, 그 통지문에는

 1. 正廳개선에 관한 건
 1) 생활의 중심을 神宮大麻로 하고 그것을 神棚에 넣어 가옥내의 가장

---

68) 三輪公忠, 『日本·1945年の視點』, 東京大學出版會, 1986, 84쪽, 94~96쪽.

존엄한 장소에 받든다.(정청 탁자의 중앙 혹은 그 위)[69]

2) 祖靈舍 또는 위패는 중앙 탁자의 왼쪽에 둔다.

3) 국기상자는 중앙탁자의 오른쪽에 둔다.

4) 觀音像 등 종교적 그림은 別室에 두거나 혹은 중앙탁자 이외의 적당한 곳에 둔다.[70]

등으로 규정하고 있었다. 이와 같이 이제 대만총독부는 내밀한 개인적 주거공간 안에까지 개입하며 신도의 종교적 숭배물을 안치하고 예배를 올리도록 강요하였다.

대만에 세워진 신사와 가정 안에까지 잠입한 神道는 대만의 전통적 종교행위와 긴장과 대립관계를 빚을 수밖에 없었다. 寺廟는 한족계 대만인의 민중 종교, 오락, 경제활동의 중심이었고, 政廳은 神佛像 및 조상의 位牌를 안치하는 공간으로 가정에서 신앙생활을 영위하는 중심이었다.[71] 神道的 신앙의 요구는 臺灣의 社會敎化라는 이름 아래 미신이나 누습을 타파하고 신국사상을 철저하게 한다는 목적으로 추진되었다. 그 결과 '미신이나 누습'의 寺廟는 퇴장의 벼랑으로 내몰리게 되었다. 1918년 당시 寺廟는 3,484개였는데 1939년에 총독부가 황민화에 지장을 주고 미신을 조장할 우려가 있다고 간주된 사묘는 폐지시켜 버렸고, 보존할 것은 그 이유를 명시하도록 했다.[72] 이와 같은 조처로 결국 사묘의 1/3가량이 사라졌다.

조선에는 1920년 당시 이미 150개의 神社가 있었다. 그러나 그때까지만

---

69) 天照大神이라는 붉은 도장을 찍은 흰 종이가 이세신궁 대마이다. 이것을 신붕이라는 나무상자에 넣어 아침마다 절하도록 했다.

70) 近藤正己, 『總力戰と臺灣』, 刀水書房, 1995, 182~183쪽.

71) 蔡錦堂, 『日本帝國主義下 臺灣の宗敎政策』, 東京 : 同成社, 1994, 4~5쪽.

72) 近藤正己, 앞 책, 184~185쪽.

해도 총독부 관리들은 특별히 신사숭배에 나서지 않았고 신사참배를
요구하지도 않았다. 조선에서 신사가 주목받기 시작한 것은 1925년 조선신
궁의 준공이 계기가 되었다. 그 후 1935년 경부터 달라지기 시작하여
전국 곳곳에 신사를 건립했는데 1940년에 663개, 1945년에 1,141개나
되었다. 대대적인 신사 건립과 더불어 총독부 관리들도 앞장서서 신사를
참배하였고 학교, 직장 등을 단위로 각 사회조직에도 신사참배를 강요하였
다. 가정마다 신붕 설치가 강제되고 이세신궁의 大麻가 강제로 반포되었
다.73) 대만의 경우와 마찬가지로 조선도 경찰범처벌규칙(1912년)에 의한
민간신앙의 탄압으로 조선의 巫조직은 위축되고 와해되어 갔으며, 제국주
의를 후광으로 하는 일본 교파신도의 포교에 의해서도 전통신앙이 위협받
았다.74) 일본은 1940년대에 一府邑面 一神社를 방침으로 삼아 토착신앙의
대상인 祠를 강제로 神社化하려 했지만, 단오제, 당산제, 산신제 등으로
자율성이 강한 조선의 신앙세계를 파괴하는 데까지는 이르지 못했다.75)

　한편 1925년 조선신궁을 준공할 때, 神社에서 가장 중요한 부분이라
말할 수 있는 祭神의 대상을 둘러싸고 조선총독부와 신도측 간에 논쟁이
있었다. 조선신궁의 제신으로서 아마테라스 오오미카미(天照大神)와 메이
지 천황 이외에 단군을 포함시킬 것인가 말 것인가 하는 문제였다. 이
논쟁은 조선인의 동화문제를 둘러싸고 방법상의 차이에서 일어난 것인데,
총독부 측은 일본신에 대한 상징을 강요함으로써 '일본인화=동화'를
성취해 나가려고 했다면, 신도 측의 주장은 동화를 이루어 나가기 위해서는

73) 손정목, 「조선총독부의 신사보급·신사참배 강요정책연구」, 『한국사연구』 58,
　　1987, 120~123쪽.
74) 최석영, 앞 책, 74~75쪽.
75) 靑野正明, 「朝鮮總督府の神社政策－1930年代を中心に」, 『朝鮮學報』 160집, 1996,
　　120~121쪽.

단군을 조선신궁에 祭神으로 해야 한다는 것이었다.76) 단군을 제신으로
삼겠다는 얼핏 이해하기 힘든 신도측의 주장은 자율성이 강한 조선의
민간신앙을 의식한 타협적 발상이라 할 수 있다.

경성제국대학의 한 일본인 교수는 당시 보통학교 6학년생 540명을
대상으로 특히 동화시키기 곤란하다고 여기는 종교에 대해 조사한 바
있다. 아동이 알고 있는 神佛의 이름을 대라는 이 질문지법 연구에서
天照大神을 적은 자가 과반수를 넘어, 당시의 조선 아동의 종교적 지식
중에서 天照大神이 가장 중요한 위치를 차지했음을 알 수 있다. 또한
전체적으로 보면 일본의 신화, 전설, 역사를 배경으로 한 天照大神, 明治天
皇, 神武天皇, 稻荷大明神, 天滿天神, 八幡樣 등을 답한 자가 합하여 641명인
데 비해, 한국의 신화, 전설, 역사를 배경으로 한 天神, 七星, 도깨비,
신주대감, 단군 등을 답한 자는 444명에 불과했다.77) 이러한 통계의 수치는
천황일가의 신화에 의해 조선의 전통적 신화세계가 밀려남으로써 학교의
신화교육이 일정한 성과를 거두었음을 보여준다고 하겠다.

그러나 교육을 통한 아동들의 의식화만큼 다른 사례도 성공한 것은
아니었다. 조선에서 신사참배의 강요가 강한 반발을 사게 됨으로써 식민지
당국의 뜻대로 쉽게 관철되지 못했다. 종교만큼 전통성과 지속성이 강한
사회적 관습도 드물기 때문이다. 대만에서도 총독부 통계에 따른다면
대만전국 호수의 7할이 大麻를 봉사한 셈이나, 실제로 신앙의 대상이
된 경우는 매우 적었다. 1930년대 일본에서도 모두가 神宮 大麻를 받들었던
것은 아니고 관리, 교사, 회사원 등 화이트칼라의 중산층은 거부하는
자가 많았다고 한다.78) 한 회고담에 의하면, 아들이나 남편이 군인으로

76) 최석영, 앞 책, 103~128쪽.
77) 秋葉隆,「朝鮮兒童の內地化の測定」,『文敎の朝鮮』175호, 1940년 3월호, 41~46쪽.

차출될 때, 어머니나 처는 아이나 남편을 廟에 데리고 가 線香을 피우고
무사 귀환을 빌었다고 하듯이[79] 대만에서도 神道가 민간신앙의 자리를
차지하지 못했다. 따라서 신화의 종교화는 특히 식민지에서 상당한 한계를
지닐 수밖에 없었다. 그 한계를 채워 주는 것이 신화의 의례화이다. 의례라
는 형태로 신화는 일상적으로 유통될 수 있었다.

　신화의 의례화는 일찌감치 교육칙어에서 비롯되었다. 1890년 교육칙어
가 발포되고 그 이듬해 6월 「小學校祝日儀式規定」이 공포되어 紀元節이나
天長節 등 축제일에 교사와 생도가 행할 의례의 내용이 정해졌다. 그리하여
전국에서 일제히 천황과 황후의 ‘御眞影’에 대한 배례－萬世奉祝－교육칙
어의 봉독－교장훈시－기미가요를 포함한 축제일 창가 제창의 식순에
따라 소학교의 의례를 행하게 되었다. 코모리가 지적했듯이, 천황이 ‘신민’
을 불러내는 언설을 기록한 문자인 ‘교육칙어’ 등사본을 받들고 삼가
스스로 소리를 내어 읽는 ‘奉讀’ 또한 문자와 소리가 착종된 형식으로
쌍방향적인 응답을 그때마다 재생산하는 언설 미디어였다. 그리고 교장의
훈시는 교육칙어라는 텍스트에 대하여 매번 다른 방식으로 천황의 ‘덕’을
기리면서 그 어구와 내용의 해설을 생산하는, 말하자면 일종의 자기증식이
었고, 학교 의식은 시선, 언어, 음악, 신체를 총동원한 복합적인 미디어
이벤트였다.[80]

　「소학교축일의식규정」이 공포되기 무섭게 곧바로 일본 제국내의 곳곳
에서 시행되었을 리는 만무했다. 처음에는 일부 학교에서 시작하다가,
그 후 점차 확산되면서 1940년대 어느 순간에 그 의례는 반드시 지켜져야

---

78) 周婉窈, 앞 책, 41~44쪽 ; 近藤正己, 앞 책, 151쪽.

79) 鄭淸文, 앞 논문, 183쪽.

80) 小森陽一 저, 정선태 역, 『일본어의 근대 : 근대국민국가와 ‘국어’의 발견』, 소명출
　　판, 2003, 106~107쪽.

278

할 행위로서 뇌리 속에 각인된 것이다. 그 매체는 교과서였다. 『ヨイコドモ (착한어린이) ニ 二年』2과 「天長節」은 천황 생일을 축하하는 의례의 전과정을 생생하게 전달하고 있어 주목된다.[81] 교과서의 내용을 인용하면 다음과 같다.

오늘은 천장절입니다.
일찍 일어나 국기를 걸었습니다.
집안 모두가 궁성을 향해 경배했습니다.
몸가짐을 단정하게 하고 학교에 갔습니다.
식이 시작되었습니다.
천황폐하와
황후폐하의
사진을 향하여
깊숙이 숙여 경례를 하였습니다.
「기마가요(君が代)」를 불렀습니다.
교장 선생님이
칙어를 읽었습니다.
우리는 정말로 고맙게 생각했습니다.

이러한 내용과 함께 전교생이 강당에 모여 칙어를 읽는 장면과 고개를 깊숙이 숙여 공경의 예를 보이는 삽화가 교과서 양면에 각각 한 컷씩 들어있다. 이보다 일년 앞선 『초등수신』 4권, 제1과 「祝日·大祭日」[82]에도 "천장절에 궁중에서, 전국 도처의 학교에서 식을 거행하며, 어느 산중의 한 채의 집에도 히노마루기(일장기)가 나부낀다"는 내용과 삽화를 실었다.

81) 조선총독부, 『ヨイコドモ ニ 二年』, 소화 17년(1942).
82) 조선총독부, 소화 16년(1941).

이어서 나머지 祝日과 祭日에 대한 유래와 의식도 상세히 소개하였다.
이러한 천장절 의례는 이전부터 거행해 온 일인데, 전쟁시기에는 특별히
『國民禮法』이라는 교과서가 편찬되어 의례의 방식과 절차에 대해 상세하
게 가르쳤다. 인용하면 다음과 같다.

> 경례에는 普通禮와 拜禮, 最敬禮의 구별이 있습니다. 최경례는 천황폐하
> 에 대하여 받들 때 합니다. 그 방법은 부동의 자세를 취하고 먼저 천황폐하
> 에 주목하고 다음에 머리를 바르게 하고 상체 방향으로 유지한 채 조용하게
> 몸의 상부를 약 45도로 기울이고 그런 후에 다시 조용히 원래의 자세로
> 돌아옵니다. 배례는 신사에 대하여 합니다. 그 방법은 참례 혹은 遙拜할
> 때는 1번 읍(揖)-2번 절-2번 박수-1번 절-1번 읍의 예로 하고, 기원을
> 할 때는 1번 읍-2번 절-2번 박수 기원-2번 박수-2번 절-1읍의 예로
> 합니다.[83]

개인의 기도라는 지극히 종교적인 의식절차가 교과서에 규정되어 전수
된다는 것은 '神國'이라는 관념이 하나의 사상이나 신화를 넘어서서 일상을
규제하며 의식화된 국가종교가 되어가고 있음을 극단적으로 보여준다.

대동아전쟁 때 친일행각의 대표적인 행위로 지탄의 대상이 된 친일논설
이 식민지 청년들의 전쟁동원에 얼마나 위력을 발휘했는지 측정할 수
없으나, 그들의 참전독려에는 신화가 종종 활용되었다. 한 논설에서 인용
한 일본 군가,

> "(우리들은 황국신민이다. 폐하를 위해서라면) 바다로 가면 물에 잠기는
> 시체, 산으로 가면 풀이 무성한 시체, 천황폐하의 발 아래 죽어 미련을

---

83) 조선교육회, 『國民禮法 제6학년』, 소화 16년(1941), 3~4쪽.

두지 않으리(로다)", "폐하를 위해 무엇을 아낄소냐 젊은 벚꽃, 죽어서
보람있는 목숨일진대"는 비장한 느낌을 주는 곡조라고 한다.[84] 젊은
벚꽃은 군인을 지칭하며 천황의 이름으로 죽음의 미학을 노래하고 있다.
　　(최남선의 논설, 「가라! 청년학도여」)[85]

에서 대동아전쟁은 철두철미 大義를 세계에 베풀기 위한 義戰－聖戰이라
설파하며, 神武天兵으로 八紘을 구석구석까지 비추는 따뜻한 태양의 빛이
중국, 버마, 필리핀, 인도에까지 이른다는 수사와 함께, 통일전쟁기의
신라 화랑과 무사의 활약, 보불전쟁 때 프러시아 청년학도들의 활약까지
비교하여 언급했다.

　신무천병이나 팔굉, 황국신민 등의 용어가 보여주듯이 논설이 말을
거는 대상자인 식민지 백성들이 이미 이러한 용어나 개념을 알고 있다는
것을 전제로 하여, 즉 이미 주입된 신화의 교리 지식을 활용하여 전쟁
참여를 부추겼던 것이다. 실제로 교과서의 내용과 현실의 행동이 판화로 찍어내듯
이 그대로 등장하기도 했다. 『초등수신 제3학년』, 19과 「西住大尉」[86]에는 중일전
쟁 때 戰車長으로서 죽음도 불사하고 맹활약하던 니시즈미(西住) 대위가 중상을
입어 야전병원으로 후송되어 가던 중, "천황폐하만세"라고 외치고 있다.
이보다 앞서 그는 전장인 상해 가까이에 상륙하자마자 "군인의 명예다.
남자의 자랑이다. 좋아, (나) 小次郎(고지로우)의 실력을 보여주겠다"는
언설을 싣고 있다. 대만이나 조선에서 혈서지원의 광풍이 몰아칠 때,

---

84) 윤택, 「지원병으로서의 감격」, 『朝鮮』 1940년 4월 ; 임종국 편, 『친일논설선집』,
　　실천문학사, 1987, 251~252쪽 ; 서춘, 「징병제 실시와 반도인의 감격」, 『朝鮮』,
　　1942년 7월 : 임종국 편, 앞 책, 262~265쪽.
85) 『매일신보』 1943년 11월 20일 ; 임종국 편, 앞 책.
86) 조선총독부, 소화 18년(1943).

식민지 청년들은 지원서에서 "천황폐하만세"는 물론이고, "우리는 일본의 사나이다"라는 식의 혈서는 교과서 그대로 복제된 행동임을 잘 보여준다. 유명한 이야기로, 교실에 걸린 천황의 사진이 화재로 타버렸다고 자살한 교장이나, 천황의 사진을 구하기 위해 불타는 교실로 뛰어들다가 타죽은 교사도 있었다.[87] 이러한 이야기가 교과서에 실려 더욱 그러한 행위들을 부추긴 것이다.

5. 맺음말

근대 동아시아에서 신화 유통의 특징은 국가권력이 신화를 의례에 동원한 점이고, 여기에 신화교육은 필요불가결한 터전이었다. 일본에서 초등학교의 취학률이 절반을 넘은 시점이 1890년대였고, 대만은 1940년대 였으며, 조선도 꾸준히 올라갔다.[88] 초등교육의 확대는 곧 신화 유포의 확대였다고 할 수 있다. 초등교육의 교과과정에 '수신'을 비롯한 '국어' '역사' 과목에서 신화가 전수되었기 때문이다. 다만 1940년대 조선에서 일본어를 이해하는 인구는 전체 인구의 1/4가량으로 추정되듯이, 조선은 대만에 비해 취학률이나 일본어 이해의 증가속도가 더디었다. 신화가 초등교육과 교과서를 통해 유포된다는 점을 감안한다면, 신화는 일본에서 가장 광범위하게 유통되었고, 다음으로 대만이며 식민지 조선에서 가장 저조했다고 말할 수 있다.

초등학교 교과서에서 신화는 일본의 신화가 절대 부분을 차지했지만,

---

87) Ruth Benedict 저, 김윤식·오인석 역,『국화와 칼』, 서울 : 을유문화사, 1995, 165~166 쪽.

88) 조선의 경우 초등학교 취학률을 1940년대에 5할로 추정하기도 한다.

조선의 박혁거세, 석탈해 등 조선의 전통신화도 부분적으로 포함되었고, 일본 역사를 중추로 하여 조선 역사도 간간이 삽입되었다. 그러나 조선의 신화와 역사는 조선에서 사용된 교과서에서만 거론되었을 뿐 일본제국 전체에서 유통된 것은 아니다. 조선의 신화는 제국일본 내의 조선이라는 1개 지방에서 지방의 신화로 유통되었을 뿐이다. 대만의 경우는 역사가 제거된 지리적 공간의 대만이 있을 뿐이었다. 대만에서 사용된 교과서에서 대만의 역사는 없었고 따라서 대만의 신화도 존재하기 어려웠다. 그런데 조선의 경우와는 대조적으로 대만을 배경으로 한 신화는 대만은 물론이고 일본, 조선 등 제국일본의 전역에 유통되었다. 吳鳳신화가 그것으로, 자기 희생의 덕목을 강조하기 위해 오봉 이야기는 일본교과서는 물론 조선교과 서에도 실렸다. 조선의 과거에서도 얼마든지 자기희생의 사례를 찾아내어 교과서를 통해 활용할 수 있었겠지만, 유독 대만의 오봉 이야기만 일본제국 에서 유통된 것은 오봉의 신화는 탈색되어 대만의 민족주의와는 무관했기 때문이다. 오봉의 신화는 대만원주민−오봉이라는 구도로, 그것은 야만과 계몽(문명)을 상징하고 있었다. 오봉의 신화 이상으로 신화화되어 교과서 에 자주 등장한 인물은 요시히사 신노오(能久親王)이었다. 국가에 대한 충성을 교육하기 위해 등장한 요시히사는 대만 정복 때 사망한 황족이었다. 제국의 팽창에 기여한 황족의 희생은 국가와 천황을 동일시하는데 둘도 없는 호재였고, 이 때문에 요시히사의 이야기는 신화로 탈바꿈하여 대만의 교과서는 물론이고 일본과 조선의 교과서[89]에 자주 등장했던 것이다.

그런데 요시히사의 신화에 대해 대만에서 대항신화가 만들어진 것은 주의할 만한 일이다. 대만인들 사이에서는 항일 게릴라가 요시히사를

---

89) 조선총독부, 『보통학교수신서』권4, 4과, 대정 7년(1918) 및 『초등수신』권4, 15과, 소화 16년(1941).

죽였다고 하는 전설이 전해지기도 했다. 때로는 그 전설이 더욱 확대되어 요시히사는 교과서에 실린 내용처럼 말라리아에 걸려 죽은 것이 아니라 대만 민중과 전투를 하다가 부상을 입어 죽었다거나, 일본군에 잡혀 죽었을 항일군의 지도자가 실은 살아 있었고 숨어서 그를 암살했다는 전설로 퍼져 나갔다.[90] 대만에서 저항신화가 생성된 것은 조선의 단군신화 같이 민족주의의 심벌이 될 만한 신화의 부재에 기인했다. 그것은 전근대에 서 하나의 지방이었던 대만과 독자적 왕국이었던 조선의 차이이기도 하고, 명대 이후 이주민으로 형성된 대만사회와 이천 년이 넘도록 토착사회 를 가꾸어 온 조선의 차이이기도 했다.[91] 당연한 일로 이 대항신화는 교과서에 실릴 수 없었다. 단군신화가 식민지 조선의 교과서에 실리지 못한 것과 마찬가지로, 공적인 제도 속에 편입되지 못한 대항신화는 그저 하나의 풍문 혹은 유언비어로 유통될 수밖에 없었다.

중일전쟁, 태평양전쟁으로 이어지는 극도로 긴박한 전시상태는 신화의 의례화를 광신적인 종교의식으로 극단화시켰다. "신화는 우리 국민신념 의 결정체"라는 언설이나, 학교 조회를 비롯한 갖가지 공적 의식 속에 일상적으로 사용된 '神國' '聖戰' 같은 단어는 국가종교화된 신화의 모습을 단적으로 드러낸다. '神國'이라는 집단적 광기를 만드는 데 신화는 필수불 가결한 요소였다. 전시총동원체제로 들어가면서 일본은 전쟁수행을 위한 인적자원을 확보하기 위해 內地, 식민지 할 것 없이 황민화교육에 힘썼고, 이때 일본신화가 대거 동원되었다. 그 중에서도 '신무천황의 팔굉일우'는

---

90) 駒込武,「異民族支配の"敎義"」, 岩波講座『近代日本と植民地 4 : 統合と支配の論理』, 岩波書店, 1993, 149쪽 ; 若林正丈,「1923年東宮臺灣行啓と'內地延長主義'」, 岩波講 座『近代日本と植民地 2 : 帝國統治の構造』, 岩波書店, 1992, 109쪽.

91) 하세봉,「식민지 권력의 두 가지 얼굴-조선박람회(1929년)와 대만박람회(1935년) 의 비교-」,『역사와 경계』51, 부산경남사학회, 2004, 136~138쪽.

해외침략을 미화하고 정당화하는 일본 중심의 대동아공영권을 뒷받침하는 이론으로 각광받으며, 아마테라스 오오미카미로부터 이념의 무게 중심을 옮겨왔다.

이러한 신화가 교과서에 실려 공부해야 할 지식이 되고 외우도록 하면서 신화는 일종의 종교적 교리가 되어 갔다. 공부해야 할 지식으로서의 신화와 짝하여 교과서 바깥의 세상에서는 신사가 천황가의 신화를 종교적인 기능으로 받쳐주고 있었다. 대만과 조선에서 1940년대에 들어서서 신사가 갑자기 폭증한 것은 신화를 세속적 종교가 활용해야 할 필요성이 극도로 커졌음을 드러낸다. 그러나 이러한 국가적 종교화는 적지 않은 저항과 반발을 사게 되었고, 이를 보완할 장치가 필요했는데 신화의 의례화가 그것이었다. 신화의 의례화는 교육칙어의 '奉讀'으로 이미 19세기 말부터 시작되었고, 전쟁기에 교과서를 통하여 더욱 강조되고 일상화되었다. 의례는 국기게양, 궁성요배, 천황과 황후의 '御眞影'에 대한 배례, 교육칙어의 봉독, 교장 훈시, 기미가요 제창 등의 순서로 짜여져 思考하기 이전에 몸에 배이도록 각인되었다. 태평양전쟁기에 백성을 죽음으로 몰아넣는 동원이 가능했던 배경에는 이와 같이 삼위일체가 된 신화가 존재했던 것이다.

아직도 동아시아의 신화가 활발하게 상상력의 원천이 되지 못하는 것은 국가적 의례와 결합했던 신화의 근대적 경험 탓이라고 할 수 있을 것이다. 뿐만 아니라 20세기 초 동아시아에서 유통되었던 신화는 태평양전쟁 종전 이후 옛 식민지의 땅에서는 신기루같이 어떠한 흔적도 남기지 않고 일거에 사라졌다. 일본의 패전으로 조선과 대만에 주입되었던 신화는 하루 빨리 지워야 할 굴욕의 지식이 되어 버렸기 때문이다. 일본에서도 신화는 정치에서 분리되어 종교로서의 신화는 신사와 함께 원래의 자리로 되돌아갔고, 의례로서의 신화도 대부분 삭제되었다. 학교에서 기미가요 제창과 히노마루에 대한 경배가 사라진 것이 일례이다. 이처럼 흔적도 없이 신화가 삭제될 수 있었던 이유로 여기서는 정치적인 것보다 세대적인 특징을 강조하고 싶다. 일제당국이 유통시키려 했던 신화는 신사참배 반대 운동처럼 기성세대에게는 좀처럼 먹혀들기 어려웠을 뿐 아니라 오히려 반발을 사기까지 하였다. 때문에 근대적 교육제도 속의 아동만큼 좋은 대상이 없었다. 신화는 초등학교 교육을 통해서 쉽사리 학생들에게 수용되었고 기대한 만큼의 성과를 나타내었다. 그러나 아동들은 성장하면서 비현실적 세계(의식화된 신화)에 대한 회의와 비판이 커지기 마련이었고, 특히 패전 이후 자본주의화와 급속한 경제성장으로 의식화된 신화는 보다 빨리 탈신성화함으로써 세속화의 길을 걷게 되었다. 짧은 시간에 기억한 만큼 짧은 시간에 지워졌던 것이다. 그런 만큼 10대의 그들에게 신화를 기억에서 지우는 일은 어려울 것이 없었고 당혹스러워할 여지도 적었다고 하겠다.

참고문헌

1. 자료

1) 국내 자료

『三國史記』『三國遺事』『高麗史』『高麗圖經』『三峯集』『太宗實錄』
『世宗實錄地理志』『新增東國輿地勝覽』『擇里志』『東國通鑑』『海東高僧傳』
『續高僧傳』「高句麗廣開土王碑」.
朝鮮總督府 編, 『朝鮮金石總覽』上·下, 亞細亞文化社, 1976, 영인본.
한국고대사회연구소(編), 『譯註 韓國古代금석문(2)』, 가락국사적개발연구원, 1992.

2) 국외 자료

『論語』『書經』『禮記』『老子』『通典』『綱目』『資治通鑑』『孝經大義』
『冊府元龜』『太平御覽』『日本書紀』『史記』『南史』『周書』『漢書』『後漢書』
『晋書』『魏書』『陳書』『梁書』『宋書』『南濟書』『北齊書』『隋書』『舊唐書』
『三國志』『海東繹史』『古文眞寶』『長阿含』.
『辭海』縮印本(上海辭書出版社, 1979).
圓仁, 『入唐求法巡禮行記』, 上海古籍出版社, 1986, 영인본.

2. 저서

1) 국내

고미숙, 『한국의 근대성, 그 기원을 찾아서 – 민족·섹슈얼리티·병리학』, 책세상, 2001.
고익진, 『한국고대불교사상사』, 동국대학교 출판부, 1989.
김기홍, 『삼국 및 통일신라 稅制의 연구』, 역사비평사, 1991.

김유철, 『魏晋隋唐史硏究』, 사상사, 1994.

김정배, 『한국고대사론의 신조류』, 고려대 출판부, 1980.

김철준, 『한국고대사회연구』, 지식산업사, 1975.

김화경, 『일본의 신화』, 문학과 지성사, 2002.

노성환, 『한일왕권신화』, 울산대학교 출판부, 1995.

노용필, 『신라진흥왕순수비연구』, 일조각, 1996.

류승국, 『한국의 유교』, 세종대왕기념사업회, 1976.

박규태, 『아마테라스에서 모노노케 히메까지』, 책세상, 2001.

박애경, 『가요, 어떻게 읽을 것인가』, 책세상문고 026, 2000.

박용운, 『고려시대 대간제도 연구』, 일지사, 1980.

서울대동양사학연구실 편, 『강좌 중국사』 II, 지식산업사, 1989.

신종원, 『신라초기불교사연구』, 민족사, 1992.

신형식, 『삼국사기연구』, 일조각, 1981.

신형식, 『한국고대사의 신연구』, 일조각, 1984.

신형식, 『신라사』, 이화여대 출판부, 1985.

윤동석, 『삼국시대 철기유물의 금속학적연구』, 고려대학교 출판부, 1989.

이기동, 『신라 골품제사회와 화랑도』, 한국연구원, 1980(일조각, 1984 재간행).

이기동, 『백제사연구』, 일조각, 1996.

이기백, 『신라정치사회사연구』, 일조각, 1971.

이기백·이기동 공저, 『한국사강좌 고대편』, 일조각, 1982.

이기백, 『신라사상사연구』, 일조각, 1986.

이병도, 『한국고대사연구』, 박영사, 1976.

이병도, 『資料韓國儒學史草稿』, 서울대학교 국사연구실, 1959(『한국유학사』, 아세아문
        화사, 1989 재간행).

이종욱, 『신라상대왕위계승연구』, 영남대학교출판부, 1980.

이춘식, 『중국고대사의 전개』, 예문출판사, 1986.

임종국 편, 『친일논설선집』, 실천문학사, 1987.

張志淵, 『韓國儒敎淵源』, 匯東書館, 1922.

정경희, 『한국고대사회문화연구』, 일지사, 1990.

정재서, 『불사의 신화와 사상』, 민음사, 1994.

정재서, 『동양적인 것의 슬픔』, 살림, 1996.

『조선광업사 1』, 공업출판사, 1991.

천성림, 『근대중국사상세계의 한 흐름』, 신서원, 2002.

최광식, 『고대한국의 국가와 제사』, 한길사, 1994.

최석영, 『일제하 무속론과 식민지권력』, 서경문화사, 1999.

최영준, 『嶺南大路—韓國古道路의 역사지리적 연구』, 고려대 민족문화연구소, 1990.

한국고대사회연구소 편, 『역주 한국고대금석문 Ⅱ』, 가락국사적개발연구원, 1992.

한국사연구회 편, 『고대한중관계사의 연구』, 삼지원, 1987.

한영우, 『한국민족주의역사학』, 일조각, 1993.

한흥섭, 『악기로 본 삼국시대 음악 문화』, 책세상문고 003, 2000.

홍희유, 『조선중세수공업사 연구』, 지양사, 1989.

황패강, 『일본신화의 연구』, 지식산업사, 1996.

『壺杅塚과 銀鈴塚』, 을유문화사, 1946.

『圖錄韓國出土 中國陶磁器特別展』, 국립청주박물관, 1989.

2) 국외

加藤常賢 외 동경대 중국철학연구실(편), 조경란 역, 『중국철학사』, 동녘, 1992.

顧頡剛, 이부오 역, 『중국고대의 方士와 儒生』, 온누리, 1991.

堀川哲男 外, 하세봉 역, 『아시아역사와 문화 5 : 중국사—근현대』, 신서원, 1996.

다카시 후지타니 저, 한석정 역, 『화려한 군주—근대일본의 권력과 국가의례』, 이산, 2003.

大林太良, 兒玉仁夫 외 역, 『신화학입문』, 새문사, 1996.

람샤란 샤르마, 이광수 역, 『인도고대사』, 김영사, 1994.

마리우스 젠슨 외, 정명환 편역, 『일본의 근대화와 지식인』, 교학연구사, 1981.

保坂祐二, 『일본제국주의의 민족동화정책 분석』, 제이앤씨, 2002.

徐連達 외, 중국사연구회 역, 『중국통사』, 청년사, 1989.

小森陽一 저, 정선태 역, 『일본어의 근대 : 근대국민국가와 '국어'의 발견』, 소명출판, 2003.

小熊英二 저, 조현설 역, 『일본 단일민족신화의 기원』, 소명출판, 2003.

스즈키 마사유키, 류교열 역, 『근대일본의 천황제』, 이산, 1998.

양 인리우, 이창숙 옮김, 『중국고대음악사』, 솔, 1999.

劉節, 신태갑 역, 『중국사학사강의』, 신서원, 2000.

劉澤華, 노승현 역, 『중국고대정치사상』, 예문서원, 1994.

윤건차, 하종문 외 역, 『일본—그 국가·민족·국민』, 일월서각, 1997.

이성시, 박경희 역, 『만들어진 고대』, 삼인, 2001.

翦伯贊, 이진복 외 역, 『中國全史(上)』, 학민사, 1990.

丸山眞男,「일본 파시즘의 사상과 운동」, 차기벽 외 편,『일본현대사의 구조』, 한길사,
　　　1980.
黃有福·陳景富, 권오철 역,「중국학의 한국 전파」,『한·중 불교문화교류사』, 도서출판
　　　까치, 1995.
E.O. 라이샤워, 조성을 역,『중국 중세사회로의 여행』, 한울, 1991.
Luc Kwanten, *Imperial Nomades: A History of Central Asia*, University of Pennsylvania
　　　Press, 1979 ; 송기중 역,『遊牧民族帝國史』, 민음사, 1984.
Ruth Benedict 저, 김윤식·오인석 역,『국화와 칼』, 을유문화사, 1995.

『講座日本の神話 2：日本神話の成立と構造』, 有精堂, 1976.
顧詰剛 編著,『古史辨 第1冊』, 臺灣影印本, 1970.
今西龍,『新羅史硏究』, 近澤書店, 1933.
掘尾輝久,『天皇制國家と敎育』, 東京：靑木書店, 1987.
宮田節子,『朝鮮民衆と'皇民化'政策』, 東京：未來社, 1985.
近藤正己,『總力戰と臺灣』, 刀水書房, 1995.
磯田一雄,『皇國の姿を追って－敎科書に見る植民地敎育文化史』, 皓星社, 1999.
吉川忠夫,『六朝精神史硏究』, 東京, 1984.
大江志乃夫,『靖國神社』, 岩波書店, 1984.
東京大學出版會,『日本國家史 1：古代』, 1975, 東京大學出版會.
末松保和,『新羅史の諸問題』, 東洋文庫, 1954.
山崎宏,『支那中世佛敎の展開』, 法藏舘, 1971.
三輪公忠,『日本·1945年の視點』, 東京大學出版會, 1986.
森三樹三郎,『梁の武帝－佛敎王國の悲劇』, 京都, 1956.
森三樹三郎,『六朝士大夫の精神』, 創文社, 1986.
石井進 外,『詳說 日本史』, 山川出版社, 1997.
永井道雄 外,『アジア留學生と日本』, 日本放送出版協會, 1973.
增井經夫,『中國の歷史書』, 刀水書房, 1984.
次田眞幸,『日本神話の構造と成立』, 明治書院, 1985.
天野郁夫,『學歷の社會史－敎育と日本の近代』, 新潮社, 1992.
坂元義種,『古代東アジアの日本と朝鮮』, 吉川弘文館, 1978.
臺灣敎育史硏究會 編,『日治時期臺灣公學校與初等學校 國語讀本：解說, 總目錄, 索引』,
　　　臺北：南天書局, 2003.
周婉窈,『海行兮的年代』, 臺北：允晨文化出版, 2003.

蔡錦堂,『日本帝國主義下臺灣の宗敎政策』, 東京 : 同成社, 1994.
蔡慧玉 編著,『走過兩個時代的臺籍日本兵』, 臺北 : 中央研究院臺灣史研究所籌備處, 1997.
海後宗臣·仲新 編,『近代日本敎科書總說 解說篇』, 講談社, 1969.
E. Patrica Tsurumi, *Japanese colonial education in Taiwan*, 1895~1945(林正芳 譯,『日治時期 臺灣敎育史』, 臺北 : 財團法人 仰山文敎基金會, 1999).

3. 논문

1) 국내

강만길,「이조시대의 단군숭배」,『이홍직박사화갑기념한국사학논총』, 1969.
강봉룡,「6~7세기 신라 정치체제의 재편과정과 그 한계」,『신라문화』제9집, 1992.
고경석,「毗曇의 亂의 성격 문제」,『한국고대사논총』7, 1995.
곽종철,「한국과 일본의 고대농업기술」,『한국고대사논총』4, 1992.
권덕영,「삼국시대 신라 求法僧의 활동과 역할」,『淸溪史學』4, 한국정신문화연구원, 1987.
권덕영,「신라 관등 阿湌·奈麻에 대한 고찰」,『국사관논총』21, 국사편찬위원회, 1991.
권병탁,「신라 판장쇠(鐵鋌)考」,『신라문화제학술발표논문집』9집, 1988.
권병탁,「황성동 쇠부리터」,『신라문화제학술발표논문집』13집, 1992.
권연웅,「조선전기 經筵의 諫諍論」,『경북사학』14, 1991.
권주현,「于勒과 加耶音樂」,『가야문화사 연구』, 계명대 박사학위논문, 1998. 12.
김기석,「개화기의 신식 고등교육」,『한국사 시민강좌』18, 일조각, 1996.
김경태,「한국 근대교육 형성의 사상적 배경」,『이화사학연구』10, 1978.
김기흥,「고구려의 성장과 대외교역」,『韓國史論』16, 1987.
김기흥,「삼국간 전쟁의 사회경제적 의미」,『삼국 및 통일신라 稅制의 연구』, 역사비평사, 1991.
김기흥,「『삼국사기』「劍君傳」에 보이는 7세기 초의 시대상」,『박영석교수화갑기념 한국사학논총(上)』, 1992.
김두진,「신라 중고시대의 미륵신앙」,『한국학논총』9집, 1987.
김두진,「신라 진평왕대의 석가불신앙」,『한국학논총』10집, 1988.
김두진,「신라 진평왕대 초기의 정치개혁」,『진단학보』69집, 1990.
김병주,「나제동맹에 관한 연구」,『한국사연구』46, 1984.

김복순, 「신라 불교계의 인재양성과 선발」, 『신라문화제학술회의발표논문집』 19, 1998.

김상기, 「조공의 경제적 의의」, 『고대한중관계사의 연구』, 삼지원, 1987.

김상현, 「新羅 三寶의 성립과 그 의의」, 『동국사학』 14, 1980.

김상현, 「萬波息笛說話의 형성과 의의」, 『한국사연구』 34, 1981.

김성혜, 「신라토우의 音樂史學的 조명 - 신라고를 중심으로 - 」, 『한국학보』 91·92합집, 1998 ; 전통예술원 편, 『한국고대음악의 전개양상』, 민속원, 2001.

김영미, 「신라통일기 불교계의 동향과 추이」, 『역사와 현실』 14, 역사비평사, 1994.

김영하, 「신라 중고기의 중국인식」, 한국사연구회 편, 『고대한중관계사의 연구』, 삼지원, 1987.

김영하, 「신라 중고기의 정치과정 試論 - 中代왕권확립의 이해를 위한 전제 - 」, 『泰東古典硏究』 제4집, 1988.

김영하, 「신라의 발전단계와 전쟁」, 『한국고대사연구』 4, 1991.

김용선, 「蔚州 川前里書石 銘文의 연구」, 『역사학보』 81집, 1979.

金元龍, 「加平馬場里冶鐵住居址」, 『역사학보』 50·51합집, 1971.

金元龍 외, 「楊平郡 大心里 유적발굴보고」, 『팔당·소양댐 수몰지구 유적 발굴 종합조사보고』, 1974.

金元龍, 「백제건국지로서의 한강 하류지역」, 『백제문화』 7·8합집, 1975.

金元龍, 「낙랑문화의 역사적 위치」, 『한국사의 재조명』, 民聲社, 1985.

김은숙, 「6세기 후반 신라와 왜국의 國交成立過程」, 『신라의 대외관계사 연구』, 신라문화제학술발표회논문집 15, 1994.

김재근, 「한국·중국·일본 고대의 선박과 항해술」, 『진단학보』 68, 1989.

김철준, 「백제사회와 그 문화」, 『한국고대사회연구』, 지식산업사, 1975.

김태식, 「5세기 후반 대가야의 발전에 대한 연구」, 『한국사론』 12, 1985.

김태식, 「후기가야제국의 성장기반 고찰」, 『부산사학』 11, 1986.

김태식, 「6세기 전반 가야 남부제국의 소멸과정고찰」, 『한국고대사연구』 1, 1988.

김호동, 「고대유목국가의 구조」, 『강좌 중국사II』, 지식산업사, 1989.

나희라, 「단군에 대한 인식 - 고려에서 일제까지」, 『역사비평』 19호, 역사비평사, 1992.

나희라, 「한국 고대의 신관념과 왕권 - 신라 왕실의 조상제사를 중심으로 - 」, 『국사관논총』 69, 1996.

남도영, 「진흥왕의 정치사상과 치적」, 『통일기의 신라사회 연구』, 동국대 신라문화연구소, 1987.

남상숙, 「『삼국사기』 및 『삼국유사』의 音樂記事 點檢」, 『한국음악사학보』 제2집, 1989 ; 전통예술원 편, 『한국고대 음악의 전개 양상』, 민속원, 2001.

남희숙, 「신라 법흥왕대 불교수용과 그 주도세력」, 『한국사론』 25, 1991.

노성환, 「신화와 일제의 식민지교육」, 『한국문학논총』 26, 한국문학회, 2000.

노용필, 「昌寧 眞興王巡狩碑 건립의 정치적 배경과 그 목적」, 『한국사연구』 70, 1990.

노용필, 「신라시대 『孝經』의 수용과 그 사회적 의의」, 『李基白先生古稀紀念韓國史學論叢』 上, 일조각, 1994.

노인화, 『대한제국시기 관립학교 교육의 성격 연구』, 이화여대 박사학위논문, 1989.

노태돈, 「삼국의 성립과 발전」, 국사편찬위원회 편, 『한국사(2)』, 탐구당, 1977.

노태돈, 「삼국의 정치구조와 사회·경제」, 국사편찬위원회 편, 『한국사(2)』, 탐구당, 1981.

노태돈, 「5~6세기 동아시아의 국제정세와 고구려의 대외관계」, 『동방학지』 44집, 1984.

노태돈, 「연개소문과 김춘추」, 『한국사 시민강좌』 5, 일조각, 1989.

문경현, 「진한의 철산과 신라의 강성」, 『대구사학』 7·8합집, 1973.

문경현, 「신라왕족의 骨制」, 『신라사연구』, 경북대출판부, 1983.

문경현, 「신라의 鐵産」, 『신라문화제학술발표논문집』 13집, 1992.

박광용, 「대종교 관련문헌에 위작 많다 − 『규원사화』와 『환단고기』의 성격에 대한 재검토」, 『역사비평』 1990년 가을호.

박광용, 「대종교 관련문헌에 위작 많다 − 『신단실기』와 『단기고사』의 성격에 대한 재검토」, 『역사비평』 1992년 봄호.

박광용, 「대단군 민족주의의 전개와 양면성」, 『역사비평』 19호, 역사비평사, 1992.

박규태, 「신화·역사·아이덴티티 : 일본 記紀神話의 古層」, 『정신문화연구』 2000년 봄호.

박남수, 「통일주도세력의 형성과 정치개혁」, 『통일기의 신라사회 연구』, 동국대 신라문화연구소, 1987.

박남수, 「신라 궁중수공업의 성립과 정비」, 『동국사학』 26집, 1992.

박성봉, 「廣開土好太王期 고구려 南進의 성격」, 『한국사연구』 27, 1979.

박해현, 「신라 진평왕대 정치세력의 推移 − 왕권 강화와 관련하여 −」, 『전남사학』 2집, 1988.

박혜령, 「민족주의 전통담론과 단군의 수용」, 실천민속학회 편, 『민속문화의 수용과 변용』, 집문당, 1999.

백승충, 「于勒十二曲의 해석문제」, 『한국고대사논총 3』, 1992.

빈미정, 『중국 고대 기원신화의 분석적 연구』, 서울대 박사학위논문, 1994.

서영대, 「단군신화 이해의 기본구조」, 『한국종교의 이해』, 1985.

서영대, 「단군숭배의 역사」, 『정신문화연구』 32, 1987.

서영대, 『한국고대 神觀念의 사회적 의미』, 서울대 박사학위논문, 1991.

서영수, 「삼국과 남북조교섭의 성격」, 『동양학』 11, 1981.

서영수, 「삼국시대 한중외교의 전개와 성격」, 『고대한중관계사의 연구』, 삼지원, 1987.

선정규, 「중국의 신화관과 신화연구의 과제」, 『중국학보』 39, 한국중국학회, 1999.

손정목, 「조선총독부의 신사보급·신사참배 강요정책연구」, 『한국사연구』 58, 1987.

손태현·이영택, 「遣使航運시대에 관한 연구」, 『한국해양대학논문집』 16, 1981.

송방송, 「청주와 충주지역의 音樂史的 조명」, 『한국음악사논총』, 민속원, 1999.

신동하, 「고대 사상의 특성」, 『전통과 사상』 4, 1990.

신종원, 「신라 불교의 전래와 그 수용에 대한 재검토」, 『백산학보』 22, 1977 ; 「신라불교
　　　의 전래와 수용」, 『신라초기불교사연구』, 민족사, 1992.

신종원, 「삼국사기 祭祀志 연구」, 『史學硏究』 38, 1984.

신종원, 「新羅 祀典의 성립과 의의」, 『신라초기불교사연구』, 민족사, 1992.

신종원, 「『삼국유사』 善德王知幾三事條의 몇 가지 문제」, 『新羅와 狼山』, 신라문화제학
　　　술발표회논문집 17, 1996.

신형식, 「나당간의 조공에 대하여」, 『역사교육』 10, 1967 ; 「통일신라의 대당관 계」,
　　　『한국고대사의 신연구』, 일조각, 1984.

신형식, 「신라兵部令考」, 『역사학보』 61, 1974 ; 「신라의 국가적 성장과 병부령」, 『한국고
　　　대사의 신연구』, 일조각, 1984.

신형식, 「武烈王權의 성립과 활동」, 『韓國史論叢』 2, 1977 ; 『한국고대사의 신연 구』,
　　　일조각, 1984.

신형식, 「김유신 가문의 성립과 활동」, 『이화사학연구』 13·14합집, 1983.

신형식, 「삼국통일전후 신라의 대외관계」, 『신라문화』 2, 동국대 신라문화연구소, 1985.

신형식, 「신라의 통치구조」, 『신라사』, 이화여대 출판부, 1985.

신형식, 「한국고대의 서해교섭사」, 『국사관논총』 2, 국사편찬위원회, 1989.

심봉근, 「考古學上으로 본 한국문화의 국제성」, 『신라문화』 8집, 1991.

안지원, 「신라 진평왕대 帝釋神仰과 왕권」, 『역사교육』 63, 1997.

위은숙, 「고려후기 직물수공업의 구조변동과 그 성격」, 『한국문화연구』 6, 1993.

劉澤華, 노승현 역, 「先秦시대의 諫言이론과 군주 전제주의」, 『중국고대정치사(상)』,
　　　예문서원, 1994.

이기동, 「신라 내물왕계의 혈연의식」, 『역사학보』 53·54 합집, 1972 ; 『신라 골품제사회
　　　와 화랑도』, 한국연구원, 1980 : 일조각, 1984.

이기동, 「나말여초 近侍機構와 文翰機構의 확장」, 『역사학보』 77, 1978 ; 『신라 골품제사
　　　회와 화랑도』, 한국연구원, 1980 : 일조각, 1984.

이기동, 「신라 중대의 관료제와 골품제」, 『진단학보』 50, 1980 ; 『신라 골품제사회와 화랑도』, 국학연구원, 1980 : 일조각, 1984.

이기동, 「고대국가의 역사인식」, 『韓國史論』 6, 국사편찬위원회, 1981.

이기동, 「삼국의 항쟁과 귀족국가의 변천」, 『한국사강좌 : 고대편』, 일조각, 1982.

이기동, 「가야사연구의 제문제」, 『伽倻文化』 제4호, 가야문화연구원, 1991.

이기문, 「언어자료로서 본 삼국사기」, 『진단학보』 38, 1974.

이기백, 「삼국시대 불교 수용과 그 사회적 의의」, 『역사학보』 6, 1954 ; 『신라사상사연구』, 일조각, 1986.

이기백, 「稟主考」, 『李相佰박사회갑기념논총』, 1963 ; 『신라정치사회사연구』, 일조각, 1974.

이기백, 「圓光과 그의 사상」, 『창작과 비평』 10, 1968 ; 『신라시대의 국가불교와 유교』, 한국연구원, 1978 : 『신라사상사연구』, 일조각, 1986.

이기백, 「신라 육두품 연구」, 『省谷論叢』 2, 1971 ; 『신라정치사회사연구』, 일조각, 1974.

이도학, 「고구려의 낙동강유역 진출과 신라·가야경영」, 『국학연구』 2집, 1988.

이수훈, 「신라僧官制의 성립과 기능」, 『釜大史學』 14, 1990.

이문기, 「신라 中古의 국왕근시집단」, 『역사교육논집』 5, 1983.

이문기, 「신라侍衛府의 성립과 성격」, 『역사교육논집』 9, 1986.

이병도, 「진흥대왕의 위업」, 조선일보사 편, 『朝鮮名人傳(3)』, 1935 ; 『한국고대사연구』, 박영사, 1976.

이병도, 「古代南堂考」, 『서울대논문집』 인문사회과학 1, 1954 ; 『한국고대사연구』, 박영사, 1976.

이병도, 「신라불교의 침투과정과 이차돈순교문제의 신고찰」, 『대한민국학술원논문집』 14, 1975 ; 『한국고대사연구』, 박영사, 1976.

이성규, 「漢代 『孝經』의 보급과 그 이념」, 『한국사상사학』 10, 1998.

이성시, 「加耶의 國際環境과 外交-신라관계를 중심으로-」, 『加耶의 對外交涉』, 김해시 주최 제5회 가야사 학술회의발표문, 1999.

이영화, 「최남선 단군론의 전개와 그 변화」, 『한국사학사학보』 5, 2002.

이용범, 「처용설화의 일고찰」, 『진단학보』 32, 1969.

이용범, 「해외무역의 발전」, 『한국사(3)』, 국사편찬위원회, 1981.

이우태, 「한국 고대의 尺度」, 『泰東古典研究』 1, 1984.

이은창, 「신라의 인접국과의 교역활동」, 『신라문화제학술발표회논문집』 13, 1992.

이인철, 「신라 중앙행정관부」, 『白山朴成壽교수화갑논총-한국독립운동사의 인식』,

1991 ;『신라 정치제도사 연구』, 일지사, 1993.

이인철, 「신라 골품체제사회의 兵制」, 『한국학보』 54, 1989 ;『신라 정치제도사 연구』, 일지사, 1993.

李晶淑, 「신라 진평왕대의 정치적 성격」, 『한국사연구』 52, 1986.

이정숙, 「신라 진평왕대의 대중교섭」, 『부산여대사학』 10·11합집, 1993.

이정숙, 「진평왕의 즉위를 전후한 정국동향」, 『부산사학』 27, 1994.

이정숙, 「진흥왕의 즉위에 대한 몇 가지 문제」, 『부산여대사학』 12집, 1994.

이정숙, 「진평왕 말기의 정국과 선덕왕의 즉위」, 『백산학보』 제52호(신형식박사회갑기념논총 신라사의 재조명), 1999.

이정숙, 「진평왕대 왕권 강화와 제석신앙」, 『신라문화』 16집, 동국대 신라문화연구소, 1999.

이정숙, 「중고기 신라유교의 성격」, 『백산학보』 58, 2001.

이정숙, 「진흥왕대 우륵 망명의 사회 정치적 의미」, 『이화사학연구』 30집(신형식교수정년기념특집호), 2003.

이정숙, 「동아시아 역사 속에서의 정치와 신화」, 『기호학 연구』 15, 한국기호학회, 2004.

이정숙, 「신화와 일제 식민주의 교육」, 『비교민속학』 30, 비교민속학회, 2005.

이종욱, 「남산신성비를 통하여 본 신라의 지방통치체제」, 『역사학보』 64, 1974.

이종욱, 「신라 중고시대의 성골」, 『진단학보』 50, 1980.

이춘식, 「중국고대 조공의 실체와 성격」, 『고대한중관계사의 연구』, 삼지원, 1987.

이희관, 「신라상대 지증왕계의 왕위 계승과 박씨왕비족」, 『東亞研究』 20집, 1990.

이희덕, 「한국고대의 자연관과 유교정치사상」, 『동방학지』 50, 1986.

전기웅, 「최치원의 시무 10조와 정치사회의 변화」, 『나말여초의 정치사회와 문인지식층』, 혜안, 1996.

전미희, 「신라진평왕대 가신집단의 관료화와 그 한계－『삼국사기』 권48, 實兮·劍君傳에 보이는 舍人에 대한 검토를 중심으로」, 『국사관논총』 48, 1993.

전미희, 「신라의 성골과 진골－그 실체와 王統의 骨轉換의 의미－」, 『한국사연구』 102, 1998.

정구복, 「『東國通鑑』에 대한 사학사적 고찰」, 『한국사연구』 21·22합집, 1978.

정구복, 「迎日冷水里新羅碑의 금석학적 고찰」, 『한국고대사연구』 3, 1990.

정용숙, 「신라의 여왕들」, 『한국사 시민강좌』 15, 일조각, 1994.

정중환, 「毗曇·廉宗亂의 原因考」, 『東亞論叢』 14, 1977.

정중환, 「金庾信論」, 『역사와 인간의 대응』, 韓國史篇, 1985.

정효운, 「신라 중고시대의 王權과 改元에 관한 연구」, 『考古歷史學志』 제2집, 동아대학교 박물관, 1986.

정효운, 「『日本書紀』 批判序說 Ⅰ-推古 8년, 30년조의 '任那의 調' 기사를 중심으로-」, 『한일관계사연구』 제2집, 1994.

조동걸, 「근대초기의 역사인식」, 『한국의 역사가와 역사학(하)』, 창작과 비평사, 1994.

조명철, 「일본의 황국사관」, 『한국사 시민강좌』 27, 일조각, 2000.

조인성, 「단군에 관한 여러 성격의 기록」, 『한국사 시민강좌』 27, 2000.

조현설, 「동아시아 건국 신화 재편의 논리」, 『동아시아 건국 신화의 역사와 논리』, 문학과 지성사, 2003.

조현설, 「근대계몽기 단군신화의 탈신화화와 재신화화, 그리고 민족 신화의 생성에 관한 단상」, 2003년 한국구비문학회 추계학술대회 발표요지.

주보돈, 「신라 中古의 지방통치조직에 대하여」, 『한국사연구』 23, 1979.

주보돈, 「蔚州鳳坪新羅碑와 법흥왕대 율령」, 『한국고대사연구』 2, 1989.

주보돈, 「6세기초 신라왕권의 위상과 관등제의 성립」, 『역사교육논집』 13·14합집, 1990.

주보돈, 「김춘추의 외교활동과 新羅內政」, 『韓國學論叢』 20, 1993.

주보돈, 「毗曇의 亂과 선덕왕대 정치운영」, 『李基白先生古稀紀念 韓國史學論叢(上)』, 일조각, 1994.

주보돈, 「南山新城의 축조와 남산신성비-第9碑를 중심으로-」, 『신라문화』 10·11, 1994.

주보돈, 「신라 국호의 확정과 民의식의 성장」, 『九谷黃鍾東敎授 정년기념사학논총』, 1994 ; 『신라 지방통치체제의 정비과정과 촌락』, 신서원, 1998.

주보돈, 「신라의 漢文字 정착과정과 불교수용」, 『금석문과 신라사』, 지식산업사, 2002.

지호원, 『일제하 수신과 교육 연구』, 부산대학교 교육학박사학위논문, 1997.

진홍섭, 「남산신성비의 종합적 고찰」, 『역사학보』 26, 1965.

최병헌, 「東洋佛敎史上의 한국불교-중국불교와의 관계를 중심으로-」, 『한국사 시민강좌』 4, 일조각, 1989.

최종민, 「신라(통일신라 포함)의 음악문화」, 『한국사상사대계(권2)』, 한국정신문화연구원, 1991.

하세봉, 「20세기전환기 박람회에서 동아시아 각국의 인식과 시선」, 『동아시아 문화와 사상』 6, 2001.

하세봉, 「대만의 식민지 경험과 정체성」, 『비교문화연구』 16, 부산외국어대학교 비교문화연구소, 2004.

하세봉, 「식민지 권력의 두 가지 얼굴-조선박람회(1929년)와 대만박람회(1935년)의 비교-」, 『역사와 경계』 51, 부산경남사학회, 2004.

하일식, 「6세기 신라의 지방지배와 外位制」, 『學林』 12·13, 1991.

한영우, 「단군신앙과 민족의식의 성장」, 『한국의 문화전통』, 을유문화사, 1988.

한영우, 「민족사학의 성립과 전개」, 『국사관논총』 3, 1989.

한우근, 「고대국가 성장과정에 있어서의 對服屬民施策(上)-其人制 기원설에 대한 검토에 붙여서-」, 『역사학보』 12, 1960.

  2) 국외

簡美玲, 「阿美族起源神話與發祥傳說初探」, 『臺灣史硏究』 1卷 2期, 1994.

今西龍, 「慈覺大師入唐求法巡禮行記を讀みて」, 『新羅史硏究』, 近澤書店, 1933.

磯田一雄, 「皇民化敎育と植民地の國史敎科書」, 『岩波講座 近代日本と植民地 4 : 統合と 支配の論理』, 岩波書店, 1993.

渡邊信一郎, 「孝經の制作とその背景」, 『史林』 69-1, 1986.

東湖, 「古代朝鮮との交易と文物交流」, 『日本の古代(3)』, 中央公論社, 1986.

藤田亮策, 「新羅九州五京攷」, 『朝鮮學報』 5, 1953.

武田幸男, 「新羅法興王代の律令と衣冠制」, 『古代の朝鮮』, 學生社, 1974.

武田幸男, 「新羅骨品制の再檢討」, 『東洋文化硏究所紀要』 67, 1975.

三池賢一, 「『日本書紀』"金春秋の來朝"記事について」, 『駒澤史學』 13, 1966 ; 『古代の日本 と朝鮮』, 1974.

上田崇仁, 「'國定讀本'と'朝鮮讀本'の共通性」, 『植民地敎育史硏究年報3 : 言語と植民地 支配』, 皓星社, 2000.

遠山美都男, 「新羅の王位繼承と女王-倭王權との比較を通して-」, 『日本古代の王權·國 家と東アジア(2)』, 國史學會 11月例會報告 要旨, 1997.

伊藤淸司, 「日本神話と中國神話」, 『講座 日本の神話 11 : 日本神話の比較硏究』, 有精堂, 1977.

日野開三郎, 「國際交流史上より見た滿鮮の絹織物」, 『東洋史學論集』 9, 1984.

田村實造, 「北魏孝文帝の政治」, 『東洋史硏究』 41-3, 1982.

佐藤愼一, 「留學ブームと思想的開國-20世紀初頭の中國人日本留學生-」, 加藤祐三 編, 『近代日本と東アジア』, 筑摩書房, 1995.

直木孝次郞, 「古代國家の成立」, 『日本の歷史(2)』, 中公文庫, 1985.

津田左右吉, 「王道政治思想」, 『儒敎の硏究』 3, 1965 ; 『津田左右吉全集(16)』, 岩波書店, 1965.

川本芳昭,「北魏高祖の漢化政策についての一考察－北魏社會の變質と關係から見た」,『東洋學報』62-3・4, 1981.

靑野正明,「朝鮮總督府の神社政策－1930年代を中心に」,『朝鮮學報』160, 1996.

片棟芳雄,「記憶された植民地敎育－韓國・大邱での聞き取り調査をもとに－」,『植民地敎育思想の再構成』, 皓星社, 1998.

許佩賢,「戰爭時期的國語讀本解說」, 臺灣敎育史研究會,『日治時期臺灣公學校與初等學校 國語讀本：解說, 總目錄, 索引』, 臺北：南天書局, 2003.

출 전

II. 「진흥왕 즉위에 대한 몇 가지 문제」, 『부산여대사학』 12집, 부산여대사학회, 1994년 12월.

III. 「진흥왕대 우륵 망명의 사회 정치적 의미」, 『이화사학연구』 30집, 이화사학연구소, 2003년 12월.

IV. 「진평왕의 즉위 배경과 政局推移」(원제 : 「진평왕의 즉위를 전후한 정국동향」), 『부산사학』 27집, 부산사학회, 1994년 12월.

V. 「진평왕대의 대중교섭」, 『부산여대사학』 10·11합집, 부산여대사학회, 1993년 12월.

VI. 「중고기 유교의 확산과 儒·佛의 접합」(원제 : 「중고기 신라 유교의 성격」), 『백산학보』 58집, 2001년 3월.

VII. 「진평왕 말기의 정국과 선덕왕의 즉위」, 『백산학보』 52호, 백산학회, 1993년 3월.

• 보론 I 「동아시아 역사 속에서의 정치와 신화」, 『기호학 연구』 15집, 한국기호학회, 2004년 6월.

• 보론 II 「신화와 일제 식민주의 교육」, 『비교민속학』 30호, 비교민속학회, 2005년 8월.

찾아보기

304